U0678735

突破瓶颈

2023

BREAK THROUGH
BOTTLENECK

年度报告 ————

———— 建信北京 著

社会科学文献出版社
SOCIAL SCIENCES ACADEMIC PRESS (CHINA)

序 言

突破瓶颈　追逐梦想

建信北京董事长　王业强

　　投资是个貌似简单实则复杂的行当，正如围棋对弈一样，规则很简单，但下起来比规则相对更复杂的中国象棋和国际象棋要难得多，随时要进行熬人的价值判断，时与势的把控永远是一件令人难以捉摸的事情。今时今日，世界正处在我们很不熟悉的纷乱状态，中国正在经历改革开放以来最大的发展转型阵痛，各行各业几家欢乐几家愁，在潮起潮落中分化重组，如何在逆境中化茧成蝶颇受考验，想要慧眼识珠不是一件容易的事。作为一家投资机构，在这样的历史时刻为投资者实现稳定可持续的回报需要有强大的洞察力，只有顺势而为，借势而起，坚定这一行业长期投资者的基本信念，才能去伪存真、化繁就简，找到自己的理想目标。为此，希望与业内同仁充分分享我们对行业内外环境变化的分析与判断，更希望将我们长期积累的一些投资理念、心得和体会向我们的投资者报告。

■ 全球化进程的潮起潮落

　　过去四十余年，特别是 21 世纪初以来的二十余年，中国在高速增长的车轮上运转至今，最大的变量是全球化。自 2001 年中国加入 WTO 以来，对外贸易与投资增速长期快于经济增速，过去二十年中国经济总量提升了 9.3 倍，对外贸易总量扩大了 10.9 倍，出口扩大了 11.6

倍，中国在 2009 年以后成为全球第一大货物贸易出口国，2015 年后大部分年份也是全球第一大货物贸易国，累计吸收国外直接投资（FDI）2.27 万亿美元，对外投资存量达到惊人的 2.58 万亿美元。"世界发展离不开中国，中国发展也需要世界"不再是一句简单的广告词，而是有真实数据支撑的现实图景，过去十年中国对世界经济增长的贡献度从未低于 30%。全球跨国公司过去二十年最大的盛宴几乎都是在中国市场完成的，投资中国成为国际性的普遍共识，中国制造遍及全球，市场份额扶摇直上，2021 年中国制造业增加值全球占比接近 30%，已经达到全球最大的三个最发达西方经济体美、日、德的总和，这在二十年前是不可想象的。这种中国融入世界、世界进入中国的美好场景令全球资本沉醉，也令各种跨国资本持续活跃在中国。

然而，这样的场景虽好，继续下去的难度却与日俱增。时至今日，全球化世界虽然不能说已经礼崩乐坏，但支撑全球化继续前进的一些基石性规则发生了严重的动摇，逆全球化的力量汹涌而来，各行各业都在不断感受这股力量对今日中国乃至世界各国产生的深刻影响。2016 年美国特朗普政府上台以来，中美贸易摩擦愈演愈烈；以华为为代表的中国企业进入美国实体清单的名单越拉越长，跨越行业越来越广；新冠肺炎疫情大流行引发的全球供应链持续紧张；俄乌冲突及其后续效应引发的能源危机和全球大通胀此起彼伏；美国持续构筑小院高墙采取的对华芯片绞杀战一轮接着一轮。凡此种种，笼罩于这些事件上的阴影不仅来源于部分国家也许短暂的政治操作，更主要的是反映了全球化世界的很多内在矛盾越来越难以通过有效的国际协调机制予以化解，全球化继续向前的动力日渐式微。

从全球视角出发，这样的矛盾集中体现在以下几个方面。**第一是对全球化收益的评估存在严重分歧。**虽然全球化进程中主要发达国家都是极大的受益者，以中国为主的部分新兴发展中国家当然也是重要的受益者，但算总账而言，过去二十年欧美发达经济体在全球经济总量中的相对占比一直在下降，亚太地区国家在上升，上升幅度最大的是中国。具体而言，过去二十年亚太地区国家全球占比从 27% 上升到 37%，美国则从 30% 左右下降到 24%，欧洲和日本等发达经济体的下降幅度更大，东亚地区国家与北美地区国家已经并驾齐驱，增速则明显快于北美地区国家。这种结果和发展趋势让以美国为首的发达经济体难以接受，它们认为中国是全球化唯一的获益者，而发达经济体成了这场全球化运动的"受害者"，这种思潮在欧美上层精英圈子持续发酵，已经成了逆全球化最重要的深层动因。**第二是所谓"修昔底德陷阱"引致的美国霸权维护战持续引爆大国战略竞争。**在全球前两大经济体无法继续紧密合作的大背景下，以合作为主轴的全球化当然很难继续向前推进。中美之间庞大的贸易与投资规模是曾经引以为豪的中美关系"压舱石"，现在正日益沦为美国抑制中国继续发展的杠杆工具，中美之间的经济贸易关系更像美国希望用来使中国发展迟滞的"绊脚石"。**第三是发达国家内部，尤其是美国内部持续加剧的贫富差距和脱实向虚问题被导引向全球化。**国际资本在全球化中获取的巨额收益无法为民众普遍共享（有时民众甚至是净损失的一方），这本身是由资本力量对发达国家国内政策的持续影响导致的，但很容易被背后的西方精英阶层将祸水引向全球化作为"替罪羊"，导致各地形形色色的反全球化运动，各类更为广泛的推进全球化的多边协议无法完成，全球化只是在惯性中前进而已。**第四是技术停滞问题。**科学技术是第一生产力，是国家经济社会发展和赢得国际竞争的决定性力量。当前，推动全球经济增长三要素之一的技术似乎已开始停摆，十年来移动互联网的发展缓冲了 2008 年全球金融危机的影响，如今互联网革命也到了"下半场"。从应用科学角度来看，技术上持续的更新迭代给世界发展带来强劲动力，但近几年技术明显发生了停滞，智能手机行业"挤牙膏式"的更新换代就是一个明证。究其根源在于基础科学缺乏根本性的突破，应用科学的路自然会越走越窄，陷入科技发展的瓶颈。以物理学为例，自 20 世纪相对论和量子理论出现之后，现代物理至今没有革命性创新，只不过是在原有的范式框架内修修补补。科技发展的停滞，意味着全球经济的增量不足，经济缺乏新的增长点，这使得国家之间的存量博弈变得越来越激烈。技术停滞让发达国家无法通过不断开创的新技术领域收割发展红利，有一种"地主家也没有余粮"的尴尬，这进一步抑制了发达国家推进全球化的意愿，我们看到，就算西方国家无所不用其极对华禁售的光刻机技术本质上也只是工程技术上的领先，而不是科学意义上的领先。

■ 中国经济的大转型时刻

　　从中国视角出发，我国经济的高速增长事实上在 2010 年后已经基本结束，增长平台持续下移，近三年在全球疫情影响下更是迭创二十年来最低的增长水平，虽然这明显都低于中国目前的潜在增长水平，但在中国经济解决自身发展的瓶颈问题之前，潜在增长水平也很难有很大的提升。如何在告别高增长之后进入更为健康可持续的中速增长阶段，向中等发达国家这一下阶段的战略目标推进至关重要。应该看到，当前中国经济的核心内生增长动能面临多重压力。**第一是中国的总体劳动力资源增长已近尾声，人口负增长的时间越来越迫近**。相比很多新兴发展中国家，中国的人口平均年龄已经无限接近 40 岁，已不再年轻，而邻国印度仍然不到 30 岁。**第二是我国过去二十年持续面临资本边际效率降低问题**。创造 1 元 GDP 需要的资本投入从 3 元左右上升到超过 10 元，可以说投入产出比越来越小，动辄上亿元的固定资产投资推动的实际产出微乎其微，固定资产投资总额向 GDP 总量追赶的速度十分惊人。**第三是快速城镇化和城市开发导致土地资源硬约束越来越大**。一线城市目前基本上都已经进入无新增开发用地的窘境，上海土地零增长多年，北京进入减量发展也有一段时间，二线超级城市和一些关键节点型城市同样面对土地资源的匮乏，指望重启一轮房地产热潮拉动经济增长既不现实也无必要。**第四是中国商品在全球市场的份额很难继续提升**。中国出口商品在全球的市场份额一度已经超过 15%，这在经济发展史上不是一个轻易可以超越的数字。不考虑二战后的短暂时期，美国 1968 年创造 13.8% 的全球市场份额之后再也没有回到这个水准，因此，我国在这个市场份额的基础上继续增长是非常困难的，可以说中国发展的国际市场空间已经越来越逼仄了，国际市场的相对天花板已经肉眼可见。**第五是全球化带来的技术溢出和中国企业的技术学**

习曲线开始面临一个重要的瓶颈。继续通过滚滚向前的全球化获取发达国家技术实现产业跃升和"微笑曲线"上移的难度持续增大，甚至有"此路不通"的感觉。必须承认，在过去的若干年里，我们通过全球化解决了一系列的技术瓶颈问题。可以说在过去的三四十年里，这一直是我们追赶全球发达经济体的一个重要工具，但技术溢出目前来看行将结束，我们未来希望突破的一些技术问题大概率通过这种方式已经很难解决了，我们需要进入一些原来不想进入也很难进入的领域，在浩瀚的"无人区"我们需要自己来解决这些问题，而不能继续依赖全球化。

■ 突破发展瓶颈的路径和产业选择

无疑，我们需要对全球化这一推动中国经济过去二十年增长最重要的变量进行重新评估，重新建立对全球化的新认知。全球化虽然还未终结，但在一些重要领域和环节变弱了；以全球视野思考问题仍然有价值，但执拗于全球视野则可能摔大跟头；全球市场的条块化分割愈演愈烈，小圈子贸易规模显著上升将是不争的事实。没有什么事情是没有国界的了，任何全球化解决问题的思路都可能要面对以国家安全为借口进行的本土化政治干预。同时，指望在国内通过地产扩张、海量劳动年龄人口增长、廉价土地资源开发等来推动经济增长同样是不现实的。只有从国家层面战略性地突破瓶颈才有进入新的可持续增长阶段的可能性。概括而言，要做到以下几个方面的事情才能够实现突破。

第一是要强化以安全屏障为核心的国防工业体系，为中国经济的可持续发展加上保险锁。全球化的退潮同时意味着局部冲突的加剧和冲突带来的全球影响加大，大国之间战略竞争的结果将一步一步引向硬实力的较量，能否实现新的战略平衡决定着对经济发展成果和人民幸福生活保护能力的高低。全球过去几十年发展非常快，首要的原因在于宏观上全球处于和平环境，虽然局部冲突不断，但是这些冲突对于全球整体的冲击是很小的，对于中国这样的大国的影响更是微不足道的。但 2022 年 2 月开启的俄乌冲突以及冲突引发的一系列连锁反应，显然已经严重破坏了全球和平发展的基本环境。在"十四五"规划和之前的若干个"五年"规划（计划）中，我们始终认为中国处在一个重大的战略机遇期，只是随着时间的推移我们意识到风险在加大，挑战在加大，但俄乌冲突引发的全球性震荡带来了一系列连锁反应，包括军事、经济、政治、社会、人文很多领域的变化，这些让我们对继续和平发展的疑虑持续加深，如果没有能力为未来创造和平发展的国际环境，和平发展的基础都可能不复存在。正如党的二十大报告中贯穿始终的"敢于斗争，善于斗争"精神，和平红利是有代价的，是需要有力量创造的，指望在委曲求全中实现和平，和平必然如镜花水月。这意味着我们要从国家战略安全的视角看待国防工业的长期发展，突破瓶颈，从维护得住国土安全、打破得了技术封锁、供应得了战略资源、保护得了海外利益等多个方面确保国家核心利益得到可靠的保障。从这个意义上说，国防行业的投资逻辑在某种程度上已经发生了根本性的改变，从和平与合作的国际环境转移到冲突与对抗的新环境了。

第二是通过产业升级阻止资本边际效率继续下降。低附加值红海市场的持续厮杀不可能阻止中国资本边际效率持续下降的长期趋势，我们只有实现产业升级并爬升到产业链高端才有可能提升附加价值从而阻止资本效率的继续下降。包括传统行业的数字化转型、不断向上游产业链延伸的产业导向都是引领中国完成产业转型、继续向"微笑曲线"两端扩张和提升整个产业链附加价值的根本出路，这一切都离不开中国在人力资源素质上的持续提升。

第三是实现人力资源质量的提升以塑造新的增长引擎。接近9亿劳动年龄人口的数量优势总体上仍然有价值，是中国作为一个全产业链国家的基础，但从增量的角度看只有依赖劳动力素质的持续提升才能实现增长引擎在人力资源这个环节上的切换。人才是全球竞争的第一资源，目前中国每年毕业的大学生超过1000万名，这一数字是20世纪80年代初全国存量数据的总和。持续提升中国人才在基础科研和应用技术领域的投入才能从根本上改变中国经济的体质。

　　第四是通过基础研究投入的加大和能力的提升改变中国经济的支撑保障能力。在全球化遭遇逆流、对华技术封锁逐渐成为西方共识的前提下，我们必须主动开辟前沿战场，加大基础科研突破力度，为持续发展提供可靠的技术支撑。从半导体行业设备材料等关键技术节点到工业软件、底层通用软件平台、人工智能算法、高端数控机床在内的产业链空白都需要通过基础力量的进步从根本上予以解决。只有通过科技突围政策为中国的产业链安全发展提供广泛而强力的支撑，才能维护中国在全球发展中不断爬升的产业链地位。底层科技封锁政策正在成为西方遏制中国发展的广泛工具，这虽然为中国企业的持续发展制造了巨大的障碍，使得产业链的安全发展面临威胁，中国产业广泛集中在下游消费行业的客观现实导致上游环节空缺多难度大，底层科技不能实现突围从长期看将损害中国过去二十余年在终端市场建立的优势。但这种封锁带来的市场分割也为中国企业底层突破拓展了巨大的市场空间，以中国市场为锚，绝大部分底层科技行业的国产替代将从梦想走向现实。

　　第五是通过国内国际双循环激发国内市场持续扩张，在更为广阔的国内市场开拓和国际市场连接中创造新空间。虽然目前欧美发达经济体主导的全球化市场面临日益严重的扩张压力，但在新兴市场国家持续兴起的今天，在亚欧大陆持续扩张的全球贸易体系中，有可能形成以中国市场为中心纽带的新全球化体系，从而成为全球化的新增量，也为国内国际双循环战略提供广泛的立论基础。中国市场始终是我们实现突破的基石，放眼全球，中国市场仍然是潜力最大、统一开放、持续规范的全球最后一个超大规模市场。即便在美欧经济体严防死守的一些关键行业，中国企业在终端市场的优势也能够增加我国实现全产业链突破的底气。在使用半导体最多的消费电子、家用电器、汽车行业等领域，不论在单一市场的占有率还是在全球终端市场的份额，中国企业都是首屈一指的。在这个大转型时刻，中国制造将凭借自己多年积累的优势不断强化中国品牌在全球市场的地位，在中共中央、国务院印发的《扩大内需战略规划纲要（2022~2035年）》中，对于未来以国内国际双循环为核心的新发展格局实际上有了可操作的路线图，以中国市场国内大循环为中心，持续延伸国际市场的深度和广度，我们有足够的能力开创更为广阔的新国际市场空间。

■ 国家政策导向变化为 PE 行业带来曙光

在突破瓶颈的这一历史进程中，近年来持续出台的多元化政策体系为这一飞跃提供了坚实基础，也为身在其中的大量投资机构带来了稳压器和保险箱。具体而言，主要集中在以下几个方面。

首先是过去五年持续出台的科技创新政策体系。伴随科技创新战略实施和科技体制改革的推进，我国科技创新政策持续完善，目前已基本形成了覆盖全面、工具多元的科技创新政策体系。政府积极建设孵化器、众创空间和加速器，开展科技企业孵化和培育，加强制造业创新体系建设，先后启动建立了国家级制造业创新中心、国家工程研究中心、国家重点实验室、国家工程实验室等创新主体。出台包括研发费用加计扣除政策等多项税收优惠政策助力科技创新发展。出台《中华人民共和国促进科技成果转化法》，通过改革职务科技成果产权管理制度、加大对科技人员成果转化奖励力度、完善科技成果市场化定价机制、建立成果转化领导决策双免责机制、实施股权激励和技术成果入股递延纳税、国有科技型企业股权与分红激励等带动科技成果转化量质齐升，为创新创业解开束缚，释放源头活水。

其次是不断优化的资本市场支持政策体系。近年来，我国推行了一系列资本市场改革，以促进和鼓励科技创新，拓宽科创企业融资渠道。如 2019 年上交所建立科创板并试点注册制，2020 年深交所创业板推行以注册制为核心的制度改革，以及深化新三板改革、设立北交所，积极完善和发展多层次多样化的资本市场，丰富科技创新企业多元融资渠道，极大地提升了资本市场服务创新的能力。此外，近年来相继建立了上市公司创投基金股东减持股份"反向挂钩"机制，启动了私募股权创投基金向投资者实物分配股权试点工作等，积极完善和发展我国多层次多样化的资本市场，为多元私募股权创投基金投资退出创造了良好条件，促进了行业长期健康发展，更好地发挥了对实体经济和创新创业的支持作用。

最后是持续加大力度的产业支持政策体系。科技创新投资期限长的特征使得公开市场的股权融资服务创新仍然存在较大的局限性。风险投资预期的回报期限普遍在 5~7 年，公开市场投资者看待上市公司增加具有挑战性的研发投入的态度甚至是负面的，投资者追求短期回报的问题导致全球范围内具有突破性的研发不足，追求早期退出的风险和需要耐心的长期投资不匹配的问题仍然突出。为此，政府通过产业引导基金和养老金入市等多元渠道拓宽长期投资基金体量，推动对具有挑战性和颠覆性科技创新的持续投入和相关产业的发展。除了早期政府建立的集成电路大基金等标杆性的引导基金外，各级政府主导的各种产业基金将撬动更大的市场资金加速关键核心技术产业的发展和突破，为资本市场带来更多的投资机会。

■ 建信北京的"三个坚持"和"三个改变"

建信（北京）投资基金管理有限责任公司是中国建设银行集团旗下的一家私募股权投资机构，我们在争取为投资者获取最大回报的同时，对于投资的社会效益和国家需要也会充分考量。为此，我们始终坚持自己的初心使命，保持定力，而不随波逐流，同时，我们也要有充分应对市场变化的敏锐能力，为投资者创造长期可持续的稳定回报。

一是坚持国之大者的胸怀，坚定重仓中国。广义而言，任何人不可能在做空自己国家的过程中实现逐利目标。在可以预见的未来，这个世界上没有比中国更有发展前景的大型经济体，如果世界仍然有很多发展机遇，最大的机遇一定在中国，这不是信口开河，而是全球投资者多年选择的结论。作为一家中国建设银行旗下的 PE 机构，我们理所当然地要顺势而为，以"国家队"的使命感，在国家持续发展的过程中实现自身的成长、壮大。

二是坚持面向前沿的勇气，坚定科技引领。科技是第一生产力，创新是未来经济发展的第一动力，中国发展至今，走科技引领的道路是唯一选择。为此，要敢于向未知领域进军，要敢于在前沿行业的混沌状态中坚持自己的前瞻性布局，勇于在 A 轮甚至更早的阶段介入新兴科技行业。

三是坚持穿越周期的耐心，坚定长线思维。PE 行业考验的是出手的机敏，在漫长的时间内可能只有很低频次的交易，在坚定正确投资逻辑的前提下，要有坚守下去的耐心。任何成功的投资都可能在某个阶段面临困难的局面，任何行业都不可能在发展过程中一帆风顺，只有坚守到价值兑现时刻的领航员才能面对一望无际的蓝海。

同时，在瞬息万变的世界，我们也要对各种改变有反应的能力，需要改变的时刻必须有效反应。

一是要敢于和成功的过去做告别，不自满。漫长的经济发展史表明，很多前期成功的经验都无法在下一个阶段进行复制，很多失败的案例都是因为过于坚持过去成功的路径，而这种路径依赖成了下一阶段成功的绊脚石。过去二十年 PE 行业有很多成功故事，产生了很多风云人物，我们在过去的实践中也有过很多成功的案例，我们在充分分析这些成功背后的投资逻辑时更要反思这样的成功逻辑在未来是否还有继续成功的可能性，而不能"一条道走到黑"。

二是要有应对多变政策环境的敏感神经，不迟钝。古今中外，大转型时期最大的变化是政策变化频繁，这些政策事实上也在改变过去和现在走向成功的路径，要随时感受到温度变化并根据这些变化做出合理的反应，不能在大转型时期思维迟钝、麻木不仁，指望在已经改变了的世界刻舟求剑。

三是要跟上世界变化的节奏，不固执。全球化的世界已经改变了很多规则，这不是说我们应该关闭自己的世界孤芳自赏，而是要意识到全球市场随之而来的风险，慎重对待这种节奏变化给我们带来的投资风险，对于技术和市场两头裸露在外的很多投资，不论在其他投资逻辑上显得多么合理，都要慎之又慎，在充分利用全球资源实现更高更快的技术跨越的同时，要有能力应对其中可能潜藏的灾难性风险，而不是寄希望于世界的节奏能够回到自己熟悉的调调上来。

我们对自己有清晰的认知，一方面我们是一个背靠国有大行的投资平台，另一方面我们也清楚自己的投资人都是在市场经济大潮中打拼的高净值客户，我们既要实现国有投资机构的初心使命，更要为投资者带来持续回报。我们坚信在为国家突破发展瓶颈的过程中尽了绵薄之力，也一定会为我们的投资者实现长期可持续的财富增值，同时也践行了我们作为投资机构的初心使命。

C ONTENTS

目　录

军工行业

百年变局下国家战略安全支持的
长期投资大逻辑

当前，百年变局叠加世纪疫情，大国博弈加剧、地缘冲突再起，国际战略格局深刻演变，国家安全态势和军事战略发生重大转变。中国作为全球第二大经济体，对外投资和利用外资不断增加，国内国际市场不断扩大，产业链供应链的持续安全稳定愈发重要。我国经济社会的不断进步与持续发展、改革开放四十多年来积累的财富，都需要和平稳定的周边环境。没有安全的发展将无法持续，人民对美好生活的向往将无法实现。

新的时代形势需要新的战略思想，我国新时代的军事战略方针已由强调"积极防御"和"打赢局部战争"转向"遏制战争与打赢战争相统一"。在"十四五"期间及更长的一段时期内，随着我国国家安全战略要求、经济社会发展和军费持续稳定提升，未来国防军工行业蕴含的巨大的投资机遇将不断被验证。为此，投资团队从军工行业时代要求、商业特点、投资时机、过往经验、布局方向和标的筛选等多角度提炼分享投资理念和投研成果。

一、军工行业为何存在长期确定的投资机会？

（一）全局看：武器装备升级换代、全面加强练兵备战

从全局看，国家安全态势和军事战略发生重大转变，我军急需加快武器升级换代和练兵

备战，全行业存在投资机会。

当今世界正经历百年未有之大变局，国际战略格局深刻演变，国家安全面临的风险挑战不容忽视。我国的新时代军事战略方针没有命名为"新时代积极防御军事战略方针"，不再单独强调"打赢信息化局部战争"[1]，而是更加强调遏制战争与打赢战争相统一，更加强调全面练兵备战和做好军事斗争准备。国防建设进入新时代。2020 年军改完成，军工产业进入过去 20 年基础技术突破和装备科研成果的收获期，装备升级换代、大批量装备列装叠加高强度实战化训练验证军工产业高景气度、强确定性。

（二）长期看：国防要与经济匹配、军费投入稳步增长

从长期看，我国国防实力与经济实力不匹配，军费投入将持续增加，存在长周期的投资机会。

"强国必须强军，军强才能国安。"我国经济实力、科技实力、综合国力在"十三五"时期跃上了新的台阶，已成为世界第二大经济体。但国防实力与之相比还不匹配，与我国国际地位和安全战略需求还不相适应。军工属于比较特殊的行业，每一代产品都需要 5 年、15 年甚至更长的研发周期。面向"本世纪中叶要全面建成世界一流军队"的目标，国防建设任重而道远。未来 5~7 年仍是军工行业的快速增长期，未来 10~15 年是一个稳健增长期，未来 30 年是一个长期确定性的增长期。

（三）近期看：外部环境动荡加剧、建军百年目标拉动

从近期看，建军百年目标指向明确，军工行业将持续受益，存在短周期投资机会。

"十四五"规划明确提出，加快机械化信息化智能化融合发展，全面加强练兵备战，确保

（1）　2019 年 7 月《新时代的中国国防》白皮书，2015 年 5 月《中国的军事战略》白皮书，军事科学院袁德金研究员、军事科学院博士研究生王建飞《新中国成立以来军事战略方针的历史演变及启示》，夏明星《改革开放以来中国军事战略方针调整探微》。

2027 年建军百年奋斗目标实现。未来 5 年是我国军事力量加速追赶带来的高增长、高确定性的红利期，基本决定了我国未来军工行业的发展格局。我们判断，技术成熟且经过定型的适应未来战争需求的新一代武器和消耗性装备将成为采购重点，而技术尚未完全成熟、需求不明确的装备仍将稳步推进，战略性前沿性颠覆性装备加速研发。

二、军工行业较其他行业有哪些商业特点？

军工行业涉及领域复杂，行业内部封闭，进入壁垒较高，且有保密要求，投资者一直捉摸不透。我们总结军工行业具有如下特点。

（一）战略需求驱动、稳定可靠保障

战略需求驱动技术迭代而非前沿技术驱动装备定型。在很多人的观念中军工行业都是尖端的需求，因此产品都要用最先进的技术甚至是"黑科技"。但实际上并非如此，首先，只有掌握最符合战略需求的技术才是有竞争优势的技术，而不是最先进的技术；其次，军工行业对技术的需求更多地体现在高可靠性、高稳定性、高恶劣条件适应性上，而对尖端技术的需求很多时候并没有那么高。

（二）行业垄断色彩浓、经营稳定避险强

军工行业的本质是 ToG 高科技，行业壁垒 + 技术壁垒 = 高估值。军工行业的最终客户是军队，业绩增长受限于军事战略需求和国防预算的计划性，具有天然的经营稳定性和行业垄断性。经营稳定性体现在军事需求永远存在，不会轻易受到中美贸易摩擦、技术限制、地缘政治风险等"黑天鹅"事件的影响，具备一定的避险属性；行业垄断性则体现在国防军工行业的高门槛上，军工集团控股下的上市军工企业大多数可以实现细分领域的绝对垄断，因此也就可以分到细分行业发展的大多数"蛋糕"。

（三）国家必选"消费"、强确定性高估值

军工产品是"国家级消费品"，在当前背景下确定性强带来高估值。众所周知，包括中国在内的大部分国家，是不能向个人出售武器的。所以军工行业很特殊的一点就是它的客户只有一个，即国家。一般消费公司的业绩稳定性和确定性强，受市场大资金的认可，市场愿意给高溢价。一般消费相比其他行业有较大优势，受经济周期影响小。相比成长股的业绩不稳，经营有波动，消费的稳定增长优势明显。确定性体现在军事需求永远存在，不会轻易受到中美贸易摩擦、技术限制、地缘政治风险等"黑天鹅"事件的影响，具备一定的避险属性；高估值则体现在产品的高毛利率（基本都在 40% 以上）、企业的高估值上。在过去瞄准"局部战争"的时代里，市场空间增长有限；在军事力量加速提升的过程中，享受高成长、高溢价。

三、军工行业为何在当前值得投资入局？

从上市军工企业业绩看军工行业的高景气性。2022 年上半年，上市军工企业实现营业收入同比增长中位数为 11.0%，净利润同比增长中位数为 13.0%，远高于全 A 股营收 5.5%、净利润 -5.8% 的同比增速中位数。近年来，军工行业增速稳定，行业高景气持续得到验证，军工行业业绩的不断释放，驱动行业投资逻辑发生变化。

（一）长期逻辑增强：景气度高和确定性强

从短期主题炒作向追求长期产业逻辑转变。曾经，军工板块是主题炒作的代名词，也是资金追求市场热点的代名词。[1]以往在投资者心目中，军工行业是一个高贝塔行业。它的走势

---

[1] 2007 年 5 月，国防科工委等部门印发《关于推进军工企业股份制改造的指导意见》，开启军工上市潮；2008 年 12 月，北方导航（原中兵光电）成为国内第一家真正意义上的军工上市公司；2015 年之前，军工板块的走势主要取决于对于资产注入的预期、政策力度和军工事件；2015~2019 年，受军改影响，军工板块一路下行，其间军民融合发展战略和资产证券化是炒作主题；2020 年，军改落地，资产证券化率不再作为其单一目标。

和大盘关联度较大，而且弹性也大，涨的时候往往窜得很高，跌的时候也摔得很重。这种现象导致机构投资者和主流资金对投资军工行业缺乏安全边际。自 2019 年开始，军改落地，企业订单恢复，军工行业一二级市场估值不断回归合理区间，行业正在凭借高景气度和高确定性获得市场信任。国内机构投资者配置军工行业的比重开始提升，军工被动指数、主动基金产品规模不断扩大。

（二）转向价值投资：长期资金不断增加、业绩释放验证预期

　　从依靠市场风险偏好提升向价值投资转变。以往，军工股的涨跌往往和市场整体风险偏好挂钩，两者之间存在显著正向关系。当市场风险偏好上升时，半导体、5G 等科技股的涨幅远超军工板块；而市场风险偏好下降的时候，军工板块会跌得比较多。当前，在投资利好政策的情况下，二级市场上基本面较好、业绩确定释放的公司估值不断上涨。未来，随着大股东、产业资本的资金不断投入，军工行业价值投资的特点将不断彰显。

（三）估值水平合理：业绩验证预期、估值安全边际合理

　　市场估值处于历史中位数，投资安全边际无忧。从二级市场看，目前国防军工板块（申万行业指数）的估值约为 56.5 倍，处于三年历史 22.9% 的水位上。[1] 市场调研显示，全面加强练兵备战背景下装备列装需求旺盛，产业链呈现订单与产能大幅增长的状态。2021 年 6 月 24 日，国防部举行例行记者会，新闻发言人介绍，全军基础训练难度强度明显增大，与往年同期相比，全军弹药消耗大幅增加。在行业确定性和科技属性的双重加持下，军工行业处于上升周期，军工投资有望迎来"戴维斯双击"。

（四）退出通道打开：科创属性明显、退出机会拓宽

　　科创板入市机制有利于军工行业，退出路径可靠。目前科创板执行"4+5"的科创属性评

―――――
（1）2022 年 11 月 4 日数据。

价指标。[1] 一般情况下，军工行业企业研发投入占比较高，发明专利数量较多（特别是国防专利申请更便利），主营业务符合国家战略，核心人员获得军队科技进步奖多，在满足上市条件方面具有先天优势。投资机构在助力军工企业发展的同时，可实现多路径的安全退出。

军工行业投资逻辑从短期向长期、价值投资逻辑的转变及投资者对军工行业广泛认可，叠加当前估值水平安全边际较高和退出路径的拓宽，为军工行业长期的股权投资创造了入局时机。

四、军工行业应该重点投向哪些重点领域？

根据"十四五"规划，军队建设将贯彻新时代军事战略方针，加速武器装备升级换代，加强军事力量联合训练、联合保障、联合运用。我们判断，未来导弹、弹药、军机、坦克、卫星、军用电子等领域将迎来业绩爆发时期。

（一）导弹弹药：作战必需品、消耗属性强

导弹及弹药：消耗属性最强，未来作战必需。自 2018 年开始，习近平总书记强调大抓实战化军事训练，我军军事训练频次和强度均有所提升。根据《解放军报》的相关报道，东部战区某重型合成旅 2018 年枪弹、炮弹、导弹消耗分别是 2017 年的 2.4 倍、3.9 倍、2.7 倍。[2] 近年来，我国各战区军演频繁，训练强度增加，弹药消耗量巨大，充分对旧型号去库存，对新型号进行实战演练。因此，投资方向可聚焦导弹及弹药相关总装厂及上游配套企业。

（1）　2021 年 4 月 16 日，证监会宣布修订《科创属性评价指引（试行）》，在原"3+5"体系（研发投入金额或研发投入占营业收入比例、发明专利、营业收入或营业收入复合增长率等 3 项常规指标，以及符合国家战略、核心人员获得国家奖、属于国家重大专项、实现国产替代、发明专利多于 50 项等 5 项例外条款）基础上，增加"研发人员占比超过 10%"，形成"4+5"体系。

（2）　《东部战区陆军某旅 20 份党委议战议训会议纪要背后的故事》，中国军网，http://www.81.cn/zq/2019-02/11/content_9508996_5.htm，2019 年 2 月 11 日。

（二）军机：主战装备、需求强烈

军机：主战装备跨代建设，存在持续强烈需求。考虑强 -5、歼 -7、歼 -8 等较为落后的第二代战斗机仍然占有比较大的比重，[1] 未来装备升级需求明显。在新时代战略空军建设目标下，空军由"防"转"攻"，[2] 需大力发展先进战斗机、战略运输机 / 轰炸机，提高纵深攻击能力、远程投送 / 打击能力和立体攻防能力。投资聚焦军机总装厂以及军机产业链上游的发动机、电子元器件以及原材料等方向。

（三）坦克：陆战之王、缺口巨大

坦克：陆战之王，缺口巨大，急需补充。根据 Global Fire Power 的统计，2020 年我军主战装备中坦克数量为 3500 辆，较 2015 年减少 62%；装甲车数量为 33000 辆，较 2015 年增加 589%；对比之下，坦克需要大量配置。当前，陆军 13 个集团军组建完成，按照每个合成旅配置 100 辆坦克计算，全军需要坦克约 8000 辆。可以预见，"十四五"时期，新型 99 式、96 式、15 式等系列坦克将迎来批量生产，相关企业将受益。

（四）卫星：频轨资源稀缺、战略重要性凸显

卫星：低轨通信卫星将成为发展重点。当前，我国北斗系统已正式启用，高分系列遥感卫星已发射 20 多颗。相比之下，通信卫星发展还存在不足。SpaceX 计划发射 4.2 万颗卫星组网通信，[3] 国内已有"鸿雁""虹云""天启"等星座试运行。预计"十四五"时期国家将整合国内资源，通过重大工程的形式推进低轨通信卫星星座的建设，卫星配套、地面运行、终端应用的相关企业或将受益。

（1）　根据 World Air Forces 2021，2020 年我国拥有军机总数 3260 架，其中，战斗机 1571 架（二代机占比为46.75%），武装直升机 902 架，运输机 264 架；美国军机总数 13232 架，其中，战斗机 2717 架，武装直升机5434 架，运输机 941 架。

（2）　空天一体、攻防兼备，加快实现国土防空型向攻防兼备型转变。

（3）　2019 年 5 月首批发射，截至 2022 年底，在轨卫星 3300 多颗。

（五）军工电子：信息化提速、现代化必需、军民需求空间广

军工电子：武器装备放量，信息化提速，带动上游电子元器件放量。当前，国防信息化建设提速与国产化替代共振，军用电子与信息化市场空间巨大。军用电容、军用连接器等电子元器件是国防信息化的底层支撑，属于成长性较为明确的细分领域。建议关注民用空间广阔、军用市场托底的相关军工电子企业。

（六）新域新质：无人智能、军民融合、民参军潜力大

新域新质装备：无人装备、电子对抗装备可能成为民营主要发力方向。"十四五"规划明确提出要壮大新域新质作战力量。新域新质作战力量不仅改变着战争的形态和面貌，也改变着战争准备的理念和周期，是当代军事发展的风向标，代表着军事技术和作战方式的发展趋势。在军民深度融合发展的大背景下，民营企业在无人装备、电子对抗装备领域表现活跃，预计未来随着国内对新域新质作战力量的深度理解，提前发力的民营企业将获得更大收益。

五、军工行业投资标的应该如何评判？

站在中长期角度，军工行业将持续处于高景气度状态，基本面持续向上的确定性较强，宜考虑积极布局。下文从三个方面介绍投资策略。

（一）判断战略地位：空天为主要客户、导弹弹药为强需求场景

一是判断主要客户。军工的客户虽然最终都是军方，但由于战略需求以及使用方的需求不同，需要做具体区分。从战略需求角度看，当前空军产业链最优，火箭军、航天次之，陆军、海军再次之。从军兵种和产品性质角度[1]看，关注点如下：以陆为主，需关注客户分布，靠谱大客户依赖可能是优势；以海为主，需重点关注应用对象，确定市场空间大小；以空军为

（1） 陆：陆军地面装备＋枪炮器械；海：海上装备及配套；空：军用战斗机、直升机及配套；弹：消耗性弹药＋导弹；天：火箭、卫星及配套；电：三军通用的电子元器件；"后"：专网通信、工程建设、后勤保障类。

主，需关注是否掌握核心技术，确保伴随行业业绩放量；以天为主，关注商业航天行业可能存在的投资机会；以弹为主，关注产品是不是消耗属性更强的战术导弹；以电为主，关注民用拓展，重在军民融合发展；以"后"为主，要关注订单情况，客户资源是关键。

二是判断需求场景。战略需求是牵引装备发展的首要因素，投资中要注意判断被投资企业产品的最终应用场景。舰船、飞机、卫星等平台装备以国家战略为基础，以国家之间的博弈为增量；导弹、弹药等消耗性装备以军事训练为基础，以周边局势为增量；无人机等新兴装备以作战需求为牵引，以国际乱局为增量；保障车辆、专网通信等后勤装备以事件驱动为主因，采购波动是变量。

（二）分析竞争优势：核心技术有突破、批产定型有经验

一是判断产业链位置。如果把军工产业链分为原材料和零部件、系统设备和总装厂三个环节的话，上游的原材料、零部件环节市场化程度高，企业多为军品的三级或四级供应商，盈利能力更强，适合股权投资；中游的系统设备提供者多为军工企业的科研院所，采用轻资产经营模式，适合参与混改上市投资；下游总装厂一般体量较大，高市值、长贝塔，稀缺性比较高，是每次行情的发起者，存在资产注入、并购定增、低点介入的投资参与机会。

二是判断企业竞争力。军工行业门槛较高，体现在"军工三证"的认证壁垒、工艺专利的技术壁垒、质量稳定的产品提供壁垒、部队认可的客户壁垒，以及用户转换成本壁垒等方面。进入军工行业的企业竞争优势主要体现在人才优势、技术优势、管理优势、经验优势和用户获取优势等方面。企业高管要具有军工背景，熟悉军工需求和业务流程；技术要能够满足军方客户某一特定需求，且产品毛利较高；产品质量要稳定，管理费用要尽量降低；要有成功产品案例，有经验优势；要方便找到客户，具有人脉优势。

三是判断研制阶段。股权投资行业有句话叫"军工无创投",是说一个军工项目,从探索、预研、立项、方案论证、工程研制、定型试验、列装后订单产生,可能需要 5~10 年,甚至更长时间。有可能在中间某个环节、某个阶段就"夭折"了,因此要充分了解被投资企业的产品状态,注意区分研究定型和批产定型。批产定型的产品才真正具有了垄断特征。

四是判断技术成熟度。技术成熟度与上述研制阶段有关,属于产品研制前研究过程的技术评价细化。根据目前标准,预研阶段如果完成原理样机 / 演示样机的实验室验证,证明主要指标可实现,属于技术成熟度的 4 级,距离实际应用还比较远;完成系统原型 / 原型机 / 工程正样的典型使用环境验证,属于技术成熟度的 7 级,实际应用可能性较大。技术成熟度达到 6 级,具备开展演示验证条件是技术相对成熟的标志。

(三)权衡风险收益:军品有托底、民品有空间、估值要合理

一是判断企业类型。按照军工行业的介入程度,我们可以把企业分为纯正军工企业、主题军工企业、概念军工企业和"假"军工企业。纯正军工企业直接给军方供货,以央企、国企为主,其从业人员一般都将军工视为事业,重视荣誉,投资中建议选择"高端装备领域、行业竞争垄断、市场预期可观"的标的;主题军工企业一般负责给军工厂供货,其从业人员对军工有着深厚感情,同时注重企业效益,投资中建议选择"军品有托底,民品有空间,技术有优势,国企难兼顾"的标的;概念军工企业一般军品营收占比不足 20% 且为军工配套的配套,军工色彩淡,故事色彩浓,主题切换频繁,重在套利,建议对此类企业敬而远之;"假"军工企业一般从名字上看像是军工企业,实际业务与军工企业无关或军工业务占比极低(不足 5%)。

二是判断交易机会。首先,估值要合理。判断方法有三种指标:第一,与行业标杆企业或类似企业对比,通过市值对比看成长空间;第二,对于纯正军工企业,可通过市净率看资产质量;第三,通过市销率看企业价值。其次,公司业绩要持续成长。判断方法有三种维度:第

一，看过去公司业绩的增长；第二，看同业公司业绩的增长；第三，看未来公司业绩的增长，最好属于内生式增长方式。最后，逆向思维确定买卖时机，基本面确定安全边际，大众情绪预示买卖时机，市场预期决定上涨空间。

（四）优质标的初步画像

根据上述军工行业投资策略的总结，初步提出优质军工标的客户画像如下。

1. 创业团队底色纯正

团队核心成员具有军队（装备部、军代室、科研院所、作战部队）或军工集团科研院所工作经历，拥有多项国防专利，技术知识产权清晰，熟悉军工体系流程；最好是获得过国家奖、国防科学技术奖或军队科技进步奖的业内顶尖技术人才。

2. 拥有突出的技术领先点

掌握特殊工艺，拥有优秀脑力，研发特定产品，满足军方特殊需求。由于掌握了少数突破口而在细分市场中能够存活下来。

3. 配套量产主战装备

理想中预研产品技术成熟度至少 6 级，最好有产品定型，配套模式跟上主战装备，而且配套的是消耗性的零部件。尽量避免项目式采购、零星试验式采购、业绩像过山车似的波动的企业。

4. 多阶段多领域配套

理想中的军工配套企业应当具有"四个一代"的特征：探索一代、预研一代、试制一代、批产一代。批产产品作为企业的基石收入和利润，弥合预研和型研产品的资金波动。同时，最好在核心技术同源的情况下，企业能够对多军种、多军工集团都有不同产品的衍生配套，通过体系内的分散经营抵消波动风险。

5. 未来民用市场广阔

军工市场空间毕竟有限，企业最好具备将生产技术装备、材料、人员和技术等由军事专用转变为军民通用的能力，理想状态是可以完全在同一条生产线上生产军品和民品。民品在市场上具有技术优势，可大规模推广使用。

（建信北京军工组　巩克壮、万成杰）

商业航天

战略安全主导的军民双向投资是
激活商业模式落地生根的根本之路

在百年未有之大变局下，由西方主要发达国家主导的逆全球化趋势愈发难以扭转，意识形态和国家安全有逐渐成为主导因素的趋势，而俄乌冲突加速了世界秩序陆权与海权之争。随着 SpaceX 星链卫星互联网自 2022 年 2 月以来在俄乌冲突中的运用及后续影响，低轨卫星互联网在战时紧急状态下对军事、民生、应急通信等领域的重要价值和明显优势已经被充分证实，这必将引起世界主要大国的进一步重视并加速投资布局。低轨卫星星座的频率和轨道资源的稀缺性及全球低轨卫星星座项目的激烈竞争在客观上加剧了我国商业航天亟须快速发展的紧迫性。为解决我国商业航天仍面临的卫星制造成本高、产能不足及火箭运载能力和发射回收复用技术不足带来的发射成本高企问题，在国家和地方政策驱动及社会资本加速入局下，以卫星互联网及卫星遥感为主要领域的商业航天细分赛道已经出现了投资布局时机。为此，投资团队从国内外商业航天发展现状、行业趋势和模式变化、投资时机和重点方向、投资策略和标的筛选等角度加以分析总结，以期为各位投资人提供建信视角。

一、为什么要投资商业航天赛道？

（一）商业航天行业演变带来投资机会

现阶段商业航天主要指火箭和卫星制造及卫星发射、运营及应用和服务等。航天指人类探索、开发和利用地球大气层以外宇宙空间及天体的活动，通常在卡门线（海拔100km）以上。航天产业是利用火箭发动机推进的跨大气层和在太空飞行的飞行器及其所载设备、武器系统及各种地面设备的制造业，也包括飞行器的发射服务和应用产业。按照整机产品分类，航天产业具体可以划分为火箭、卫星、导弹、空间飞船、空间探测器、空间站六个细分产业。商业航天指在法律许可的范围内，遵循市场规律进行航天领域的商品交换或提供服务。以营利为目的、自负盈亏的商业航天活动，既有国家机构参与，也有民营机构参与。本文中商业航天主要指卫星及火箭的制造、发射、应用和服务等，其类别和市场领域见表1。

表1　商业航天的类别和市场领域

类别	市场领域
商业基础设施与保障	地面站与设备制造、商业卫星制造、商业卫星发射、航天保险、亚轨道商业载人飞行
商业航天产品与服务	卫星通信、直播到户、卫星音频广播、对地观测

自1957年苏联发射人类第一颗卫星以来，人类从未停止对宇宙的探索。随着卫星技术的不断进步和应用领域的逐步延展，卫星行业在半个多世纪的发展历程中已经在供需两端发生了如下变化。

1. 需求端变化

一是需求端逐渐由政府为主向"政府＋商业行为"转变。卫星行业具有高难度、高投入的特点，发展初期主要应用于国防，以政府为主导。随着科技进步、政策鼓励，目前已经由最初的主要为军事和政府部门服务逐渐向主要为经济和社会发展服务转变，商业航天快速发展。

二是卫星市场需求重点转向小卫星、低轨卫星。根据 2016~2021 年全球卫星发射统计，按卫星质量大小分类，小卫星（500kg 以内）数量迅速增长，至 2021 年，新增数量为 1624 颗（见图 1），占全年新增卫星数量 1671 颗的 97%，卫星市场需求已重点转向小卫星。按卫星轨道高度分类，低轨卫星（轨道高度 300~2000km）数量迅速增长，截至 2021 年，新增数量为 1665 颗（见图 2），而中高轨卫星仅新增 31 颗，卫星市场需求已重点转向低轨卫星。

图 1　2016~2021 年全球发射卫星数量（按卫星质量大小）

资料来源：根据公开资料整理。

图2 2016~2021年全球发射卫星数量（按卫星轨道高度）

资料来源：根据公开资料整理。

2. 供给端变化

一是卫星功能从原有的单一化向多功能集成化转变，成本不断降低。卫星主要由卫星平台和卫星有效载荷[1]组成，不同有效载荷可实现不同功能，卫星承载的有效载荷越多，其功能越多元。随着科技的进步，卫星搭载多个有效载荷的能力不断提高。

二是卫星制造从定制生产走向批量工业化生产，产能放量，成本降低。国外方面，目前SpaceX卫星工厂已实现每周制造45颗卫星的生产能力。国内方面，中国卫星制造起步较晚，虽然落后于西方先进水平，但也已实现批量生产。2020年底，由中国航天科工集团二院空间工程公司抓总建设的武汉国家航天产业基地卫星产业园全面建成，投入试运行。2021年5月，产业园卫星智能生产线顺利实现首星下线，产线全面投入使用，产能目标为年产240颗以上小卫星，这标志着中国航天科工集团正式步入卫星批量化生产阶段。

2022年，中国航天科技集团五院天津卫星柔性智造中心建设完成，该中心已经通过验证

（1） 有效载荷指直接执行特定卫星任务的仪器、设备或分系统。

星对卫星生产流程进行验证，平均每 1~2 天可以完成一个站点的生产任务。后续按照节拍化模式运行后，该中心预计可实现每周出厂 4~5 颗小卫星，年产能达 200 颗以上。目前，中心已启动试生产工作。同年，长光卫星技术股份有限公司启动卫星批量化生产线建设。

2022 年 3 月，银河航天批量研制的 6 颗低轨宽带通信卫星——银河航天 02 批批产卫星成功发射。公司在 2021 年批量生产 30 颗卫星能力的基础上，2022 年批量生产能力将增加到百颗卫星。

（二）卫星通遥导应用市场蕴含巨大空间

卫星是实现商业航天产业链价值的核心功能单元，是下游应用领域的前提和基础。洞悉商业航天的投资价值和投资机会可以从卫星通信、卫星遥感和卫星导航这三个应用领域进行。

1. 卫星通信

卫星通信作为地面移动通信的补充，主要服务于国防军事、远洋航运、跨国贸易及偏远地区经济活动，具有重要的经济和战略价值。

卫星通信是指利用卫星作为中转站进行电磁波的收发，来完成地球站之间或地球站与空间站之间通信需求的通信方式。根据运行轨道距地球距离的远近，通信卫星可以分为低轨（LEO）通信卫星、中轨（MEO）通信卫星和高轨（GEO）通信卫星。其中低轨通信卫星的轨道高度在 300~2000km，中轨通信卫星的轨道高度在 2000~36000km，高轨通信卫星的轨道高度则为 36000km。低轨通信卫星距离地球更近，能够缩短传输时间，降低时延；同时，低轨通信卫星具有更轻的质量、更低的成本，能够在低轨空间通过大量部署实现真正的全球覆盖，高轨通信卫星单星价格昂贵，但是少数几颗星即可为大片区域提供服务。因此，发展卫星移动通信是必然要求。据报道，汶川地震发生时，所有地面通信系统瘫痪，仅靠租用的国外卫星电话链路保持与外界的沟通，汶川地震后，国家提出要建设自己的移动通信星，其首要任务就是确保我国遭受严重自然灾害时的应急通信。我国高轨通信卫星情况见表2。

表 2　中国高轨通信卫星情况

名称	功能	在轨情况
中星卫星系列	通过广播电视信号传输、卫星通信服务重大活动和抢险救灾等应急活动。	中星6C、中星6A、中星6B、中星9号、中星9A、中星10号、中星11号、中星12号、中星15号、中星16号。
亚太卫星系列	提供一站式的卫星转发器服务以及广播、卫星通信、电信港、数据中心服务。	亚太6号、亚太7号、亚太9号、亚太5C、亚太6C。
天通系列	2016年首次发射，服务范围涵盖灾难救援、个人通信、海洋运输、远洋渔业、航空客运、两极科考、国际维和等方面。	天通1号01、02、03星。

资料来源：根据公开资料整理。

2. 卫星遥感

卫星遥感涉及国家安全和发展的敏感信息，战略意义重大，服务行业众多，具备高附加值，市场空间大。

遥感卫星的工作原理是利用光学、雷达对地面探测。根据载荷的不同，卫星遥感可分为光学遥感和雷达遥感。光学遥感属于被动观测，探测频段为可见光波段、红外波段，所以受气候和光线条件限制，但获得的数据光谱信息丰富，结构特征连续，容易识别和分类；雷达遥感属于主动观测，探测频段为C波段、X波段，可实现全天候全天时探测，所获得的数据纹理信息丰富，但成像处理、信息解译比较困难，人眼目视直观性不强。光学遥感卫星与 SAR（Synthetic Aperture Radar，合成孔径雷达）遥感卫星对比如表 3 所示。

表 3　光学遥感卫星与 SAR 遥感卫星对比

项目	光学遥感卫星	SAR 遥感卫星
成像原理	被动观测，接收目标反射或辐射的光谱能量，得到强度幅值。	主动发射雷达信号，接收其回波，获取目标微波散射特性，包括幅度和相位信息。
数据特征	光谱信息丰富，结构特征连续，容易识别和分类。	纹理信息丰富，成像处理、信息解译比较困难，人眼目视直观性不强。
工作条件	受气候和光线条件限制，晚上、有云雾、下雨雪、杂光干扰情况下均不能观测。	全天时、全天候，低频穿透植被等地物遮盖，类似 CT 扫描可以"看"到地下几十厘米的管网。可通过 INSRA 干涉形成 3D 图像。
探测频段	可见光波段、红外波段。	C 波段、X 波段。

资料来源：根据公开资料整理。

目前，我国遥感卫星仍以光学遥感为主，比如高分一号。SAR 遥感卫星处于导入期，研制门槛和技术壁垒相对光学遥感卫星高，面临减重、能源系统与热控制、姿态和轨道控制等技术难点。SAR 遥感卫星应用领域广阔，下游需求旺盛。SAR 遥感卫星分辨率达到 1 米，主要面向国防和情报部门，以及国土资源、交通能源安全、海洋环境、船舶识别、市政基础设施、灾害监测等市场垂直客户，这些行业客户对高质量雷达图像资源的需求正在日益增长，下游应用端的市场预计在百亿美元量级。SAR 遥感卫星中，亚米级超高分辨率（<0.5m）卫星将成为市场占比最大的产品，该市场将是增长最快的市场。中国现有的 SAR 遥感卫星情况见表 4。

表 4　中国现有 SAR 遥感卫星情况

名称	研制机构	相关情况
高分三号	航天五院	2016 年 8 月 10 日成功发射，是我国首颗分辨率达到 1 米的 C 波段多极化 SAR 遥感卫星，自然资源部为其主用户。
天绘二号	航天八院	2021 年 8 月成功发射，是我国首个基于干涉合成孔径雷达技术的微波测绘卫星系统，也是继德国 TanDEM-X 系统后的第 2 个微波干涉测绘卫星系统。
齐鲁一号	中科院空天信息创新研究院、中科院微小卫星研究院	2021 年 4 月成功发射，齐鲁一号卫星搭载了国内首台 Ku 谱段 SAR 载荷、智能载荷、空间路由器、激光通信机等新型载荷，是技术验证星，运营方为山东产业技术研究院。
陆地探测一号	中科院空天信息创新研究院 / 航天八院	2022 年 1~2 月成功发射，由中科院空天信息创新研究院（1A）、航天八院研制（1B），填补我国在星载差分干涉、多模式极化、单航过极化干涉 SAR、双基宽幅等微波遥感领域上的多项空白，提升了我国对地多维信息感知与综合环境监测能力。
海丝一号	天仪研究院等	2020 年发射，我国首颗商业 SAR 遥感卫星，对标国际先进指标的、基于有源相控阵天线的百公斤级（整星 < 185kg）、1 米分辨率、C 波段商业 SAR 遥感卫星，可以穿透云层，不受时间和恶劣条件限制，获取全天时、全天候的二维高分辨率雷达数据，将为海洋动力环境参数的遥感反演、海洋灾害监测、洪水监测和地表形变分析等提供支持。其需求由厦门大学等单位根据海洋科学研究与遥感应用市场需要提出，天仪研究院为卫星总体，中国电科 38 所为载荷总体，联合负责卫星的研制。
巢湖一号	天仪研究院等	中国"天仙星座"项目的首发星，于 2022 年 2 月 27 日在文昌航天发射场成功发射。其应用需求由天地信息网络研究院（安徽）有限公司提出，天仪研究院为卫星总体，中国电科 38 所为载荷总体，联合负责卫星的研制。
泰景四号 01	微纳星空	中国首颗 X 波段商业 SAR 遥感卫星，由北京微纳星空科技有限公司研制，总重量接近 350 千克，可用于全天时获取高分辨率地表雷达图像。

资料来源：根据公开资料整理。

　　卫星遥感市场规模较大。根据咨询机构 Euroconsult 长期跟踪全球卫星遥感市场的数据，2019 年全球卫星遥感市场规模约为 46 亿欧元，同比下滑 6.06%，Euroconsult 预计未来全球卫星遥感市场将保持 9.4% 的复合增速，至 2028 年全球市场规模将达到约 113 亿欧元。

　　2019 年中国遥感卫星应用市场规模为 155 亿元，同比增长 18.6%，远高于全球市场总体增速。2021 年，中国共发射航天器 117 个，其中遥感卫星 61 颗，仅次于美国的 86 颗，占中国航天器研制发射总数的比重为 52.1%，占全球遥感卫星研制发射总数的 31.9%。根据 Mordor Intelligence 数据，2019 年，SAR 遥感数据市场规模 27.30 亿美元，预计到 2025 年市场规模将达到 57.8 亿美元，未来五年复合年均增长率为 10.2%。中国市场约占 20%~30%，数据产品销售空间约为 100 亿元。

3. 卫星导航

　　卫星导航作为导航定位的基础设施，涉及国家安全和发展，是众多行业自主可控的基础，带动产业规模空前，目前发展较成熟。

　　导航星座技术是最早发展成熟的。目前全球已建成的卫星导航系统包括美国的全球定位系统（GPS）、俄罗斯的格洛纳斯卫星导航系统（GLONASS）和中国的北斗卫星导航系统（BDS）。其中，GPS 由美国在 1978 年提出，并于 1993 年底组网完成（21 颗工作星和 3 颗备份星）；GLONASS 星座（24 颗星）由俄罗斯于 1995 年组网完成。

　　中国北斗系统启动较晚，于 1994 年开启北斗一号系统工程建设，2000 年，发射 2 颗地球静止轨道卫星，北斗一号系统建成并投入使用；2003 年发射第 3 颗地球静止轨道卫星，进一步增强系统性能。2012 年底，北斗二号系统完成 14 颗卫星（5 颗地球静止轨道卫星、5 颗倾斜地球同步轨道卫星和 4 颗中圆地球轨道卫星）发射组网。2020 年，北斗三号全球卫星导航系统正式开通，由 24 颗中圆地球轨道卫星、3 颗地球静止轨道卫星和 3 颗倾斜地球同步轨道卫星，共 30 颗卫星组成，服务范围覆盖全球。据估算，北斗系统开通服务以来，催生和带动的产业规模已达 4000 亿元。

根据 GSA（European Global Navigation Satellite Systems Agency，欧洲全球导航卫星系统局）统计，2019 年全球卫星导航定位（GNSS）市场规模为 1507 亿欧元，GSA 预计 2029 年将达到 3244 亿欧元，十年复合增速约为 8.0%。其中 GNSS 硬件、专业软件与增强服务运营收入合计约 700 亿欧元，与 GNSS 相关的导航应用、位置服务等增值应用收入约 800 亿欧元，GNSS 终端数量也从 2019 年的 64 亿个提升至 95 亿个。

从地域分布来看，2019 年北美和欧盟分别占据 GNSS 全球市场规模的 26.7% 和 25.5%，亚太地区占比为 30.5%。根据预测，2029 年亚太地区占比将提升至 32.7%，是未来 GNSS 市场增长的重要引擎。从应用领域来看，卫星导航主要应用于汽车领域，这也将是其未来主要的增长点；专业领域收入主要包括地理信息、农业、无人机、海洋、授时、航空、航天、铁路、应急等，其中地理信息占比为 35%，农业占比为 21%，合计超过 50%。2019~2029 年全球 GNSS 市场累计收入各应用领域占比情况见图 3。

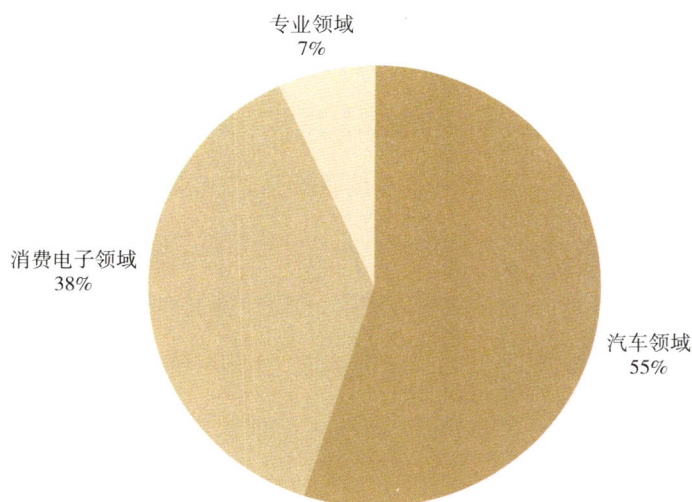

专业领域 7%

消费电子领域 38%

汽车领域 55%

图 3　2019~2029 年全球 GNSS 市场累计收入各应用领域占比

资料来源：根据公开资料整理。

（三）SpaceX 冲击带来商业航天新模式

1. 垂直整合商业航天产业链

SpaceX 由埃隆·马斯克于 2002 年创立，主要业务包括火箭发动机研制，火箭、卫星及航天飞机研制及发射服务。目前主要的运载火箭有猎鹰 9（Falcon 9）、重型猎鹰（Falcon Heavy）；火箭发动机有梅林（Merlin 1D）及猛禽（Raptor）；卫星方面，已规划星链低轨卫星宽带互联网星座，并已完成 3000 多颗星座卫星的发射入轨。SpaceX 通过整合火箭研制发射服务、卫星及航天飞机研制全过程实现成本的极大压降和发射服务的快速响应，为后续星座服务及维护运营奠定了基础。

2. 技术突破、规模化量产极大降低成本费用，缩短发射周期

SpaceX 围绕降低成本做了很多工作，具体如下。SpaceX 采用自研成熟的动力系统解决方案，采用最简单实用的梅林泵压式发动机和成本最低的液氧煤油推进剂；简体结构设计向一体化发展，猎鹰系列火箭一二子级火箭采用相同的结构设计，只有一个焊接工作站，降低了设计和生产成本；自研电子系统，采用全新的系统设计，绝大部分元器件都由公司自己研制和生产；突破发射回收复用技术，通过不断攻关和试错突破一级火箭和整流罩的垂直回收复用技术，且一级火箭的复用次数不断攀升，带来发射成本的快速下降；降低间接费用，采用扁平化、垂直一体化产品管理模式；优化发射转运方案，采用成本最低的公路运输，火箭部件可以快速更换；星链星座卫星小型化结构化规模化生产，极大降低成本并缩短研制发射周期，相比传统卫星，星链卫星采用箱板式结构实现高度集成，为一箭 60 星奠定基础，太阳能帆板采用单侧大展弦比柔性设计，采用氙离子推进等，多方面的技术革新和规模化生产，实现卫星制造成本大幅下降，且可以适应高容量集群发射。

3. 创造个人、家庭和汽车出行的卫星宽带互联网商业新需求

在个人移动通信领域，由于城乡区域信号覆盖和手机生态链的快速普及，星链卫星互联

网难以短期实现替代。但在特殊场景如森林、海洋、航空、无人机等市场，星链卫星互联网具备天然优势和广阔空间。在家庭宽带领域，主要为难以大规模建设通信技术设施的偏远地区及落后国家提供低成本、高速、低延时的宽带互联网服务。在出行服务领域，SpaceX 与 Tesla 结合，建立了第一个全球意义的车联网系统，现有陆基车联网方案主要是基于 4G、5G 等通信模式，没有考虑卫星通信方式，而当前陆基车联网需要大量的基础设施建设运维投入，带来巨量资本支出，且难以覆盖乡村及偏远地区场景，这是陆基车联网的局限性；而星链卫星商用后，可以实现汽车在大范围内联网，实现通信、导航定位一体化，充分赋能汽车智能化时代的出行服务。星链互联网打破了陆基车联网建设资金开支高、覆盖受限的问题；当然，星链互联网也存在一定的不足，如更适合 V2N 和 V2V 的通信，较难实现 V2I 和 V2P 的通信等，因此，综合研判，全球性大国孕育的跨国公司 SpaceX 的卫星互联网具备较广阔的市场空间。而我国的卫星互联网项目仍然面临走出国门、走向世界的商业模式探索问题。

二、商业航天的投资布局时机到了吗？

商业航天投资布局时机的到来主要体现在卫星频轨资源愈发稀缺竞争愈发激烈、星座卫星需求快速放量、行业及投资政策逐渐完善、发射回收复用技术逐渐突破叠加卫星制造产能放量、卫星商业模式向流量收费模式转变五个方面。

（一）频轨资源稀缺，国际竞争加剧

卫星频轨资源供需矛盾日益凸显。卫星频率主要指无线电频谱用于空间无线电业务的部分。任何卫星系统的信息感知、信息传输以及测控单元，都需要使用电磁频谱，不同的频段传播损耗不同。[1]除频率外，卫星根据其功能目标，需要在某一特定轨道位置运行，如低轨道、

（1）《各国争夺卫星频轨资源　美俄占 80% 黄金导航频段》，搜狐网，http://news.sohu.com/20100506/n271954846.shtml，2010 年 5 月 6 日。

中轨道、高轨道等。不管何种轨道位置，资源都是有限的。以对地静止轨道位置资源为例，一颗静止卫星可以覆盖地球表面约 40% 的区域，且地面观测站天线容易跟踪，信号稳定。因此，大多数通信卫星、广播卫星、气象卫星都选用静止轨道位置。但受天线接收能力限制，同一频段、覆盖区域相同或部分重叠的对地静止卫星只有间隔一定的距离，即从地面看要间隔一定的角度，地面站才能区分开不同卫星的信号，从而实现正常的工作。因此，两颗卫星之间需要在经度上间隔不小于 2 度，在整个对地静止轨道上的同频段卫星通常不会超过 150 颗，因此静止卫星轨道数量已远不能满足世界各国的需求。表 5 给出了卫星使用无线电频率概况。

表 5　卫星使用无线电频率概况

频段	频率范围	使用情况
L	1~2GHz	资源几乎殆尽；主要用于地面移动通信、卫星定位、卫星移动通信及卫星测控链路等。
S	2~4GHz	**资源几乎殆尽；主要用于气象雷达、船用雷达、卫星定位、卫星移动通信及卫星测控链路等。**
C	4~8GHz	随着地面通信业务的发展，被侵占严重，已近饱和；主要用于雷达、地面通信、卫星固定业务通信等。
X	8~12GHz	通常被政府和军方占用；主要用于雷达、地面通信、卫星固定业务通信等。
Ku	12~18GHz	已近饱和；主要用于卫星通信，支持互联网接入。
Ka	26.5~40GHz	**正在被大量使用；主要用于卫星通信，支持互联网接入。**
Q/V	36~46GHz/46~75GHz	开始进入商业卫星通信领域。
太赫兹	0.1~10THz	正在开发。

资料来源：吴奇龙、龙坤、朱启超：《低轨卫星通信网络领域国际竞争：态势、动因及参与策略》，《世界科技研究与发展》2020 年第 6 期。

　　低轨卫星频轨抢占方式和发射时限要求使得国内外商业航天企业竞争加剧。频轨资源是全人类共有的国际资源，根据国际法规，"各国拥有和平探索和利用外空活动的权利"。国际规则中卫星频率和轨道资源的主要分配形式为"先申报就可优先使用"的抢占方式，且规定卫星频率和轨道资源在登记后的7年内，必须发射卫星启用所申报的资源，否则所申报的资源自动失效。而国内星座项目申报时间集中在2018~2020年，据公开资料不完全统计要发射上万颗卫星，而当前国内卫星批产、成本控制等能力不足将倒逼商业航天企业进行技术迭代，不断缩短生产周期，降低生产成本，实现批量生产，加快部署，抢占先机，同时，为满足未来潜在放量需求和星座更新换代需求做好准备。

（二）星座项目激增，需求快速放量

1. 国外巨头积极布局低轨通信星座卫星，星座项目激增

　　由于卫星频轨资源稀缺，低轨星座卫星通信网络成为商业航天技术、主要大国太空和军事战略博弈的必争之地。SpaceX在2015年推出Starlink计划，计划2019~2025年在太空搭建一个由约1.2万颗卫星组成的网络系统。2020年，SpaceX公司又向国际电信联盟（ITU）提交了3万颗低轨运行的小卫星计划，这意味着Starlink计划最终会形成约4.2万颗卫星的超巨型卫星星座。据不完全统计，全球中轨、低轨卫星通信星座数量已达到约39个，涉及至少12个国家32家企业，计划发射超过6万颗卫星。表6给出了目前国外主要卫星互联网星座部署计划。

表 6　国外主要卫星互联网星座部署计划

国家	公司	星座项目	数量（颗）	建成年份	轨道高度（km）	频段	用途
美国	Space X	Starlink	11927	2027	1130	Ku, Ka, V	宽带
美国	铱星公司	第二代铱星	75	2018	780	—	宽带,STL
美国	波音	波音	2956	2022	1200	V	宽带
美国	亚马逊	Kuiper	3236		590/610/630	Ka	宽带
美国	Facebook	Facebook Athena Project	77	—	1200	—	—
英国	OneWeb	OneWeb	2468	2027	1200	Ku, Ka, V, E	宽带
加拿大	Telesat	Telesat	298	2023	1248/1000	Ka	宽带
加拿大	开普勒通讯公司（Kepler）	Cubesat	140	2022		Ku/Ka	物联网
印度	Astrome	Space Net	150	2020	1400	毫米波	宽带
俄罗斯	Yaliny	Yaliny	135	—	600	—	宽带
德国	KLEO Connect GmbH	KLEO	624	—	1050/1425	Ka	物联网
韩国	三星	三星	4600	—	1400	—	宽带

资料来源：根据公开资料整理。

2. 国内星座项目竞相启动，低轨卫星需求快速放量

国内低轨卫星星座起步晚，近年来，国内多个卫星星座计划相继启动，发展势头强劲。2016 年 12 月，由中国航天科技集团公司提出的中国高景星座的首发星高景一号商业遥感卫星成功发射，到 2022 年将建成一个以 16 颗 0.5 米高分辨率遥感卫星为基础的商业遥感卫星系统，还将包括 4 颗微波卫星和 4 颗高端光学卫星，以及数量不等的视频星和高光谱微小卫星，建成 "16+4+4+X" 的完整对地遥感观测系统。2017 年，中国航天科工集团提出的行云工程首颗技术验证星 "行云实验一号" 成功发射，该工程计划建成由 80 颗低轨通信卫星组成的覆盖全球的天基物联网星座。2018 年 12 月，中国航天科工集团 "虹云工程" 首颗技术

验证星发射成功，首次将毫米波相控阵技术应用于低轨宽带通信卫星。银河航天提出"银河Galaxy"计划，到 2025 年发射约 1000 颗卫星，其首颗试验星已于 2020 年 1 月发射成功，通信能力达到 1Gbps，成为我国通信能力最强的低轨宽带卫星。2021 年 4 月，中国卫星网络集团有限公司成立，由国务院国有资产监督管理委员会代表国务院履行出资人职责，列入央企名录。根据公开资料，该企业在 2020 年 9 月提前向国际电信联盟（ITU）递交了频谱分配档案，未来将实行名为 GW-A59 和 GW-2 的宽带星座计划，计划发射的卫星总数量达到12992 颗。2021 年 8 月 24 日，中国卫星网络集团有限公司的两颗融合试验卫星（01、02）发射入轨。表 7 统计了中国主要卫星星座计划。

表 7   中国主要卫星星座计划

单位：颗

项目背景	星座名称	运营方	用途	卫星数量
国有企业	GW-A59/GW-2	中国卫星网络集团有限公司	卫星互联网（宽带）	12992
	鸿雁星座	东方红卫星移动通信有限公司	卫星互联网（宽带）	324
	天基互联星座	上海蔚星数据科技有限公司	卫星互联网（宽带）	186
	虹云工程	中国航天科工集团有限公司	卫星互联网（宽带）	156
	天地一体化信息网络	中国电科 38 所	卫星互联网（宽带）	100
	行云工程	航天行云科技有限公司	卫星互联网（宽带）	80
	瓢虫系列卫星	九天微星	卫星互联网（宽带）	72
民营企业	微景一号	深圳航天东方红卫星有限公司	遥感	80
	银河 Galaxy	银河航天（北京）科技有限公司	卫星互联网（宽带）	1000
	天启星座	北京国电高科科技有限公司	卫星互联网（宽带）	36
	灵鹊星座	北京零重空间科技有限公司	遥感	378
	星时代 AI 星座计划	成都国星宇航科技有限公司	遥感	192
	吉林一号	长光卫星技术有限公司	遥感	138
合计	—	—	—	15734

资料来源：根据公开资料整理。

（三）复用技术突破，产能放量可期

复用技术突破推动卫星发射成本降低，卫星放量批产摊薄制造成本。随着技术进步，星座搭建成本下降，星座建设速度可能指数化上升。传统航天卫星价格昂贵，商业航天的逻辑是降低卫星制造和发射成本，追求性价比，使更多的人可以用得起卫星服务。目前低轨星座单星成本可以低于 1000 万元，加上发射成本低于 2000 万元，商业航天公司通过发射回收复用与一箭多星技术的突破和应用未来将加速收回成本。如 SpaceX 是目前唯一一家能够把火箭回收技术进行大规模商用的公司。其竞争对手蓝色起源公司已经实现回收但并未大规模商用，而阿丽亚娜航天公司正在研发当中。SpaceX 还通过回收卫星整流罩、推出"拼车发射"等方式进一步降低成本。国内商业航天火箭发射公司也在积极攻关突破火箭发射回收技术。此外，在规模效应下，卫星批产放量将进一步摊薄制造成本，综合考虑中国航天科工二院空间工程公司抓总的武汉国家航天产业基地、中国航天科技集团五院天津卫星柔性智造中心、长光卫星生产线和银河航天批产产能等，预计国内总产能将达到年产近千颗卫星的水平。卫星产线放量批产在摊薄生产成本的情况下，国内星座搭建的速度也将开启加速模式。

（二）政策环境完善，资本大门打开

卫星互联网纳入"新基建"，鼓励社会资本投资商业航天为资本打开大门。2014 年 11 月，国务院印发《关于创新重点领域投融资机制 鼓励社会投资的指导意见》，提出"鼓励民间资本参与国家民用空间基础设施建设"，"引导民间资本参与卫星导航地面应用系统建设"，这标志着中国航天事业向民营企业、社会资本打开大门，激发市场活力。2020 年 4 月，国家发改委首次把卫星互联网纳入"新基建"范围，多个省份和城市也相继出台了航天商业化政策措施。表 8、表 9 分别整理了国务院及相关部门和部分地区推动商业航天发展的政策。

表 8　国务院及相关部门发布的商业航天相关政策

发布时间	发布部门	政策名称	相关内容
2021.3.12	国务院	《中华人民共和国国民经济和社会发展第十四个五年规划和二〇三五年远景目标纲要》	建设高速泛在、天地一体、集成互联、安全高效的信息基础设施。
2020.5.30	国家发改委	《关于 2019 年国民经济和社会发展计划执行情况与 2020 年国民经济和社会发展计划草案的报告》	支持商业航天发展，延伸航天产业链条，扩展通信、导航、遥感等卫星应用。
2019.6.21	工业和信息化部	《卫星网络国际申报简易程序规定（试行）》	在卫星网络国际申报工作中建立简易程序。
2016.12.27	国务院新闻办公室	《2016 中国的航天》	建设天地一体化信息网络，基本建成空间基础设施体系，促进卫星及应用产业发展。培育卫星应用产业集群和应用市场，完善卫星应用产业链。
2015.10.26	国家发改委财政部国防科工局	《关于印发国家民用空间基础设施中长期发展规划（2015~2025 年）的通知》	分阶段逐步建成技术先进、自主可控、布局合理、全球覆盖，由卫星遥感、卫星通信广播、卫星导航定位三大系统构成的国家民用空间基础设施。
2015.5.8	国务院	中国制造业发展相关政策	发展新一代运载火箭、重型运载器，提升进入空间能力。加快推进国家民用空间基础设施建设，发展新型卫星等空间平台与有效载荷、空天地宽带互联网系统，形成长期持续稳定的卫星遥感、通信、导航等空间信息服务能力。推动载人航天、月球探测工程，适度发展深空探测。推进航天技术转化与空间技术应用。
2014.11.26	国务院	《关于创新重点领域投融资机制　鼓励社会投资的指导意见》	鼓励民间资本参与国家民用空间基础设施建设。

资料来源：根据公开资料整理。

表 9　部分地区加快"十四五"商业航天布局的政策措施

城市	时间	政策名称	相关内容
北京	2021.1	《北京市支持卫星网络产业发展的若干措施》	"十四五"末，构建具有引领性的卫星网络星座和运营平台，形成卫星网络标准体系，拓展一批卫星网络重大应用场景，打造覆盖火箭、卫星、地面终端、运营服务及核心软硬件、系统运控的卫星网络全产业链，培育北斗创新及融合应用的产业生态，支撑"十四五"北京经济高质量发展。
上海	2021.1	《关于全面推进上海城市数字化转型的意见》	加快建设数字基础设施；推动千兆宽带、5G、卫星互联网等高速网络覆盖。
浙江	2020.6	《宁波市推进新型基础设施建设行动方案（2020~2022 年）》	积极谋划推进商用航天发射基地，加快推进低轨卫星互联网应用示范产业基地建设，带动航天发射服务、卫星制造、物联网和空天信息应用服务等四大核心产业。
	2021.3	《浙江省重大建设项目"十四五"规划（征求意见稿）》	宁波国际商业航天发射中心项目"十四五"期间投资120 亿元。建设成为年发射规模 100 颗的商业航天发射基地和千亿元级的商业航天配套产业基地。
	2021.7	《浙江省航空航天产业发展"十四五"规划》	加快建设空天信息基础设施。重点建设国家北斗导航位置服务（宁波）数据中心，完善建设北斗导航定位基准服务系统，形成全天候、高精度、高并发、大容量的北斗导航定位基准服务体系。支持企业积极参与国家低轨通信卫星、地面信息港项目，建设高低轨卫星与临近空间相结合的网络信息基础设施、卫星互联网地面设施等，打造天地一体化信息网络。
海南	2020.7	《智慧海南总体方案（2020~2025 年）》	建设"航天 +5G"应用示范基地；发展卫星宽带网络服务和应用，建设天地一体化通信网络。
	2021.4	《关于支持海南自由贸易港建设　放宽市场准入若干特别措施的意见》	优化海南商业航天领域市场准入环境；推动卫星遥感、北斗导航、卫星通信、量子卫星、芯片设计、运载火箭、测控等商业航天产业链落地海南。
广东	2020.11	《广东省推进新型基础设施建设三年实施方案（2020~2022 年）》	加快北斗卫星地基增强系统建设，鼓励有条件的企业积极参与卫星互联网基础设施建设，加快在卫星制造、卫星部组件生产、卫星系统运营和产业落地应用等环节布局，逐步构建无缝覆盖、安全可靠的卫星网络设施。

资料来源：根据公开资料整理。

（五）商业模式演变，资本持续布局

随着卫星在通信、导航和遥感领域的深入应用，在下游行业需求的驱动下，卫星行业商业模式快速演变。现阶段卫星行业已经历传统买断模式，开始从共享模式向流量模式发展演变。

第一阶段，传统买断模式。客户购买（买断）卫星资产的模式。因为传统卫星非常昂贵，只有政府才能买得起，因此政府基本是唯一的客户。

第二阶段，共享模式。新航天时代，越来越多的客户开始共享卫星，支付一部分费用，采购满足其需求的卫星服务。这样，一颗商业卫星在满足主用户的需求后，仍保有相当大规模的服务能力。将卫星的剩余能力开放出来，供给除了主用户以外的其他客户，使其他客户可通过支付较低的价格就能够享受到卫星服务，这就进入了"卫星共享模式"，且共享市场逐渐增大。

第三阶段，流量模式。通过共享模式将小客户逐步培养成大客户之后，政府就只是卫星的众多客户之一，甚至可能会变成比较小的客户。那时，卫星服务就进入了流量模式，即用户采购卫星数据或长期服务，按流量付费，为培育市场和资本接入创造了积极条件。

商业航天在商业模式逐渐清晰、政策环境良好和强确定性及技术突破下，社会资本加速入局。据统计，2015~2021 年，商业航天产业融资事件达 300 起，融资金额超 240 亿元。其中，2020 年、2021 年融资金额最大，两年超 150 亿元（见图 4）。社会资本看好商业航天产业，为产业发展提供资金支持。

图 4　2015~2021 年中国商业航天产业融资情况

资料来源：根据公开资料整理。

三、商业航天的投资策略

（一）中长期看：地面设备制造和卫星应用服务

　　投资布局的思路从产业链不同位置的市场空间、盈利能力和技术壁垒及价值量角度考量。

　　地面设备制造和卫星运营服务环节市场空间大、盈利能力强，是投资布局方向之一。公开报告显示，2021 年全球航天工业收入为 3860 亿美元，同比增长 4%，其中卫星产业占比为 72%，收入为 2790 亿美元。在卫星产业的四个环节——卫星制造、卫星发射、地面设备制造和卫星运营与服务中，地面设备制造环节市场规模最大，2021 年全球达 1420 亿美元，占比为 51%；其次是卫星运营与服务环节，2021 年全球为 1180 亿美元，占比约为 42%（见图 5）。盈利能力方面，卫星制造商、卫星发射服务商净利润率小于 10%，地面设备制造商净利润率为 5%~20%，运营与服务提供商净利润率为 15%~50%。现阶段低轨小卫星需求快速放量，在低轨卫星频轨资源限制和限时发射要求下，具备高效批产能力的卫星制造商有更大可能抢占更多市场份额，是关注的重点。根据国内现有的星座计划，在 5~7 年后低轨卫星需求将逐渐回落，伴随而来的是卫星运营及结合下游行业的应用服务的崛起，随着市场逐渐成熟，盈利能力的优势将是我们长期关注的重点。

上游：卫星制造、地面设备制造、火箭制造与发射　　　　中游：卫星运营与服务　下游：客户

材料、燃料：金属材料、推进剂	卫星制造 参与者：科技五院、科工二院、中科院微小、银河航天、时空道宇、长光卫星、中科西光 全球规模：约140亿美元，占比5%	全球规模：1180亿美元，占比约42%	终端用户 政府 军方 企业 高校 其他
电子元器件：芯片、电源、面板等	卫星发射 参与者：科技一院、五院、星际荣耀，星河动力，蓝箭航天，深蓝航天等 全球规模：约60亿美元，占比2%	卫星运营：中国卫通、GW公司	
部组件：控制系统、电源系统、运动系统			
载荷：激光通信、相控阵雷达模组	地面设备制造 参与者：中国卫星、北斗星通、华力创通、海格通信、振芯科技、海能达、七一二等 全球规模：约1420亿美元，占比约51%	卫星服务：华力创通、海格通信	
仿真系统：CAE软件平台			

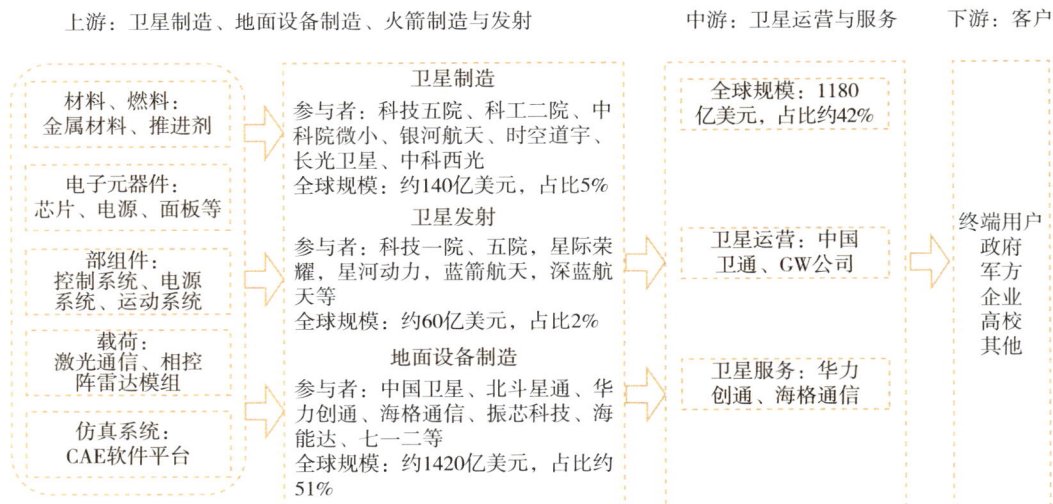

图 5　2021 年卫星产业链及价值分布

资料来源：根据公开资料整理。

（二）中短期看：回收复用技术和卫星载荷制造

作为商业航天的基础设施，具备低成本高效率火箭发射服务能力的厂商是投资布局的另一个方向，可以重点关注突破发射回收复用技术的标的。针对卫星发射服务，重点关注首先突破发射回收复用技术和具有深厚研发攻关能力的厂商，通过复用技术与一箭多星技术的结合与技术的不断提升，实现发射成本的降低，带来技术壁垒和盈利能力的提升。

星座加快建设、卫星批产放量的关键在于卫星载荷的量产匹配。如星间链路激光通信模块、相控阵微系统、相控阵 T/R 芯片等优先于卫星放量，可以作为中短期布局的重点。

（三）标的筛选：分阶段、差异化

根据商业航天产业特点、发展现状及市场变化的差异梳理不同发展阶段的投资策略。不同阶段的项目特点如下。

（1）导入前期：初步具备技术思路，还未完成技术验证，通常为商业航天公司的拓展性

业务，还在研发投入期，导入通常需要 5~10 年。

（2）导入期：完成初步技术验证，已有在轨卫星，这一阶段的企业通常商业模式不清晰，处于客户群体探索阶段。

（3）成长期：有明确的商业模式，同时有稳定的收入或订单，随着市场开拓，估值和业绩匹配上涨。

（4）调整期：行业内的参与者市场结构发生变化。

（5）成熟期：有成熟的商业模式，同时有稳定客户群体和订单收入。

（6）衰退期：市场需求被淘汰，企业估值和收入下降。

通过梳理不同阶段项目的特点，投资团队主要给出导入期、成长期和成熟期项目的投资策略（见表 10）。

表 10　商业航天细分赛道的差异化投资策略

发展阶段	导入期	成长期	成熟期
项目特征	技术验证完成，处于客户探索期。	客户群体相对稳定，产能爬坡环节。	技术和应用稳定成熟。
行业特点	大多数商业卫星运营企业处于该环节，市场关注度相对较高，市场前景广阔但是存在分歧，估值高。	目前火箭研制、卫星研制、载荷生产、航天装备、光学遥感处于该阶段，火箭估值高，其他估值相对低一些。	火箭发射机测控服务、卫星地面设备生产和导航处于该阶段，测控服务受管制，地面设备和导航已经高度市场化。
投资策略	① 关注技术落地能力（星座持续建设能力）； ② 关注核心团队及技术先进性，以及团队市场资源； ③ 关注企业商业模式，对于卫星运营企业，重点投资可通过商业化模式收回成本的企业； ④ 不参与估值过高的企业。	① 避免投资估值过高的公司，关注卫星制造是否会出现产能拥挤的情况； ② 重点关注卫星载荷生产企业和光学遥感企业。	投资于龙头企业。

（四）标的评判：增长性、先进性、性价比

商业航天投资标的重点从以下四个角度考察评判。

第一，从细分赛道市场规模看标的发展空间，我们更偏好所属赛道市场规模较大，或有长期增长潜力的潜在投资标的。

第二，从发展阶段定性评估风险收益，优先投资处于导入期、成长期的潜在投资标的。

第三，从主体类别、技术来源和市场资源判断市场竞争能力：商业航天行业主要有两类参与主体，分别是体系内（科技科工中小微）以及民营商业航天主体。在评判投资标的时特别关注民营商业航天的团队是否来自体系内，并结合技术来源判断技术实力和技术专利风险。

第四，从估值与业绩看投资性价比，对于商业模式尚不清晰的赛道，选择不依赖 B 端支持、能够通过纯商业手段收回成本的企业；对于商业模式清晰的赛道，选择盈利能力强的企业，避开估值过高的赛道。

（建信北京高端制造 2 组　于永恒、谷琳
建信信托研究部　时宗洋）

中华人民共和国成立后，中国制造业实现了翻天覆地的变化。2021 年，中国工业生产总值达到 5.77 万亿美元，居全球第一位。一方面，中国成为拥有全部工业门类的国家，是超过 200 种工业产品的全球最大供应商，多数制造行业的全球占比达到 25% 以上的水平；另一方面，随着科技进步和国际贸易的发展，制造业向精细化、高端化方向推进，而我国在高端制造领域与世界领先水平依然有较大差距，半导体制造行业是其中最为典型的代表。2021 年，中国半导体进口金额达到 4623 亿美元，同比增长 23.78%，出口金额达到 2026 亿美元，同比增长 34%，贸易逆差高达约 2600 亿美元；2021 年，中国半导体制造的全球占比约为 16%，远远低于中国制造业在其他领域的占比。

当前，我国半导体产业受到以美国为首的部分国家的封锁和打压，半导体设备采购屡屡受限，处境非常艰难。半导体设备赛道是我司持续关注的行业赛道，也是近年来发展前景数一数二的优质赛道。笔者有幸负责、参与了若干半导体设备项目，在此浅谈半导体设备行业投资心得，权当抛砖引玉。

一、长期逻辑——行业增长，自主可控

作为投资人，在选择投资赛道的过程中，首先需要思考的便是这个赛道是否具备投资价值，赛道发展的主要驱动力是什么，是否具备持续性。而当前国产半导体设备行业发展的主要驱动力是行业自身的长期增长趋势叠加自主可控要求下的国产替代。

（一）持续增长的全球半导体设备市场

随着高性能计算、5G 通信、电动汽车等下游应用的蓬勃发展，全球特别是中国半导体产业链长期增长趋势较为确定。近几年，国内晶圆厂进入快速扩产阶段，带动了大量的半导体设备需求。国际半导体产业协会的统计数据显示，2021~2022 年全球计划新建半导体产线共计29 条，其中 8 条为中国大陆晶圆厂新建，与中国台湾并列全球第一（见图 1）。

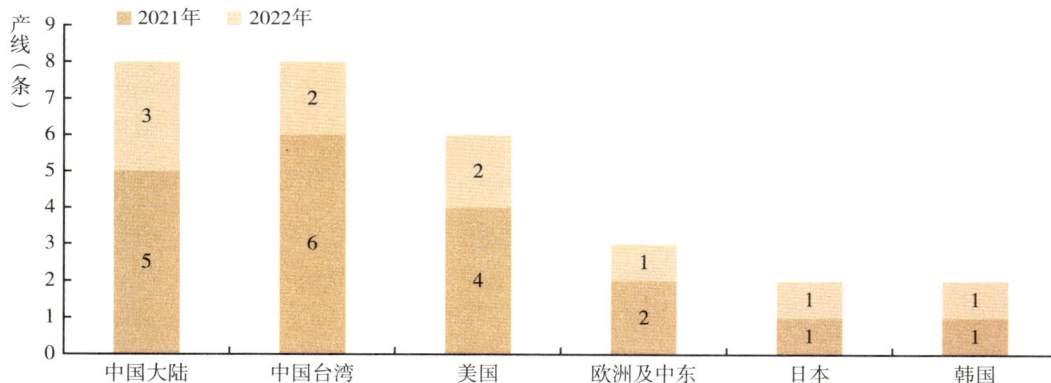

图 1　2021~2022 年全球晶圆厂扩产情况

资料来源：根据公开资料整理。

半导体设备市场的规模伴随着半导体制造产能的增长而扩大，而晶圆厂的建设投入随着制程工艺水平的提高而节节攀升。行业调研结果显示，对于制程为 90nm 的 12 英寸晶圆，新

增 1 万片产能的资本开支规模在 5 亿美元左右，而制程升级至 7nm 时，相应的资本开支规模将激增至 25 亿美元。

晶圆厂的大规模扩产直接推动半导体设备厂商业绩大增。根据国际半导体产业协会发布的统计数据，2021 年全球半导体设备市场规模为 1026 亿美元，同比增长 44%，预计 2022 年市场规模将持续增长至超过 1100 亿美元。

国内市场方面，我国晶圆厂长期以来以低水平制程工艺为主，集中于模拟芯片与功率器件制造，逻辑芯片产能较少。2014 年后国内厂商开始逐步布局高水平制程工艺产品，特别是在 2018 年中美贸易摩擦开始后加速了先进芯片追赶的步伐，国内产生了长江存储、合肥长鑫等接近国际最先进水平的芯片制造商。根据公开报道，近年来国内厂商主要扩产计划有：长江存储 12 英寸 3D NAND 闪存产线 10 万片 / 月，三期总规划产能 30 万片 / 月；中芯国际在深圳、北京、上海、天津四地扩建 12 英寸晶圆产线，总计新增规划产能超过 40 万片 / 月；无锡华虹全球首条 12 英寸特色工艺产线，规划产能 9.5 万片 / 月；合肥长鑫 12 英寸动态随机存取存储芯片（DRAM）产线，一期规划产能 12 万片 / 月；上海华力 12 英寸晶圆厂 Faba 8，规划新增产能 4 万片 / 月。产能的扩张和先进制程的追赶增加了国内对高端半导体制造设备的需求，中国大陆成为近年来全球半导体市场的重要组成部分。2021 年中国大陆的半导体设备销售额为 296 亿美元，同比增长 56%（见图 2），占全球总销售额的 28.85%，是全球最大的市场。

（二）高度进口依赖的半导体设备行业

"一代材料、一代设备、一代工艺"是半导体工艺发展的底层逻辑，半导体制造环节是高度依赖设备的领域（半导体晶圆制造中 70% 的成本来自设备），是所有制造环节中成本占比最高的，也是国内先进制造"卡脖子"的主要环节。美日韩等半导体发达国家垄断着半导体设备领域，没有强大的设备行业做支撑，中国的半导体制造行业就很难发展起来。

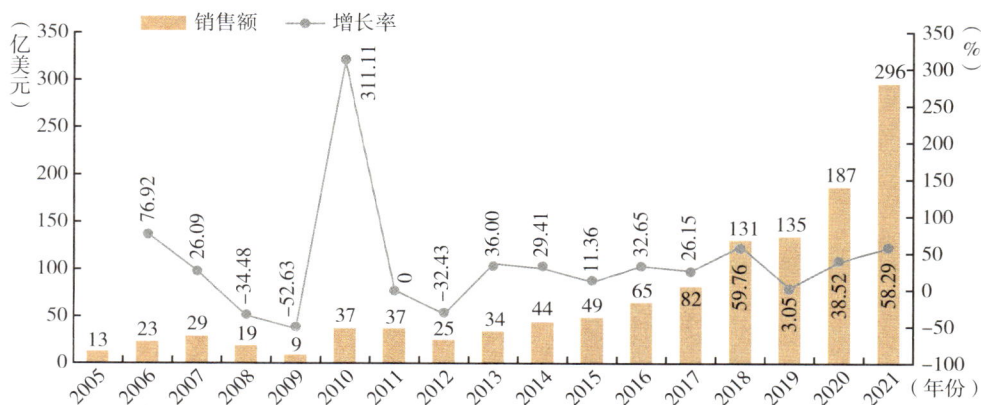

图 2　中国半导体设备市场规模及其增长情况

资料来源：国际半导体产业协会。

　　国际半导体产业协会的统计数据显示，2020 年中国境内晶圆厂（包含三星、海力士等外资企业）的半导体设备国产化率仅为 7%，美国设备占比超过 53%。按照中国电子专用设备工业协会的统计，目前中国共有 56 家主要半导体设备制造商，它们在 2020 年的销售收入约为 242.9 亿。根据对中国国际招标网上 12 英寸（长江存储、无锡华虹、上海华力二期）和 8 英寸晶圆产线（上海积塔、绍兴中芯）进行的不完全统计，目前国内晶圆厂的半导体设备国产化率分别为 15% 和 25%，国产化率较高的设备环节有化学机械抛光（CMP）、物理气相沉积（PVD）、刻蚀、清洗、去胶、热处理等，国产化率较低的设备环节有化学气相沉积（CVD）、离子注入、量测、光刻、涂胶显影等（见图 3）。

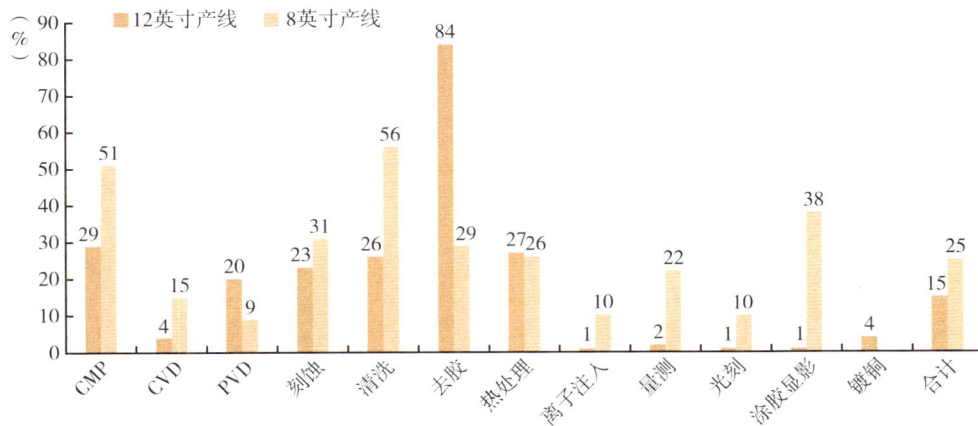

图 3　2020 年 11 月至 2021 年 11 月国内五大晶圆厂设备的国产化率

资料来源：根据公开资料整理。

（三）追寻自主可控的国产半导体设备

华为事件后，美国对我国半导体行业的限制与打压不断升级。尽管国内晶圆厂加大了导入国产设备的力度，但由于半导体行业对设备精密度、可靠性要求极高，设备的研发、验证周期较长，当前国内晶圆厂采购半导体设备的国产化率仍然较低，半导体设备自主可控之路道阻且长。

党的二十大报告将"安全"摆在了全新的高度，其中就包含建设现代化产业体系、加快实现高水平科技自立自强、确保重要产业链供应链安全等与半导体产业自主可控相关的内容。半导体芯片是几乎所有高端产业设备、器材的核心元件，在中美博弈日益加剧、美国对我国半导体行业遏制不断升级的背景下，半导体设备国产替代并自主可控迫在眉睫。

二、时间窗口——把握机遇，关注周期

在确定赛道具备投资价值后，第二个问题便是当前是不是切入赛道的合适时点。考虑到

以下三个方面因素，我司认为当前是投资国内半导体设备厂商的时间窗口。

（一）产业重心转移，提供巨大增长空间

伴随着全球半导体行业的产业链迁移，中国的半导体产业正处于蓬勃发展的阶段。国家统计局的数据显示，2021 年中国集成电路行业总产量为 3594 亿块，同比增长 33.3%，行业总规模达到 8848 亿元。预计 2022 年与半导体行业相关的资本性开支将突破 1900 亿美元，同比增加 23.72%，这为国产半导体设备厂商的发展提供了巨大的增长空间。

（二）"制裁"事件驱动，国产设备迎来机遇

在华为和中芯国际被美国"制裁"后，国内晶圆厂对设备国产化的要求越发迫切，开启了本轮半导体设备国产替代的进程。在这一背景下，国内晶圆厂逐步给国产设备厂商开放验证及导入的机会。随着中美贸易摩擦的升级，美国继续限制对华关键企业的技术和设备出口，导致潜在的设备供应压力和"实体清单"风险逐步加大，国内晶圆厂出于供应链安全的考虑，将更多地扶持本土战略供应商，这为国产半导体设备厂商的发展提供了难得的机遇期。

他山之石，可以攻玉。半导体制造大国若施以政策引导、支持，其设备企业一定会有长足发展。中国可以借鉴韩国的设备国产化进程，韩国在半导体制造领域长期处于领先地位，特别是在 DRAM 及 NAND 等存储领域，占有全球较大的市场份额。但在半导体设备领域，一直处于被动局面，韩国半导体设备的国产化率维持着较低水平。2019 年日韩贸易冲突是标志性的转折，韩国当时同样面临着半导体产业上游供应链断供的局面，这促使韩国开始加快设备国产化进程。2019 年 8 月，韩国政府公布了《加强材料、零部件和设备竞争力的措施》。2022 年 7 月，韩国表示在未来五年内将向芯片行业投资 340 万亿韩元（约合 2590 亿美元），并在该领域培养超过 150000 名技术工人，计划到 2030 年实现芯片产业 50% 的关键材料、

零部件和设备国产化。

韩国半导体设备国产化加速发展，截至 2021 年，国产化率达到 20%。2019 年后，由韩国本土的晶圆制造厂扶持的设备企业迅速崛起，出现了如 SEMES、Wonik IPS 等企业。总体而言，它们的业务主要集中在前道的蚀刻、清洗和沉积工艺，以及用于沉积工艺的热处理设备方面，但曝光设备、离子注入设备和测量分析设备技术基础薄弱。韩国半导体设备的国产替代经验在一定程度上证明了在政府和下游厂商的支持下，可以打破以美日为主的半导体设备厂商的垄断，为供应链提供安全保障。

半导体设备行业的特点长期限制着中国晶圆厂国产化率的提升。由于半导体设备对技术参数和运行稳定性具有严格要求，因此验证周期长。下游厂商的工艺验证包括在具体生产场景的技术验证、与客户沟通、完善技术细节等方面。整个验证周期消耗时间平均在 1 年以上，之后设备供应商才会被纳入客户的合格供应商名单。以华海清科为例，其 Demo 机台平均验证周期长达 12.46 个月。同时，半导体材料下游客户认证壁垒高，壁垒主要如下。首先，需要下游客户多次试用、调试才能知道是否满足要求。其次，找到愿意试用的下游客户很难，一是来回修改会耗费大量人力物力；二是客户对原有供应商黏性较强，大多不会冒风险进行尝试。

自 2019 年开始，国内晶圆厂开始更多地导入国内半导体设备。在当前时间节点，部分国产厂商已完成下游晶圆厂验证。以华海清科为例，2018 年开始逐步进入国内晶圆厂验证，2019 年实现收入 2.11 亿元，2021 年实现收入 8.05 亿元，CAGR 高达 95.32%。华海清科能够实现如此快的收入增长，主要原因是因为在 Demo 机台完成验证后，销售机台的验收周期大幅缩短（详见表 1）。

表 1　华海清科 Demo 机台和销售机台验收周期对比

机台类型	实际平均验收周期（月）	正常周期范围（月）
Demo 机台	12.46	12~18
销售机台（已验证工艺）	4.95	3~6

资料来源：华海清科招股说明书。

（三）行业周期显著，警惕追逐热点风险

需要注意的是，尽管过去数年半导体行业投资迎来了大爆发，但半导体设备行业是典型的周期性行业，约每三年一个扩张周期（晶圆厂建设周期一般为 18 个月），这与晶圆厂的资本投入高度相关。目前我们正处于 2019 年低谷后的扩张时期，因为叠加了供应链安全的因素，此轮资本扩张的横轴时间以及纵轴规模，都将显著高于以往的水平，但随之而来的是行业的低谷。

2019 年后，全球晶圆厂产能扩大，半导体设备开始进入行业景气周期，按照 3~4 年的规模化建设周期，至 2022~2023 年半导体芯片生产的阶段性扩张将出现拐点，整体设备的采购量将有所放缓，对上游的设备出货将承受较大压力。因此，2022~2023 年，设备投资需要警惕高估值风险，进口替代的逻辑依然要遵循商业供需关系逻辑。

三、技术溯源——人才引进，自主研发

科创板未启动之前，国内半导体设备类上市公司仅有晶盛机电、北方华创。这主要是因为设备行业的技术壁垒高，产品验证周期长、下游晶圆厂扩张有限等，它们一直制约着行业的发展。

2019 年，一方面，受中美贸易摩擦的影响，中国的下游厂商开始尝试使用国内设备企业的产品以谋求供应链安全；另一方面，国内设备企业主要在 2013 年前后成立，在 5~6 年的

项目研发周期后进入了从"产品至商品"的爆发阶段；同时，科创板的推出增强了它们的融资能力，助力国内设备企业发展。

　　半导体设备是高科技含量和高技术壁垒的产品，因此有必要探讨相关国产设备厂商的技术来源。根据技术来源，国内半导体设备公司主要分为以下三类。

（一）大厂团队回国，快速突破

　　部分国内半导体设备公司为国际大厂团队回国创业而来的，采取高举高打的方式，快速定型技术水平国际领先的产品，并首先在国际大厂进行验证。以中微公司为例，它是一家以中国为基地、面向全球的高端半导体微观加工设备公司，深耕芯片制造刻蚀领域，研制出了国内第一台电介质刻蚀机，是我国集成电路设备行业的领先企业。

　　公司技术来源为外资股东中微亚洲的研发成果。公司由中微亚洲出资设立，设立时为外商独资企业。自 2004 年成立以来，公司在尹志尧博士、杜志游博士等管理团队和技术团队的带领下，于 2007 年成功研制首台 CCP 刻蚀设备，于 2012 年成功研制首台 MOCVD 设备。公司首先开拓全球半导体龙头企业客户，取得它们对公司技术和产品的认可，然后凭借在国际行业取得的业绩和声誉，持续开拓中国等半导体行业新兴区域市场。公司的刻蚀设备客户以台湾企业和外企为主，包括台积电、联华电子、海力士、格罗方德、博世和意法半导体等国际大厂。

　　在技术层面，此类公司可能存在的主要风险包括：公司团队人员与先前就职公司的竞业禁止协议、公司当前产品与先前就职公司的专利冲突或纠纷问题。

（二）自主研发技术，稳扎稳打

　　部分国内半导体设备公司在国家政策（主要为"02 专项"）的支持下完全自主研发半导体设备产品。此类公司历经了近十年的技术研发、产品定型、设备导入、验证起量，周期较长，但适合多学科交叉的复杂应用场景。以华海清科为例，公司是一家拥有核心自主知识产权的高端半导体设备制造商，主要从事半导体专用设备的研发、生产、销售及技术服务，主要产品为化学机械抛光设备。公司技术来源为清华大学的科技成果转化。自 2008 年 10 月起，清华大学承担了国家 02 专项"65~45nm 铜互连无应力抛光设备研发"项目下属课题"超低下压力CMP 系统研制及工艺开发"。通过该专项课题的实施，清华大学掌握了 CMP 系列关键技术，初步形成了具有自主知识产权的成套国产化设备与工艺。2013 年，清华大学以知识产权出资，同时将一部分股权奖励给主要成果完成人，天津市政府以货币资金出资，共同成立华海清科。2014 年公司首台 CMP 设备研制成功，2015 年起设备陆续进入国内各大集成电路制造商的大生产线进行验证，2018 年开始逐步取得批量采购订单。

此类公司在技术层面的关注点为公司与合作院校的专利授权和划分问题。

（三）设备翻新起家，转向自研

部分国内半导体设备公司通过二手设备翻新了解客户需求，并加强自研实力以掌握核心技术。以卓海科技为例，公司作为国内重要的半导体前道量检测设备供应商，主要通过对退役设备的精准修复和产线适配来实现其再利用价值，并通过配件供应及技术服务满足客户全方位需求。

公司技术来源为通过配件服务、维修服务等业务积累的经验。2009~2010 年，主要从事半导体设备贸易，切入半导体设备领域的销售、采购渠道。2011~2012 年，聚焦前道量检测设备市场，提供前道量检测设备相关的配件供应、技术服务，积累技术经验。2013~2017 年，开展前道量检测设备修复业务，并逐步形成修复技术体系。2018~2021 年，形成了包括修复设备、配件供应、技术服务在内的全方位方案提供能力。同时，以市场需求和下游半导体技术发展趋势为导向，形成了市场针对性强、应用价值较大的多项核心技术。此类公司在技术层面的关注点为公司自研设备与国外厂商设备的专利。

由于半导体设备较长的生产周期和验证周期，且下游客户对产品售后服务的响应速度和售后技术工艺的支持都有着较高的要求，因此，半导体设备领域具有较强的客户黏性，在非必要情况下，下游客户不会轻易更改产线设备。因此，不管技术来源如何，只要自主研发的半导体设备能够突破 1 亿元收入，就是好公司，均值得投资者跟进调研。

四、投资偏好——突破 01，进军上游

（一）寻找渗透率低的行业龙头

根据半导体工艺的划分，半导体前道设备可分为扩散设备、光刻设备、薄膜沉积设备、刻蚀设备、离子注入设备、抛光设备等。

根据市场规模及国内龙头出现情况，目前国内半导体设备各细分行业按优先级排列，可具体做如下划分。

（1）市场规模大，且国内暂未出现龙头。①光刻机。根据国际半导体产业协会的数据，2021 年全球光刻机市场规模为 166 亿美元，当前国产化率在 5% 以下。因光刻机整体技术含量极高且研发周期极长，建议在该领域完成产业化导入后关注上游零部件的投资机会。②量测设备。根据国际半导体产业协会的数据，2021 年全球量测设备市场规模为 96 亿美元，当前国产化率在 5% 以下。因量测设备对于整个集成电路良率提高具备重要性，是核心的前道设备，建议重点关注。

（2）市场规模大，但国内目前已出现龙头。①薄膜沉积设备。根据国际半导体产业协会的数据，2021 年全球薄膜沉积设备市场规模为 166 亿美元，当前国产化率在 10% 以下。因薄膜沉积设备领域国内已出现龙头企业北方华创，建议关注部分新兴设备（如原子层沉积设备）。②刻蚀设备。根据国际半导体产业协会的数据，2021 年全球刻蚀设备市场规模为 193

亿美元，当前国产化率在 25% 以下。因刻蚀设备领域国内已出现龙头企业中微公司、北方华创，建议关注部分新兴设备。

（3）市场规模小，但国内暂未出现龙头。离子注入设备。根据国际半导体产业协会的数据，2021 年全球离子注入设备市场规模为 22 亿美元，当前国产化率在 5% 以下。因离子注入设备领域国内尚未出现龙头，建议重点关注。

（4）市场规模小，且国内已出现龙头。CMP 设备。根据国际半导体产业协会的数据，2021 年全球 CMP 设备市场规模为 26 亿美元，当前国产化率在 40% 以下。因刻蚀设备领域国内已出现龙头企业华海清科，建议不作为当前重点关注赛道。

国内设备行业的核心是进口替代，因此在渗透率不足的领域，国内在政策上（如补贴、IPO 等）将有较大的倾斜，寻找垂直领域第一名。

例如，华海清科是 CMP 设备行业的典型龙头企业，当龙头企业形成销售规模后，再进入者如烁科精微等企业所享受的政策扶持力度将有所降低。

国内的离子注入、CVD&PVD、涂胶、光刻领域市场渗透率较低，规模化龙头企业还未出现，存在出现龙头企业的产业发展机会，对于拳头产品属于上述领域的应该重点关注。

国外的半导体设备公司基本按照 PE 法进行估值，其中除了具有垄断地位的 AMSL 按照 35 倍 PE 进行估值外，其余公司如 AMAT、KLA、LAM 基本按照 15 倍左右的 PE 进行估值，PE 的区间中值在 20 倍左右，最高在 35 倍左右。

国内企业均处于高速发展阶段，其渗透率远远没有饱和，因此国内公司多数按照 PS 进行估值，存在一定的不合理性，但反映了市场对设备稀缺性的定价。

其中北方华创 11.5 倍 PS，中微公司 16.99 倍 PS，拓荆科技 29.1 倍 PS，华海清科 23 倍 PS，芯源微 14.8 倍 PS，平均 PS 在 15 倍左右（2022 年）。

从长期来看，目前处于国产设备的风口期，政策扶持力度大，下游需求扩张快，国内竞争不激烈，但半导体设备公司依然属于设备企业，依然受周期的影响，估值会逐步向 PE 阶段靠拢。

国内半导体设备业务的发展本质上是国内半导体制造业扩张的先决条件，其中影响因素既包括下游扩张带来的需求侧的增长，也包括供应链安全导致的供给侧的减少。因此，在国产替代的大逻辑下，供给侧的影响将优先于需求侧的影响。

（二）平台型公司抵御纵横风险

与上市公司联合进行并购，壮大自己的平台业务。目前国内各个垂直领域已经有十几家上市公司出现，它们需要迅速丰富自己的产品管线，同时做大做强每个细分产品。综观国外设备的发展历程，设备企业的集中度高，综合能力强，因此规模化上市公司存在并购的需求与动力，部分设备公司也存在被并购的需求。因此，应该充分关注该领域的需求变化。

设备行业的最优模式是科学仪器的商业模式即卖出设备后进行高利润高损耗的辅材销售，如华海清科在 CMP 设备销售后，研磨头的后续销售将为它带来持续稳定的现金流，设备公司如果可以迭代到综合化材料公司，则其估值将得到显著的提升。

全球设备五强公司（AMAT、LAM、TEL、KLA、ASML）就具有以下显著的特点，即在大设备中占据绝对的龙头（光刻、刻蚀、沉积）位置，如 ASML 在光刻领域，AMAT 在沉积及刻蚀领域，LAM 在刻蚀、沉积领域，KLA 在检测领域，TEL 在沉积及显影领域。因此，越是大设备生产企业往往越具有龙头潜质。国内刻蚀领域的北方华创、中微公司，薄膜领域的拓荆科技、北方华创，均属于大赛道设备商。

单体设备价格的高低决定了龙头企业的市值，一般而言，光刻机价格＞刻蚀机价格＞薄膜沉积设备价格＞检测设备价格，如 ASML 市值 2000 亿美元，而 AMAT 约为 800 亿美元，KLA 约为 500 亿美元。又如，我国单体设备的价格高低同样决定了龙头企业市值的高低。例如，北方华创及中微公司的设备单价高于华海清科，这在其市值上有所反映。

就平台类公司的发展而言，全球五强企业都有横跨不同领域的设备产品，如 ASML 也有光学检测设备。它平台化的过程伴随着大量的并购，如 ASML 收购台湾汉民微进入电子束检测领域。根据对各公司网站历史信息及收购相关公告进行整理（只对已公开事件进行整理），发现样本中的设备 Top10 公司 1996~2020 年共发起了 92 次并购，其中应用材料和科磊半导体的收购行为最为积极，收购次数分别达到 21 次和 28 次。因此，具备并购整合能力的公司具有可持续性。国内拥有并购经验的主要为北方华创（七星华创＆北方微电子）、中微公司（并购上海睿励、参股拓荆科技）。

半导体设备的横向发展是品类开发，纵向发展是制程精度的提高。具备制程精度迭代能力的设备行业估值更高，其背后原因是先进制程的抗周期性。应对行业周期的主要方法是选择设备种类多，以及有先进制程开发能力的公司。在需求增长减缓的情况下，多种类产品可以均摊行业下行的周期带来的风险，在资本投入减少时，对不同制程精度产品的需求不是同步的，存在高低互补的可能性。

（三）上游供应链安全不容忽视

在国产半导体设备顺利进入国内晶圆厂后，为了保障供应链安全，半导体设备零部件行业也将逐步国产化，其中存在不少投资机会。

半导体设备零部件种类繁多且工艺复杂，按工作原理可分为机械类、电气类、机电一体类、气/液路类、仪器仪表类、光学类等。各类零部件又包含众多品种，其国产替代进度有着较大的差别。整体上来看，机械类零部件基本能实现国内生产，是国产化率最高的细分领域，该领域已诞生进入国际龙头美国应用材料公司供应链的上市企业富创精密。但机械类零部件中依然有静电吸盘、密封圈等技术难度较高的关键零部件有待国内厂商突破。而在机电一体类、气/液路类零部件中，机械手、真空阀等亦是重要的"卡脖子"环节。

国内半导体设备零部件厂商在产品性价比、供应链稳定性、客户服务方面，与国外厂商相比具备较大的优势。国内半导体设备厂商基于供应链安全和降本增效两个维度偏好采购国产零部件。例如，中微公司宣称其刻蚀设备实现 60% 的零部件国产。国内半导体设备零部件市场伴随着国产半导体设备市场快速增长已成为确定趋势。

2022 年下半年以来，美国连续出台半导体出口管制政策，对中国半导体的上游供应链再次造成了不小的冲击，这更体现出了半导体全产业链自主可控的重要性和迫切性。作为投资者，帮助中国半导体产业打破封锁，促进中国制造业的产业升级是我们的使命与愿景。"雄关漫道真如铁，而今迈步从头越"，相信中国半导体产业能披荆斩棘，续写中国制造的辉煌。

（建信北京电子 3 组　林威、蒋海桑
建信北京电子 1 组　崔晔 ）

第三代半导体

破局者和补锅匠色彩并重的
半导体材料革命

在人类文明发展史中，材料科学的进步极大地提升了人类的生产效率，材料的不断迭代推进了人类文明发展的进程。目前我们正处于信息化时代，第一代半导体材料——硅基半导体芯片是信息化世界的基石，早已渗透人类现代生活的每个角落。

传统硅基材料的发展在某些领域正遭遇瓶颈，人们把目光投向了非硅基的新型衬底材料，以追求更高的性能和更低的功耗。在过去的数年里，以氮化镓、碳化硅为代表的第三代半导体材料实现了快速的推广，小到手机充电器，大到新能源汽车，在日常生活中人们能越来越多地看到第三代半导体的身影。

与我们一般观念中战斗机等的代际替代带来的实力绝对碾压不同，半导体的代际更替并不意味着第三代半导体可在所有领域对硅基半导体实现全面取代。尽管如此，伴随着市场中种类越来越多的新型科技产品对材料性能的极致追求，第三代半导体正在越来越多的领域展现出其独有的性能优势，潜在的市场空间引发了人们的无限遐想。面对明朗的发展前景，投资人应当积极布局第三代半导体这一方兴未艾的领域，助力我国半导体产业突破瓶颈，抢占新的战略高地。

一、材料迭代，追求极致

（一）半导体材料的演进

从 1947 年晶体管发明至今，半导体材料已实现三代演进。第一代半导体材料以硅、锗为主，硅材料长期占据半导体行业中的绝对地位，截至目前仍然有高达 95% 的半导体产品以硅晶圆作为制造基础。第一代半导体制备工艺成熟，制造价格低廉且原料在自然界储量丰富，因此得到广泛应用。

第二代半导体材料是以砷化镓（GaAs）、锑化铟（InSb）为主的化合物半导体。该类半导体材料主要应用于高速、高频、高功率电子元器件的制造，下游产业集中在卫星通信、移动通信以及光通信等领域。第二代半导体生长工艺较为成熟，拥有优良的电子迁移与带隙材料特性，但面临资源稀缺、原料毒害、污染环境等困境。

以碳化硅（SiC）和氮化镓（GaN）为代表的第三代半导体禁带宽度大、电导率高、热导率高。其中碳化硅具备耐高压、低损耗和高频三大优势，广泛应用在光伏发电、新能源汽车、智能电网、轨道交通、城市物联网等领域。氮化镓器件具有高开关频率、耐高温、低损耗等优势，量身打造于卫星通信、微波雷达、5G 宏基站、数据中心等领域。[1] 第三代半导体应用可以分为光电子与微电子领域，能够突破传统第一和第二代半导体的技术瓶颈。具体应用领域可细分为可见光通信、微波射频、电子电力器件、太阳能发电、半导体照明、激光显示、紫外探测器等，是实现节能减排、产业转型升级、寻找新增长点的关键。发展第三代半导体目前仍有挑战，如晶体材料生长困难与成本较高，良率提高后有望广泛使用。

三代半导体材料特性的对比见图 1。

（1）　王潇、王晶、王莎、李文宇：《基于氮化镓全球专利布局特点推进我国氮化镓产业创新发展》，《信息通信技术与政策》2021 年第 5 期，第 53~59 页。

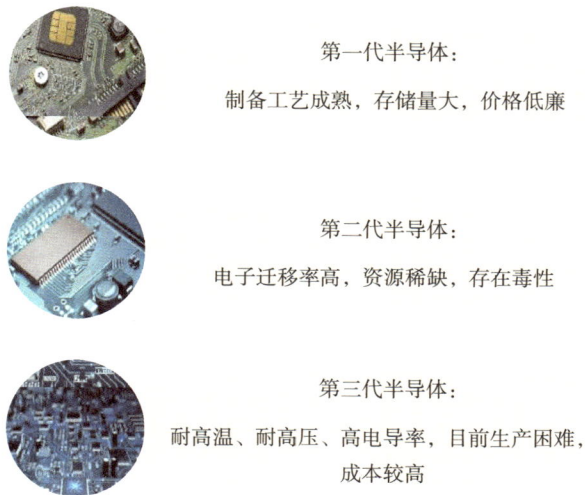

第一代半导体：

制备工艺成熟，存储量大，价格低廉

第二代半导体：

电子迁移率高，资源稀缺，存在毒性

第三代半导体：

耐高温、耐高压、高电导率，目前生产困难，
成本较高

图 1 三代半导体材料特性对比

资料来源：根据公开资料整理。

（二）第三代半导体的产业现状

近几年，半导体行业国产替代的进程加快，但由于产业链长、工艺复杂、产品多等因素，国产替代难以一蹴而就。在此过程中，国内成长起来的以第三代半导体为代表的企业，虽然与国际巨头相比存在较大差距，但未来发展空间依然非常广阔，其中的国产化机会值得期待。第三代半导体行业的发展，能同时受益于新能源汽车、光伏、5G 等下游需求爆发，且技术门槛更高，值得关注。

伴随 6 英寸 SiC 单晶体底衬与外延晶片缺陷的减少，产品质量的提高，SiC 器件的制备可以在 6 英寸 SiC 功率器件的生产线上进行。与此同时，SiC 行业厂商正在着力将材料尺寸由 6 英寸扩大至 8 英寸。国际大厂 Wolfspeed 已实现 8 英寸导电型 SiC 衬底的量产，实现 SiC 材料与元器件成本的进一步降低，未来将加快相关器件与模块的推广普及。

基于 SiC 材料本身的优良特性，伴随其产量增长与技术成熟带来的成本降低，不断扩大的终端需求将会促进 SiC 在功率器件领域逐渐取代传统硅基材料，占据市场主流。目前 SiC 功率器件下游需求主要包括新能源汽车电驱系统向 800V 高压平台发展、480kW 充电桩、光伏逆变器向高压发展等。

（三）第三代半导体的市场前景

就材料端而言，2020 年全球 SiC 衬底的市场价值约为 2.08 亿美元。Yole 预测，至 2024 年全球 SiC 衬底的市场价值将达 11 亿美元，2027 年将达 33 亿美元。就应用端而言，2020 年全球 SiC 功率器件市场规模为 6.29 亿美元。预测 2026 年市场规模将增长至 47.08 亿美元。目前，全球电动车行业呈现爆发式增长，这将成为 SiC 功率器件增长的主要应用。其中亚太市场需求最为广泛，中国大陆、中国台湾、日本、韩国占全球半导体功率器件市场份额的 65%。在射频 GaN 行业，同样可采用半绝缘型的 SiC 衬底，GaN-on-SiC（碳化硅基氮化镓）技术发展得最早，市占率也最高。GaN-on-SiC 同样是华为、诺基亚等基站通信厂商 5G MIMO（多路输入多路输出）设施的选择，市场前景广阔。

根据 Yole 的数据，受新能源汽车行业庞大的需求驱动，以及光伏发电、风电和充电桩等领域对效率和功耗要求提升的影响，预计到 2027 年 SiC 功率器件的市场规模将达到 62.97 亿美元，2021~2027 年的复合增速约为 34%。

GaN 于 1969 年实现单晶薄膜制备，在 20 世纪 90 年代中期，日本科学家中村修二研发了第一支高亮度 GaN 蓝光 LED，开启了后 10 年 GaN 在射频领域与功率半导体领域的迅猛发展。2020 年，国际整流器公司（IR，被英飞凌收购）制造出售全球第一个商用 GaN 功率器件，随后开展其商业化运用。

目前，全球 GaN 行业发展迅速，竞争激烈，主要体现在材料尺寸竞争、产业链重组与重点应用场景突破上。材料尺寸方面，各大厂商推进硅基氮化镓晶圆 8 英寸升级至 12 英寸，其中英诺赛科 8 英寸硅基氮化镓外延到器件的生产线已经量产。产业链重组方面，法国 Soitec 半导体于 2019 年收购欧洲领先的 GaN 外延片材料供应商 EpiGaN。2020 年，意法半导体收购法国硅基氮化镓创新企业 Exagan 公司，其外延工艺、产品开发和应用经验将拓展并推进意法半导体的汽车、工业和消费用功率 GaN 的开发规划和业务。重点应用场景突破方面，在快充应用场景领域，世界第一家 GaN IC 厂商 Navitas 和 Exagan 推出了带有集成 GaN 解决方案（GaNFast™）的 45W 快速充电电源适配器。

二、功率射频，大有可为

GaN 和 SiC 在材料性能上各有优劣，应用领域侧重点不同、优势互补。两种材料相比，针对 SiC 的研究时间更长，技术更成熟。SiC 在导热率上体现出非凡优势，因此 SiC 多应用于高功率领域，如高铁、输变电、新能源汽车以及工业控制。GaN 材料的优势体现为更高的电子迁移率，与 Si 和 SiC 材料相比有更高的开关速率，在高频率领域具备优势，如微波射频以及数据中心等应用场景。[1]

（一）功率核心，节能增效

碳化硅器件下游应用广泛，其中电动汽车为主要应用领域。智研咨询的数据显示，电动汽车、电源和光伏产业为碳化硅功率器件的前三大终端市场，合计占比为 67%。从细分市场领域来看，电动汽车领域占比最大，为 30%，其次是电源领域占比为 22%，光伏领域占比为 15%。

新能源汽车是碳化硅功率器件应用的主要领域。电动汽车发展具有行驶里程延长、充电时间缩短、电池容量更大三大趋势。伴随着电动汽车以及其他系统的发展，车载充电机、直流转换器和牵引逆变器等方面的碳化硅功率半导体需求激增。

据 Yole 的数据，到 2025 年新能源汽车用碳化硅功率器件的市场规模将达到 15.5 亿美元，

（1）　程星华：《新基建带动下的第三代半导体产业发展机遇》，《智能建筑与智慧城市》2021 年第 5 期，第 49~52 页。

2019~2025 年的复合年均增长率为 38%。国盛证券对新能源汽车用碳化硅的需求规模弹性进行测算，预计中期仅逆变器对碳化硅的需求就有望达到 70 亿~80 亿美元，车用碳化硅的黄金十年即将开启。DIGITIMES Research 预测到 2025 年，电动汽车用碳化硅功率半导体将占碳化硅功率半导体的 37% 以上，高于 2021 年的 25%。

目前，全球已有超 20 多家汽车厂商采用碳化硅器件。车载充电机市场已逐步采用碳化硅 SDB（肖特基势垒二极管），产品集中在 1200V/10A、1200V/20A，单台车载充电机需用 4~8 颗碳化硅 SDB。特斯拉 Model 3 开始采用意法半导体定制的 SiC-MOSFET[1]，参数为 650V/100A，每一辆 Model 3 搭载 24 个 650V/100A SiC-MOSFET 模块，每个模块中 2 片 SiC 芯片并联。

2 月 28 日，比亚迪公布了自主研发并制造的高性能 SiC-MOSFET 模块。据界面新闻报道，比亚迪的 SiC-MOSFET 模块能够降低内阻，增强电控系统的过流能力，大幅提升电机的功率与扭矩，该模块将搭载在比亚迪"汉 EV"车型上。目前来看，全球领先的 EV 主机厂商正全面加速 SiC 器件在具体车型上的商业化应用。

CREE 测算，SiC 逆变器能够提升 5%~10% 的续航能力，节省 400~800 美元的电池成本，与新增 200 美元的 SiC 器件成本抵消后，能够实现至少 200 美元的单车成本下降。据罗姆测算，预计到 2026 年几乎所有搭载 800V 动力电池的车型都将采用 SiC 方案。

此外，车载充电机和直流转换器已经开始采用 SiC 器件，将 PFC（功率因素校正）电路中的二极管切换为 SiC-SBD，或者将充电机的直流 - 直流电路中的 MOSFET 改为 SiC-MOSFET。全 SiC 方案车型也有望从 2021 年开始量产。

近年来，轨道交通发展迅速，车辆种类繁多，可分为干线机车、城市轨道交通车辆、高速列车。城市轨道交通车辆和高速列车是轨道交通未来发展的主要动力，市场前景良好。城市

（1）　MOSFET 指金属氧化物半导体场效应晶体管。

轨道交通车辆的共同特点为大量应用功率半导体，其中在牵引变流器、辅助变流器、主辅一体变流器、电力电子变压器、电源充电机上都有使用碳化硅器件的需求。

目前，在轨道交通方面，小型化与轻型化诉求强烈。具体而言，第一，碳化硅器件可以将功率损耗从 5%~6% 减少到 2%~3%，相当于原先损耗减少一半以上；第二，碳化硅良好的高温耐受性可减少冷却系统体积，高频特性可以减少约 30% 的逆变器重量，综合折算下来可节约 3.2%~8.6% 的能源；第三，高频也使得逆变器和发动机响应速度增快。

1. 5G 产业化带来广阔发展空间

SiC 功率器件市场开始于 2001 年，英飞凌公司首次将 600 V 的 SiC 二极管与硅基器件组合用于 PFC 通信电源中。目前，数据中心和通信电源市场是 SiC 功率器件的最大下游应用市场。功率半导体领域，SiC-MOSFET 的高频特性使得电源电路中的磁性单元在体积与重量上大幅缩减；同时，SiC-JBS[1]反向恢复"零"时间特性使得电路的开关损耗大幅度降低，这些特性使得 SiC 功率器件在数据中心和通信电源中具有巨大优势前景。

2. 光伏产业全生命周期优势明显

光伏产业作为 SiC 功率器件的第二大应用市场，占 SiC 功率器件市场的 30% 以上。目前，光伏逆变器正持续向高效、高可靠性和高功率密度方向发展，而 SiC 功率器件可以凭借低通导、低开关损耗、无硅基器件的电流拖尾以及高开关频率，实现更高效发电。

具体而言，光伏逆变器中使用 SiC 功率器件，整体利用效率可达到 99% 以上，能量转换损耗降低 50% 以上，极大地降低了逆变器的成本和体积。SiC 材料的特性有助于降低损耗、减少温度循环、提升器件寿命，实现安全可靠；高开关频率减小无源器件体积，缩小逆变器的体积和重量；全生命周期角度而言可节省投资。[2]

（1） JBS 指结势垒肖特基二极管。

（2） 迪建：《新一代功率半导体将迎来战略机遇期》，《集成电路应用》2014 年第 3 期，第 18~20 页。

近年来，光伏逆变器市场经历了 IGBT[1]/SiC 混合升压模块的加速推出，并在 2019 年开始逐步应用全 SiC 模块。目前，制约大规模应用 SiC 功率器件的主要因素，仍是 SiC 高价格导致的较高的初始采购成本，这一状况预计有望随着 SiC 单位成本的下降而逐步改善。

（二）高频能手，点亮未来

氮化镓最初应用于 LED 产品，随着技术的革新，目前氮化镓主要应用在微波射频器件（基站）、电子电力器件（电源）、光电器件（LED、激光）上。

1. 射频领域：5G 基站空间巨大

Yole 的研究显示，在氮化镓功率器件方面，2020 年的整体市场规模为 0.46 亿美元，受消费类电子、电信及数据通信、电动汽车应用的驱动，预计到 2026 年将增长至 11 亿美元，复合年均增长率为 70%。值得一提的是，电动汽车领域的复合年均增长率高达 185%。在氮化镓射频器件方面，2020 年整体市场规模为 8.91 亿美元，预计到 2026 年将增长至 24 亿美元，复合年均增长率为 18%。

在射频领域氮化镓的市场渗透率较高，伴随 5G 通信的发展，价格敏感度较低的基站建设将成为氮化镓器件发展的先机。5G 基站中的功率放大器对散热性、功率特性的要求与氮化镓材料完美对标，伴随工艺成熟与成本下降，氮化镓有望成为功率放大器的主流材料。除了基站主体设备外，毫米波、小基站、波速成形、载波聚合等均需要氮化镓相关器件，基站内氮化镓含量将逐步提升。

除了设备运营更好的效果外，功耗降低方面氮化镓也发挥着重要作用。相关数据显示，射频功耗占据基站设备能耗总量的 60%，采用氮化镓器件将降低功耗，节省运营商的基站运营成本。根据 Qorvo 测算，全球 4G 及 5G 基站的潜在市场在 2022 年预计达到 16 亿美元。

（1）　IGBT 指绝缘栅双极型晶体管。

2. 快充领域

快速充电领域也将是氮化镓器件重要的增长点。在消费电子领域，氮化镓器件是目前最快的功率开关器件，可以保持在高速开关情况下的高效率水平。采用氮化镓的快充器件，外形尺寸与重量均可显著降低，功率也可提高至 100W 以上。根据 2020 年美国电子消费展的数据，已经有 30 家充电头厂商推出了 66 款氮化镓快充产品，涵盖 18W、30W、65W、100W 等多个功率段。国内手机大厂华为、小米、OPPO 等相继推出氮化镓快充产品。氮化镓快充功率芯片目前主要由英诺赛科、纳微半导体、Power Integrations（PI）三家供应，其他重要芯片还包括氮化镓驱动、协议芯片以及整流器件。

中商产业研究院的信息显示，2020 年全球快充市场规模为 500 亿元，同比增长 15.21%，预计 2019~2022 年快充市场规模从 434 亿元增长至 986 亿元，复合年均增长率达 31.5%。由此可见，氮化镓充电器市场广阔，将迎来快速增长期。

3. 光电子：LED、紫外激光器

氮化镓作为蓝光 LED 的基础材料，在微型 LED、紫外激光器中有重要应用。微型 LED 作为新一代显示设备，比现有的 OLED 亮度更高、发光效率更好。晶能光电目前实现了硅衬底氮化镓 8 英寸芯片的量产，且商用的 12 英寸及以上硅晶圆的生产工艺已经开始成熟，伴随高均匀度的 MOCVD（金属有机化合物化学气相沉积）外延大腔体的推出，硅衬底氮化镓将是微型 LED 芯片的天然选择。氮化镓同样在光电子和微电子领域有广泛应用，其中氮化镓基紫外激光器在紫外固化、紫外杀菌等领域均有重要价值。

根据 LED 在线的分析，LED 照明市场 2018~2023 年的复合年均增长率为 6%。5G 时代和物联网时代的到来使得智能消费产品的渗透率提升迅速，智能家居照明迎来发展契机。2022 年微型 LED 以及迷你 LED 的市场产值将达 13.8 亿美元，新一代迷你 LED 背光技术将是各家厂商的开发重点，预计到 2023 年市场规模将达 10 亿美元。

（三）功效更高，尺寸更小

电子设备进入小体积、高效率时代。

氮化镓在电源管理、发电以及功率输出等方面应用空间将十分广阔。从智能手机到数据中心，直接从电网获得电力的设备均可受益于氮化镓技术，扩大和提高电源管理规模与效率。不同材料的性能存在差异，碳化硅在 1200V 高压、大功率器件上有应用优势，氮化镓器件在 40~1200V 高频器件上更具应用优势。因此，在电力电子器件诸如微型逆变器、伺服器、马达驱动等领域，氮化镓器件正在动摇传统 MOSFET 或 IGBT 的地位。

现行电动汽车的特点是电耗高与电子驱动，传统 12V 配电器面临较大负担。在 48V 的总线系统下，氮化镓技术可以提高效率、缩小尺寸并降低系统成本。在汽车功能方面，使用脉冲激光的激光雷达能够快速提供车辆周围环境的高分辨率 360° 三维图像，氮化镓技术可使激光信号发送速度远高于硅 MOSFET 器件。氮化镓激光雷达为自主驾驶车辆提供更远、更清晰的视野。氮化镓场效应晶体管的工作效率高，能以低成本实现最高的无线电源系统效率。氮化镓用于高强度 LED 时，可提高效率，改善热管理。

充电器也是氮化镓材料的重要应用领域之一。采用氮化镓的快充器件的最大功率提高至 100W 以上，系统效率可高达 95%，但外形尺寸相较于传统硅充电器可缩减 30%~50%，重量从 300~700g 降至 100g。伴随电子产品性能复杂化，充电器功率提高，对氮化镓器件的偏好也逐步增强。

基于氮化镓半导体的深紫外 LED 是紫外消毒的主要光源，该二极管体积小、效率高、使用寿命长。但是目前深紫外 LED 由于技术门槛高，仍处于发展阶段，在成本、寿命、光效方面有待改进。目前市场上高端深紫外 LED 产品生产厂商主要以韩国、日本厂商为主，国内半导体公司也正在关注该行业，进行深度布局。

目前，GaN 功率器件主要由 EPC、GaN Systems、Transphorm 和 Navitas 等纯

GaN 初创公司主导，并由 TSMC、Episil 和 X-FAB 代工生产。国内的新兴代工厂中，三安集成和海威华芯具有量产 GaN 功率器件的能力。

三、上中下游，齐头并进

（一）碳化硅——衬底降本，器件突破

碳化硅产业链分为设备、衬底片、外延片和器件四大环节。碳化硅衬底是由碳化硅单晶材料制造而成的晶圆片，衬底可以直接进入晶圆制造环节以生产半导体器件，也可以经过外延加工，即在衬底上生长一层新的单晶，形成外延片。新的单晶层可以是碳化硅，也可以是其他材料（如氮化镓）。而晶圆可以指衬底、外延片或者已加工完成后但尚未切割的圆形薄片。

碳化硅产业链前端材料制备难度较大，良率低，产能小，因此该产业链价值较多位于衬底与外延部分。相关数据显示，衬底与外延部分占碳化硅器件成本的 47% 和 23%，产业链后段环节如设计、制造、封测等的成本共占 30%。

产业布局方面，国外企业多以垂直整合制造模式为主，如 Wolfspeed、ROHM 及意法半导体，而国内企业则专注于单个环节制造，如衬底领域的天科合达、天岳先进，外延领域的瀚天天成、东莞天域，器件领域的华润微、泰科天润等。

碳化硅衬底制造为全产业链中技术壁垒最高、价值含量最大的环节，也是目前器件降低成本所面临的核心环节。碳化硅衬底材料依照电阻率分为导电型衬底与半绝缘型衬底两类。通常，导电型衬底与碳化硅外延制成的功率器件大量应用于新能源汽车、电网、轨道交通等高压工作场景中。半绝缘型衬底生长氮化镓外延后可制成微波射频器件，应用在射频开关、滤波器与功率放大器等通信领域。全球碳化硅衬底行业以美国 CREE 为主导，它占据约 40% 的市场份额，同道康宁、II-VI、ROHM 等头部企业的市场份额超 90%。国内厂商有山东天岳、

天科合达以及河北同光，其中天科合达实力强劲。

国外产能方面，碳化硅龙头 CREE、II-IV 分别在 2015 年和 2019 年实现了 8 英寸碳化硅衬底的量产。国内衬底产能分布方面，目前仍有较大部分为 2~4 英寸产品，头部厂商纷纷实现了 6 英寸碳化硅衬底量产，8 英寸衬底生产处于技术储备之中。其中 CREE 2019 年投资 6 英寸产能扩大，8 英寸产能预计 2022 年批量出货。

碳化硅外延片是在碳化硅衬底上生长的满足特定要求单晶薄膜的碳化硅片。化学工艺流程中，晶体生长与晶片加工往往伴随表面或近表面的缺陷，进而导致衬底材料质量下降。外延层的作用便是消除此过程中的缺陷。[1]

外延生产设备由意大利 LPE 公司、德国 Aixtron 公司、日本 TEL 和 Nuflare 公司垄断。国外碳化硅外延企业以昭和电工、II-VI 三菱电机、英飞凌为主，国内东莞天域和瀚天天成率先实现产业化，供应 6 英寸外延。

碳化硅器件生产难度较高，以新能源汽车主驱逆变器使用的 SiC-MOSFET 为例，目前仅有意法半导体等少数国外企业拥有批量出货能力，国内制造企业尚处在探索阶段，有待突破。伴随碳中和发展，碳化硅器件将在新能源汽车、工控、光伏领域持续渗透。工艺的不断升级将进一步扩张市场需求，由于碳化硅器件制造在全球起步均较晚，产能较为不足，国内厂商若实现碳化硅器件制造的突破，将迎来广阔的替代空间。

（二）氮化镓——异质衬底，挖掘潜力

氮化镓作为最具代表性的第三代半导体材料，成为目前高温、高频、大功率器件首选材料之一。目前，氮化镓器件有 2/3 应用在军工电子领域，民用方面，在通信基站、功率器件等领域有所渗透。Yole 在报告《2021 氮化镓射频市场：应用、主要厂商、技术和衬底》中预测，

（1）　刘福海、吴会旺、郝东波等：《碳化硅外延产业》，河北普兴电子科技股份有限公司，2019。

氮化镓射频器件市场规模正以 18% 的复合年均增长率增长，将从 2020 年的 8.91 亿美元增长到 2026 年的 24 亿美元以上。

氮化镓产业链包括衬底、外延、芯片设计与制造、封测、下游应用等垂直分布环节。氮化镓单晶衬底的下游客户主要面向科研、激光显示、电力电子等高端市场。在全球范围内，日本住友电工、三菱化学、住友化学等在氮化镓单晶衬底市场中占据主导地位，占比超 85%。氮化镓单晶衬底由于成本高昂，目前并未被大规模采用。业界常以碳化硅、蓝宝石、硅等异质衬底进行氮化镓外延生长和器件制造，追求成本低廉。碳化硅作为衬底材料具有器件体积小、能量损失少等优点，以此作为衬底材料有助于发挥氮化镓材料的性能，但目前碳化硅衬底同样价格不菲，仅在射频领域有部分应用。蓝宝石衬底氮化镓则主要应用于照明领域，市场已较为成熟。近年来，随着工艺的突破，硅基氮化镓的良率和性能得到了较大的提升，在电力电子方面开发了较多的下游应用，硅基衬底相比于氮化镓单晶和碳化硅衬底成本极低，硅基氮化镓器件推出后市场增长迅速，得到了各厂商的积极部署布局。

氮化镓器件的性能同材料、结构设计与制造过程紧密相关，企业多采用垂直整合制造模式，代表性企业如美国 Wolfspeed 和日本昭和电工均为垂直整合制造模式。中国氮化镓器件企业采用垂直整合制造模式的有苏州能讯、英诺赛科、海威华芯和三安集成等。但在硅基氮化镓领域，晶圆代工厂在硅基工艺方面有深厚的积累，6 英寸及 8 英寸产线已折旧完毕，又无法生产先进制程的逻辑芯片，因此有较大的意愿将其改造成硅基氮化镓产线，台积电等企业均积极布局硅基氮化镓代工，伴随而生了 EPC、Dialog、GaN system、Navitas 等一批只负责芯片设计与销售而不从事芯片生产的企业。

（三）碳化硅基氮化镓——优势互补，通信核心

以碳化硅为衬底外延生长所得的氮化镓射频器件，同时具备碳化硅的高导热性能，与氮

化镓高频段下大功率的射频输出优势，在功率放大器上的应用可满足 5G 通信对高频性能、高功率处理能力的要求。碳化硅基氮化镓亦适合应用在大功率、高频率的微波器件上，如军用雷达、智能武器和通信系统等领域，在低频段 3~6GHz 和毫米波频段上将发挥重要作用，业已成为基站功放器的关键新材料。

随着技术迭代，单个设备中所需天线模块也在与日俱增。5G 关键技术——大规模多路输入多路输出（mMIMO）技术，是多入多出式天线技术，通过将天线转变为天线阵列，提升信号的传输速度和传输效果，主要在 5G 基站中使用。根 Yole 的数据，mMIMO 技术使得射频线路的数量有望从 19 个增加到 142 个，射频模块单元数量也将从 2 个增加到 77 个。因此，伴随 5G 基站在新增基站中的占比提升，碳化硅基氮化镓器件的单机使用量将快速增长。据 Yole 预测，碳化硅基氮化镓器件市场规模预计将在 2026 年达到 22 亿美元以上，复合年均增长率为 17%。

四、面向短板，补全产业

（一）第三代半导体进入"可投"阶段

在 2018 年之前，碳化硅产业与氮化镓产业均在小范围内有商业化市场，产业投资机构与天使及早期投资机构更适合介入。如果财务投资者有较强的产业洞察力，也可以尝试在部分领域（电动汽车）正式商用前介入。

在 2018 年之后，SiC-MOSFET 正式上车，并引发后来者的追随，趋势已经明朗。硅基功率氮化镓在消费电子快充领域找到爆发点，打开市场需求的额外想象空间。这表明第三代半导体已经到了财务投资者可进入的阶段。但我国起步较晚，尤其是硅基氮化镓，所以可投时点会推后。

（二）第三代半导体投资关注中上游

衬底、制造（包括垂直整合制造）是第三代半导体产业链的重点环节（价值量大、降本瓶颈所在），建议重点关注。国内高性能衬底自给率仍然较低，不到5%。在降低成本和市场需求等多重因素影响下，未来衬底制造市场规模将持续扩大。制造方面，芯片制造的绝大多数核心设备被国外厂商垄断，具有极高的技术壁垒。制造环节最重要的是产品良率、生产效率、稳定性。由于处理的材料不同和结构不同，制造设备之间无法通用，关键工艺的核心设备也成为关注重点。

外延虽然价值量相对较低，但是目前产业链中成熟度相对较高的环节，相关企业与衬底企业和制造企业前后关联，该类企业只要自身发展较好并具备前后拓展的机会，就值得重点关注。第三代半导体投资策略梳理见图2。

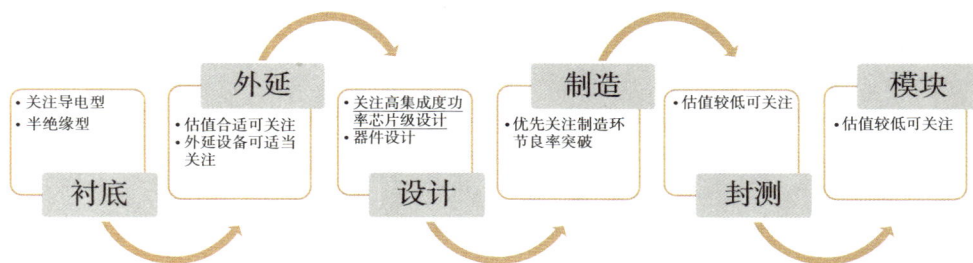

图2　第三代半导体投资策略梳理

资料来源：根据公开资料整理。

（三）第三代半导体投资要打持久战

近年来，半导体行业投资集中度高、竞争压力增大。不同投资机构对不同细分赛道的投资策略存在差异。在半导体投资领域，我们需要遵循市场规律，政府做政府的事情，市场做市场的事情。同时，需要做好打持久战的准备，放弃挣快钱的思想，久久为功。面对第三代半导体的投资，我们需要做到以下几点。第一，我们推动产业发展要遵循市场规律，认真分析产业现状，避免低水平重复。第二，半导体产业不是露在地面上的金矿，需要长期耕耘，也需要资本不断浇灌呵护，需要有真正认可行业发展规律的投资机构给这个行业的未来播种希望。第三，在不低估外界的压力的前提下，要保持信心，有决心赚取产业成长的红利。

（建信北京电子2组　司朝、师栋楷
建信信托研究部　林龙）

TRACTION

BATTERY

动力电池

汽车行业大变局催生多元
技术路线百舸争流

　　随着全球双碳政策出台、燃油车禁售时间发布，全球新能源汽车产销迎来爆发式增长阶段。"先电动、后智能"是新能源汽车产业发展的主要路径。作为电动化革新的核心技术载体，动力电池已然成为新能源汽车产业发展的"命脉"。技术的不断迭代使得动力电池产品向着使用更便捷、能量密度更高、安全性更强等方向不断发展。动力电池厂商如雨后春笋般迅速而大量崛起，给全球汽车产业链带来巨大变革。未来，动力电池产业链的全球化趋势将不断加深，上下游众多企业也将更加重视彼此间的投资与合作。

一、动力电池进入新时代（Tier1 时代）

　　作为新能源汽车的核心组件，动力电池与新能源汽车产业发展息息相关。一直以来，动力电池厂商被视为新能源汽车产业发展的"领路人"，享有较高产业地位和较强话语权。近年来，在国家政策、市场需求的双重刺激下，中国车企加速布局新能源汽车，产业链各个环节逐步走向成熟。由于手握终端客户，车企话语权随之提升。动力电池厂商的产业地位正发生变化，逐步由"领路人"回归至"Tier1"。

（一）什么是 Tier1 时代

熟悉汽车产业的朋友应该对"Tier1"这个词并不陌生。Tier1 泛指汽车整车厂（OEM，也叫主机厂）的一级供应商，直接向整车厂供应总成及模块。著名的汽车 Tier1 包括博世、大陆、采埃孚等（见图 1）。相比之下，Tier2、Tier3 为二级、三级供应商，主要向上一级供应商供货。由于 Tier1 与整车厂关系最密切，通常深度参与整车及关键部件的研发设计，因此在车企供应体系中话语权较强。尽管如此，作为产业链的绝对"链主"，主流车企对 Tier1 保持着较强的议价能力，Tier1 的利润也易受到下游车企客户的挤压。

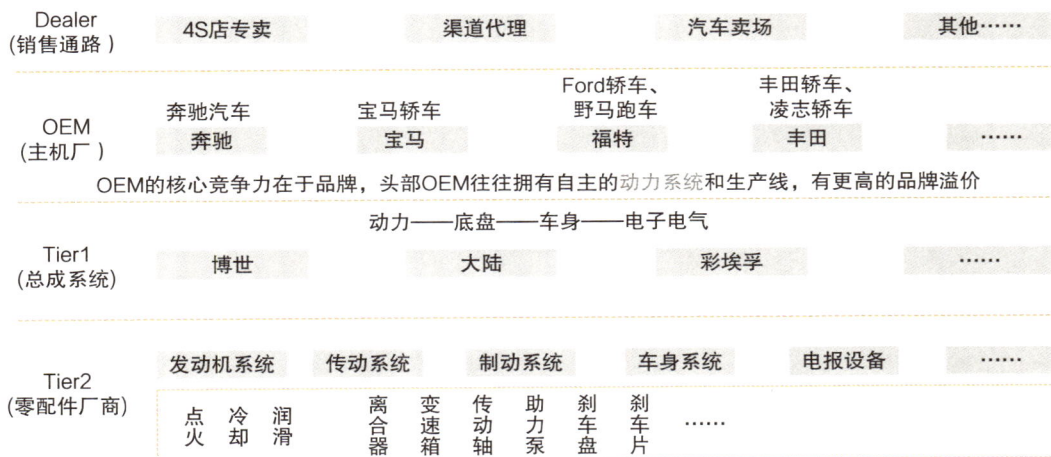

Dealer（销售通路）	4S店专卖	渠道代理	汽车卖场	其他……
OEM（主机厂）	奔驰汽车 奔驰	宝马轿车 宝马	Ford轿车、野马跑车 福特	丰田轿车、凌志轿车 丰田	……

OEM的核心竞争力在于品牌，头部OEM往往拥有自主的动力系统和生产线，有更高的品牌溢价

动力——底盘——车身——电子电气

Tier1（总成系统）	博世	大陆	彩埃孚	……

Tier2（零配件厂商）	发动机系统	传动系统	制动系统	车身系统	电报设备	……
	点火 冷却 润滑	离合器 变速箱 传动轴	助力泵	刹车盘 刹车片	……	

图1　汽车供应链层级结构

资料来源：根据公开资料整理。

（二）"物以稀为贵"法则

回顾汽车工业的发展历史不难发现，电动机和内燃机几乎是同一个时期的产物，而早在 1900 年代的美国，电动汽车就已经和蒸汽机车分庭抗礼。石油的大规模开发让燃油车迎来了近百年的蓬勃发展，而近十年来动力电池技术的全面成熟开启了汽车产业电动化的新时代。

物以稀为贵，动力电池企业被认为是引领新能源汽车产业发展的先行者，产业地位较高和话语权较强，于是就出现了多家车企老总飞赴宁德争抢电池货源的事例。"蔚小理"等造车新势力，为了保证关键成长期内的电池稳定供应，更是早早就和宁德时代签订了长期订单。彼时的动力电池企业，是车企"三顾茅庐"下的青衫诸葛，没有一丝 Tier1 的谦恭。有趣的是，人们似乎忘记了，引领锂电池企业登上汽车大舞台的正是车企，特斯拉引领了松下，宝马引领了宁德时代，车规级的开发设计思路、技术工艺要求和质量管理体系，是锂电池由电子消费品领域顺利上车的关键。

（三）由"领路人"回归"Tier1"

随着新能源汽车渗透率的迅速提升（2022 年 9 月，我国新能源汽车零售渗透率首次突破30%），在巨大的消费市场滋养下，新能源车企在技术研发能力、制造工艺水平、资金实力、品牌力等方面均获得了长足的进步。由于掌握着终端客户群，且在由"电动化"奔向"智能化"的接力赛中成为主力，车企在产业链中的话语权不断提升。

与之对应的是在供给侧，随着动力电池技术、工艺、产业链的全面成熟，目前量产产品除了以 NCM811 为代表的高镍三元电池仍有一定壁垒外，动力电池企业在 5 系、6 系三元和磷酸铁锂电池产品上的差距正在缩小，第二梯队的技术正在向第一梯队看齐，可谓"'宁王'领跑、对手环伺"。跟随宁德时代 CTP 的技术创新逻辑，比亚迪推出刀片电池，中创新航推出弹匣电池，蜂巢能源推出短刀电池……过去"物以稀为贵"的格局正在被不断打破。

不仅如此，出于保障供应、降本增效的考量，有能力的车企更是主动向动力电池领域"进军"。例如，大众入股国轩高科，"蔚小理"三方联手增资欣旺达，广汽 2022 年 8 月宣布拟投资百亿元成立绿擎电池公司。

在"天下苦秦久矣"的背后，早已暗流涌动，而揭开电池"窘境"的是 2022 年 4 月 20 日宁德时代股价的大跌。开盘不久，即有快讯传出：

9:38——快讯："宁德时代总市值跌回万亿元下方"；

9:43——宁德时代总市值跌破一万亿元关口，不到五个月蒸发超6300亿元；

11:59——半日市值缩水超600亿！宁德时代午盘大幅收跌6.29%；

15:07——宁德时代收跌7.55%，总市值9486.56亿元；

15:59——不到五个月蒸发6000亿元，"宁王"怎么了？

"宁王"怎么了？4月21日，宁德时代发布了2021年财报，报告期内电池销量133.41GWh，实现营收1303.56亿元，同比增长159%；归母净利润159.31亿元，同比增长185%；全年电池毛利率为22%，下降了4.56个百分点——似乎捕捉到了什么，又似乎风平浪静。4月24日，宁德时代发布公告，原定于4月28日披露的一季报，推迟至4月30日。看来，"宁王"的一季报需要市场过个"五一"假期来消化。4月29日盘后，"宁王"发布的一季报显示，2022年第一季度公司营收486.78亿元，同比增长153.95%；净利润14.93亿元，同比下降23.62%，扣非归母净利润9.77亿元，同比下滑41.57%。董秘表示："2021年以来上游原材料价格上涨，电池厂商都面临供应短缺和价格上涨的挑战，宁德时代为了维护产业健康发展，在价格方面是非常谨慎的，和客户维护了很好的关系。但今年确实涨价太快太猛，所以不得已跟主要客户协商，共同应对供应链压力，现在协商的效果是不错的。"

新冠肺炎疫情、逆全球化、俄乌冲突等因素对全球供应链、能源安全格局及贸易环境造成重大影响，锂电产业上游原材料价格持续快速上涨，电池成本不降反增。叠加下游电池企业与车企提价动作滞后，导致宁德时代综合毛利率由2021年的26.28%大幅跌落至2022年第一季度的14.48%，其他动力电池企业趋势亦然。

每一次价格信号的传播都伴随着产业链上各环节议价方面的博弈，随着动力电池产业全面进入技术成熟、产能竞赛阶段，动力电池企业的产业地位将逐步回归至"Tier1"。随着第二梯队的技术看齐、产能追赶，以及特斯拉、比亚迪、广汽、长城等车企布局自研自产电池，

"宁王"一骑绝尘的地位在一定程度上回落是大概率事件。动力电池进入 Tier1 时代，更有利于激发多元化竞争，促进持续降低成本，驱动新能源汽车渗透率进一步提升。

二、Tier1 时代，动力电池企业如何发展？

动力电池进入 Tier1 时代，意味着"物以稀为贵"的格局不复存在。"百舸争流千帆竞，借海扬帆奋者先"，对于动力电池厂商来说，"扩充产能、创新研发、上占资源、下绑客户"无疑是重点发力方向。

（一）产能为先，扩产竞赛

既然有了更多质量过关的产品，成本可控、供应稳定成为车企选择供应商的主要因素。对于二三线动力电池企业而言，价格低于"宁王"不难做到，因此优质而稳定的产能成为进入主流车企供应商名录的"门票"，于是动力电池企业纷纷展开了扩产的"战备竞赛"。

2021 年，我国新能源汽车销量 352.1 万辆，主流车企的年销量均在 6 万辆以上（见表 1）。2022 年，行业预期我国新能源汽车销量将迈过 500 万辆大关，主流车企年销量应在 10 万 ~15 万辆及以上。由此估计，若要成为行业头部的动力电池供应商，需在客户群方面谋求布局至少 2~3 家主流车企，配套 30 万 ~50 万辆车；按单车带电量 70kWh 计算，所需有效产能为 21~35GWh，名义产能则更多，因此就不难理解目前锂电池企业如火如荼的扩产热潮了。从 2025 年规划来看，仅宁德时代（1000GWh）、比亚迪（600GWh）、中创新航（500GWh）、蜂巢能源（600GWh）、国轩高科（300GWh）、亿纬锂能（200GWh）6 家一二线主力电池厂商的产能（见表 2）就将达到 3200GWh。按照多家机构的预测，2025 年全球乘用车销量约为 8000 万辆，假设平均电动化渗透率为 25%，对应电动乘用车销量近 2000 万辆，若每辆车平均 70kWh，电动乘用车电池需求仅为 1400GWh 左右；此外，电动商用车、电动两轮车、电动工程机械、电动船舶等

表 1　2020~2021 年新能源汽车厂商零售销量情况

单位：辆，%

序号	厂商	2020 年	2021 年	同比增长
1	比亚迪汽车	181765	584020	221.3
2	上汽通用五菱	155466	431130	177.3
3	特斯拉中国	137459	320743	133.3
4	长城汽车	56261	133997	138.2
5	广汽埃安	60033	126962	111.5
6	上汽乘用车	44792	110065	145.7
7	小鹏汽车	26159	98155	275.2
8	奇瑞汽车	43651	97625	123.6
9	蔚来汽车	43728	91429	109.1
10	理想汽车	32624	90491	177.4
11	吉利汽车	29853	80694	170.3
12	长安汽车	18237	76466	319.3
13	一汽大众	30813	70383	128.4
14	合众汽车	15091	69674	361.7
15	上汽大众	28517	61064	114.1

细分领域还有部分动力电池需求，因此 2025 年全球锂电池需求预计将超过 1800GWh，若按照平均 60% 的产能利用率，对应产能为 3000GWh，由此看来，产能过剩似乎不可避免。

表 2　部分锂电企业扩产计划统计

单位：GWh

电池厂	扩产计划	目标实现时间	扩产所在地
宁德时代	1000	2025 年	福建、江苏、广东、贵州、四川、上海、德国
比亚迪	600	2025 年	广东、青海、重庆、陕西、湖南、贵州、安徽、江苏、湖北、山东、浙江、江西、吉林、广西
中创新航	500	2025 年	江苏、河南、福建、四川、湖北、安徽、黑龙江
蜂巢能源	600	2025 年	江西、江苏、四川、安徽、浙江、德国
国轩高科	300	2025 年	合肥、江苏、山东、河北、江西、广西
亿纬锂能	200	2025 年	湖北、广东
瑞浦能源	200	2025 年	浙江、上海、广东、广西、海外
孚能科技	120	2025 年	江西、江苏、安徽、土耳其
LG 化学	430	2025 年	欧洲、美国、中国、韩国、印尼
SKI	200	2025 年	江苏、广东、匈牙利、土耳其
松下	160	2025 年	美国、日本、辽宁

事实上，动力电池企业扩产计划说到未必会做到。

一方面，没有万能的产线，电池扩产从设计开始就需要下游订单的支撑，步步为营。动力电池产线的设计流程如下：首先，基于车企客户的整车定义确定电池包的包络尺寸，并将之拆分为电池模组及单电芯的形态和尺寸；其次，要基于整车定义中的动力、能耗等性能需求，拆分为单电芯的性能需求（能量密度、快充性能、温度性能等）；再次，通过对电芯和模组性能表现的仿真验证后，冻结数据，由电池厂的试验线研制样品，该过程中确定电芯的材料体系（NCM/LFP 等）、工艺路线（方壳/软包等）中的核心参数；最后，根据客户车型的交付要求，规划产线的额定产能和生产节拍，选择相关设备，设计产线布局（此过程中还需考虑客户车型的预期销量及风险，补充备用客户，在产线中预留针对备用电芯的柔性生产能力）。

另一方面，电池产线的建设和产能爬坡需要一定的周期。厂房建设及设备安装，建设周期通常为6~9个月不等；建成后的产能爬坡周期，大概是3~6个月；即便完成产能爬坡，产能利用率也是一个重要影响因素。因此，动力电池企业的落地产能通常领先产量需求一年左右。例如，宁德时代在年报中披露，2021年末落地产能为170.40GWh，同期电池系统销量仅为116.7GWh。同时，由于动力电池技术仍在不断迭代，高镍三元、磷酸锰铁锂等技术层出不穷，低端产能随时面临被淘汰的风险。因此，锂电企业对规划的产能通常分期建设，成熟一条建设一条。由此来看，锂电企业的扩产计划，仍可能在后续分期建设的过程中持续修正。

综上，我们认为，从目前到2025年，动力电池供需仍将保持紧平衡，产能整体上还不存在过剩的问题。动力电池企业应结合下游车企客户拓展和销量预期，分期精细化设计和建设产能，同时应持续投入新材料、新结构、新工艺、新设备等方面的研发，确保落地产能的先进性，避免落后及无效产能的淘汰风险。

（二）技术驱动，先进制造

进入Tier1时代，动力电池企业间的竞争将回归制造业本质。什么是制造业本质？我们的理解，就是在制造的全过程中，通过精益化管理和制造能力的提升来提质增效，获得且保持较强的盈利能力。

收入端，动力电池的价格受下游车企的挤压，电池企业议价能力较弱；电池销量与配套车型销量强相关，因此车企客户群结构是电池厂的必争之地，短期看产能是门票，中长期看，电池企业作为Tier1的服务能力是核心，包括对客户定制化需求、联合研发需求（电池车身一体化、快充、高电压平台等）的响应能力等。

成本端，物料成本占比在85%以上（见图2），考验企业的供应链管理、对上游关键材料的议价权及材料体系方面的研发能力，短期内将呈现一定的刚性，难以撼动；而制造费用和人工费用，通常是制造企业主要的利润来源，可以直接体现企业的精益化管理和制造水平，是制造业的核心能力。

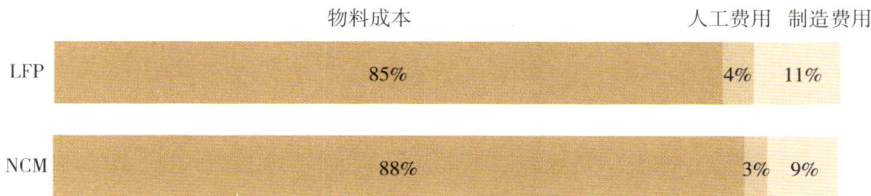

图 2　动力电池成本结构

资料来源：根据公开资料整理。

我们认为，动力电池制造毫无疑问属于先进制造业，而优秀的电池企业应该体现"先进制造"的精髓。什么是先进制造？不仅仅是在产线中使用新技术、新装备，更是将其应用深入生产、管理的各环节，通过先进技术驱动，形成一个有感知、有量化、有反馈、有迭代的闭环控制系统（见图 3），达到不断提质增效的目的，从而使制造过程提升到"先进"的水平。

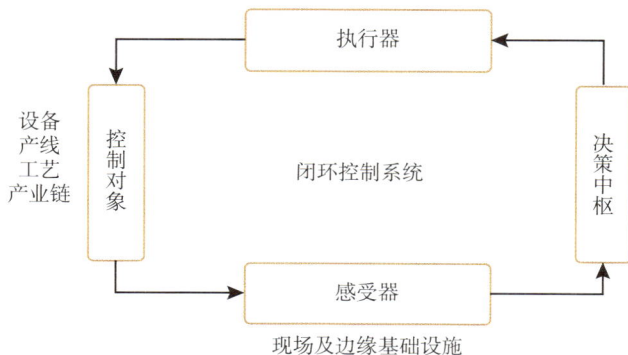

图 3　先进制造的闭环控制系统

资料来源：根据公开资料整理。

例如，我司已投某电池企业在产线的设计和配置中对制造执行（MES）系统的要求极高，一方面可实现产线上工站和机台之间的灵活配置和调整，大幅增强产线的适配性和生产柔性；另一方面非常强调对生产过程中数据流、物料流的精益管理，以及控制系统与操作者之间的人机交互，发生不良时能精确定位问题所在，迅速反馈到人，进而提升整体效率。诸如此类的精益化管理措施最终促使该企业实现了优异的产能爬坡能力和 100% 的产能利用率。

（三）上下求索，深度绑定

1. 参控股投资，确保上游稳定供应

新能源汽车的爆发式增长促使上游碳酸锂的价格飞涨，从 2020 年的 4 万 ~5 万元 / 吨飞涨至 2022 年 9 月的 52 万元 / 吨。究其缘由，锂资源供不应求。即便锂价已达如此高位，目前市场主流预测，中短期内锂价还会继续保持，甚至仍有上涨空间。为确保锂资源供给，用全链条的布局降低成本，稳住供应链条，宁德时代、比亚迪、中创新航、亿纬锂能、国轩高科等动力电池企业以参股、控股、拍卖等多种方式设法全球"抢购"锂矿。例如，宁德时代参股公司出资 2.4 亿美元（约合人民币 15.52 亿元）入股非洲 Manono 锂矿项目；比亚迪拟斥资 30 亿元入股盛新锂能，合作开发国内锂矿；国轩高科与宜春矿业设立子公司，共同投资开发锂矿。

2. 围绕下游客户，全面提升服务能力

进入 Tier1 时代的动力电池企业，不得不直面车企在产业链上的主导地位，而车企一方面在全力备战由电动化到智能化的新一轮竞赛，另一方面也对电池的形态和性能提出了更高的要求，如超长续航、4C 快充、换电、电池车身一体化等。因此，在产品和技术快速迭代的新能源时代，动力电池企业仅靠产能规模和制造能力无法避免被市场淘汰的风险。从中长期看，动力电池企业应充分认识到自身 Tier1 的产业定位，挑选具有竞争力和市场引领能力的核心车企客户，不断提升技术研发、产品迭代能力和对整车厂的全面服务能力，深刻融入客户的车型规

划、产品设计、产能布局、售后响应等业务流中，与核心车企客户共同成长。

三、未来动力电池技术路线如何演进？

全球汽车产业新能源化趋势强劲，技术不断迭代的动力电池正在成为产业变革的助推器。为最大限度地实现对传统燃油车的替代，作为新能源汽车的核心组件，动力电池将不断迭代发展，技术路线总体将呈现多元化发展趋势。

（一）锂离子电池——质构优化，双轮驱动

1. 微调正极体系

现有正极体系下的磷酸铁锂与三元锂离子电池的能量密度已接近其物理化学极限，未来很难实现质的飞跃。磷酸铁锂电池安全性强，循环次数多，但快充性能差，低温性能差，能量密度低。三元锂离子电池快充性能好，能量密度高，但循环次数少，安全性相对较差。中短期内，低成本、速度快、高循环次数，进一步提高压实密度、采用更高能量密度的材料（如磷酸锰铁锂）等，是磷酸铁锂体系电池的发展方向。对于三元锂离子电池，高镍（提高能量密度）、低钴（降低成本）、单晶（提高压实密度）、采用四元材料（NCMA）是其正极体系未来的发展方向。

2. 替换负极材料

硅碳负极材料的理论容量远超现有主流的石墨负极材料，且结合了碳材料高电导率、强稳定性的优点，成为当前动力电池提升容量的最佳方案。然而，现有技术仍不成熟，成本高，充电过程中电极的膨胀会引发安全隐患，影响电池性能。未来随着技术、产业进一步成熟与发展，高成本、充电过程中电极膨胀的问题有望得到解决。

3. 改良电解液成分

目前电池的循环性与高低温性能部分受制于其电解质的性质。新型锂盐和添加剂能有效

改善电池循环和高低温性能，是电解液产品差异化发展的主要方向。尽管六氟磷酸锂存在热稳定性差，对水分敏感，易生成氢氟酸等问题，但短期内六氟磷酸锂仍是最主要的锂盐。双氟磺酰亚胺锂等新型锂盐具有高低温性能好、热稳定性强等优点，目前正在快速发展中，其渗透率有望逐步提升。除新型锂盐外，新型添加剂的开发也举足轻重，这将成为企业保持核心竞争力和盈利能力的关键。随着锂电池往高电压、高镍化等方向发展，所需电解液配方，尤其是添加剂将越来越复杂，少量使用即可显著提升电解液性能。

4. 压薄载体铜箔

铜箔的极薄化是未来的发展方向，即进一步压缩自身体积从而提高电池能量密度。现有主流技术为 6μm 厚度，下一代厚度为 4.5μm 的产品即将大规模量产。此外，目前新型的 PET 复合铜箔技术有望进一步提升电池容量与增强电池安全性，在循环寿命、成本方面优势明显，但目前成品率不高，未来产业化成熟后有望大规模推广。

5. 丰富隔膜基材

隔膜分为湿法隔膜和干法隔膜，湿法隔膜厚度低于干法隔膜，有利于提升电池能量密度，凭借轻薄、低自放电率等优势占据市场主体地位。干法隔膜的主要优点是低成本、耐过充和强安全性。目前聚丙烯（PP）、聚乙烯（PE）是隔膜的主要基体材料，但在接近熔点时均会因熔化而收缩变形，导致正负极接触短路，存在电池燃烧或爆炸的风险。业界正在发展以聚酰亚胺（PI）、聚对苯二甲酸乙二醇酯（PET）、间位芳纶（PMIA）、聚偏氟乙烯（PVDF）、聚对苯撑苯并二恶唑（PBO）等合成材料制备新型隔膜基材。湿法隔膜涂覆材料以氧化铝涂层为主，同时存在聚偏氟乙烯涂层、聚偏氟乙烯氧化铝混合涂层、氧化铝＋聚偏氟乙烯叠加复合涂层、勃姆石、芳纶、纳米复合材料等涂层品类。

6. 整车电池一体化

无模组化（Cell to Pack，CTP）技术引领近期市场潮流。以宁德时代和比亚迪为代表，

CTP 技术取消部分模组配件，精简电池结构，能够大大提升电池的体积利用率。以宁德时代为例，其 CTP 电池包体积利用率提高了 15~20 个百分点，电池包能量密度提升 10%~15%，可达到 200Wh/kg 以上。比亚迪推出的则是采用磷酸铁锂的"刀片电池"，系统体积比能量提升幅度达 50%。进一步将电池集成化，即 CTC（Cell to Chassis）技术，将电芯直接集成到车辆底盘内部，一方面可进一步降低电池电芯以外的部件体积，总电量可再提升 5%~10%，另一方面充分利用了电池对车身的结构支撑作用，减少了车身零件数量和整体重量，从而节省成本。

7. 高压快充新趋势

高压快充技术的持续进步有望消除用户的续航焦虑，正在风口上的 800V 快充技术即将落地。相较于 400V 充电，800V 技术有望实现更低电流、更快充电。已量产的保时捷 Taycan 在 800V 平台下，充电时间是普通 400V 平台的一半时间，电量从 5% 充到 80% 仅需 20 分钟左右。比亚迪、吉利汽车等都相继开始布局 800V 高压平台，新势力"蔚小理"紧随其后。

（二）钠离子电池——新鲜血液，蓄势待发

由于短期内锂资源供不应求的状况无法改善，钠离子电池因资源丰度高、成本优势显著得到广泛关注（2022 年 9 月，碳酸锂价格已达 52 万元 / 吨，而碳酸钠价格仅为 2000~3000 元 / 吨）。钠与锂的物理化学性质非常相似，钠的标准电极电势为 -2.71V，略高于锂（-3.04V）；理论能量密度（1166mAh/g，1128mAh/cm^3）显著低于锂（3861mAh/g，2062mAh/cm^3）。

钠离子电池产业链与锂离子电池高度相似，钠离子电池的原理和锂离子电池相同，主要依靠钠离子在正极和负极之间移动来工作，制造工艺也类似，因此生产设备可与锂离子电池兼容。相较于锂离子电池，钠离子电池的正极、负极分别换成钠盐、硬碳 / 软碳等新型材料，负

极集流体改用铝箔。钠离子电池成本低廉，可安全放电至 0V，在安全、电解液导电、高低温、储存和运输等性能方面展现出优于锂离子电池的潜力，在储能与入门级电动汽车等对能量密度要求不高的市场中优势明显。

目前，钠离子电池的产业仍不成熟，正负极等电池材料成本还在高位，致使其综合成本与磷酸铁锂电池接近，且接近产业化的钠离子电池，能量密度、循环寿命均低于磷酸铁锂电池。钠离子电池材料的相关研究正在紧锣密鼓地进行中，下一代钠离子电池的性能如能量密度、循环性能等有望达到甚至超过磷酸铁锂电池。待相关产业成熟后，钠离子电池在成本上有望比锂离子电池低至少 30%。未来，钠离子电池有机会在部分应用场景中（如商用车、储能电站、5G 通信基站备用电源、电动两轮车甚至电动船舶等）取代磷酸铁锂电池，从而降低采购储能和入门级电动汽车的成本。

（三）固态电池——半固过渡，终极全固

固态电池，顾名思义为不含任何液体的电池，内含固体电极材料和固体电解质材料。区别于现有的锂离子电池内的核心能量介质为溶液态的锂离子，固态电池内所有材料均以固态形式存在。在锂离子的体系下，电池已接近其理论能量密度瓶颈。固态锂电池的理论能量密度超过 2000Wh/kg，相较于锂离子电池（<500Wh/kg）具有绝对优势。但真正的全固态电池离实际产业化还有一段距离。业界目前采取的策略是从固液混合锂电池着手，逐步演变，朝全固态锂电池的方向努力。部分电池厂商已公开有望实现量产的半固态锂离子电池，能量密度均远大于现有三元锂离子电池的最高水平。

固态电池技术还不成熟，固态电池存在固 - 固界面接触难题，内阻较大，循环性能、倍率性能差。电极材料在充电时膨胀，放电时收缩，液态电解液 - 电极（液体 - 固体）接触相对较好，而固态电解质 - 电极（固体 - 固体）难以保持长期稳定的接触，并加大了固体电解

质破裂或分离的可能，电池内阻较大。与液态电解液相比，固态电解质的电导率比锂离子迁移率低 1~2 个数量级，电导率低，全电池阻抗大，导致循环性能、倍率性能差。

固态电池加工工艺流程较多，存在加工工艺难度大的问题。硫化物固态电解质对生产环境要求苛刻，需隔绝水和氧气，加工工艺和大规模量产技术问题尚未解决。另外，固态电池生产成本多为生产过程成本。根据国际新能源网的数据，固态电池生产过程成本占比超过 50%，而锂离子电池的生产过程成本仅为 20%~30%。此外，银碳层大规模生产所需的贵金属纳米银成本较高。因此，要实现固态电池商业化仍需时日。

固态电池正加速开发，努力方向包括：推进固体电解质的研究，以提升其电导率；改进正负极材料，以提升电池的循环性能；改进制备工艺，以降低制造固态电池的成本；等等。固态电池的发展从固液混合电池出发，未来将以半固态、准固态、全固态的路线逐步演变为。

四、行业进入黄金发展期，该投向何处？

2021 年以来，中国各大汽车厂商纷纷加快在新能源汽车领域的布局，新能源汽车产业链逐步完善，整车产品性价比明显提高、车型极大丰富，市场需求集中爆发。从中长期来看，车企在产业链中的话语权不会减弱，在上游材料端的周期性波动下，动力电池企业将以什么样的状态生存和发展？如果以海洋生物类比，我们认为上游锂矿企业属于"鲨鱼"型企业，通常在周期的潮头大口吃肉，在周期的低谷蛰伏等待；而动力电池企业属于"蓝鲸"型企业，一家电池企业通常供应数家整车厂，支撑着数十万辆级的市场，是整个新能源汽车产业链的"重量级"供应商，虽以浮游生物般的微薄利润生存，却能靠规模效应成长为庞然大物，影响生态系统的平衡。因此，作为"蓝鲸"型企业，动力电池企业的数量既不会太多，否则市场难以支撑；也不会太少，否则车企的产业地位受到威胁。维持一定数量的"蓝鲸"，对于车企和市场来说，是最优平衡态，有利于保障供应安全，并通过适度多元的竞争激励技术创新和降低成本。新能源汽车制造是工业的明珠，动力电池是新能源汽车制造业的核心资产，不会缺席新能源汽车由电动化向智能化迈进的新百年发展机遇。作为向新能源切换的关键技术节点，动力电池行业仍将成为持续的投资热点。

（一）中短期锂资源供应无忧的电池企业更具关注价值

上游的锂资源供给无法满足下游需求的强劲增长，锂电池全产业链价格持续上涨。受限于锂矿的扩产速度以及供应量增速，短期内锂资源仍将呈现供不应求的局面。具备长期稳定的锂资源供应渠道以及对上游锂资源具有话语权、优先分配权，是动力电池企业未来的核心竞争力之一。

（二）产业化黎明初现，钠电池大有可为

钠离子电池行业的资本布局与产业研究共同推进钠离子电池的产业化，且速度不断加快。尽管钠离子电池的能量密度存在先天劣势，但其成本具有绝对优势，且安全性、低温性能均占优。目前，钠离子电池的性质仍不能完全达到实际应用的要求，但差距越来越小，钠离子电池部分取代锂离子电池指日可待。若企业能够率先量产性能满足实际应用的钠离子电池，新能源汽车与储能广阔的市场空间将会对企业的蓬勃发展起到强有力的支持。

此外，固态钠电池是实现电池能量密度跨越式增长的方案之一，亦可彻底解决电车的续航里程焦虑问题，且不受资源丰度的限制。目前量产实用固态钠电池的道路还很遥远，但一旦实现，将有望彻底颠覆动力电池以及电化学储能的格局。

（三）固态锂电池或成为锂电池的关键技术路线

目前离子电池的能量密度正逐步接近其物理化学上的理论极限，产业界锂离子电池能量密度的增长步伐趋于停滞。近两年，业界主要从电池结构优化、提升空间利用率等非材料的角度实现电池包的整体能量密度提升，但非材料角度的可提升空间亦将很快消失。固态电池的理

论能量密度远高于现有离子电池体系，发展固态电池是提高电池能量密度的中远期解决方案。

业界目前采取的固液混合锂电池策略只是无奈的妥协之策，因为无法妥善解决全固态电池中的部分核心问题。即使如此，固液混合锂电池的能量密度也有望大幅超过现有锂离子电池体系，实现 1000km 以上的续航里程，基本解决续航里程不足的痛点。能够实现关键材料突破的企业，在未来有望凭借技术壁垒先一步占据市场，占据优势地位。

（建信北京新能源组　翟祎雯、张晨、杜锦超
建信信托研究部　杨兴、林龙）

碳中和、能源安全、动力电气化共同驱动全球能源体系向清洁化转型。自工业革命以来，随着工业中心的转移，全球碳排放中心沿着欧洲→美国→中国的路径转移。自 2005 年起我国成为全球第一碳排放大国，占全球碳排放量的 1/4 强，若延续过去高碳排放的发展模式，未来发展空间受碳排放权制约的风险极大，需加快能源清洁化转型步伐。在各种新能源中，氢能源来源广泛、燃烧质量热值为汽油的三倍、燃烧过程零碳排放，是替代化石能源的理想能量载体，发展空间广阔，未来将有可能出现氢能领域的埃克森美孚、英国石油、壳牌、中国石油、中国石化等类似能源巨头，这是一条值得投资者长期关注的重要赛道。

一、国家如何定位氢能产业？

2022 年 3 月 23 日，国家发展改革委、国家能源局联合印发的《氢能产业发展中长期规划（2021~2035 年）》成为我国中长期氢能发展的顶层规划，明确了氢气的能源属性，并确定了双碳目标下氢能行业的三点定位。

第一，氢能是未来国家能源体系的重要组成部分。中国工程院院士干勇指出，保守估计

2050 年氢能在我国终端能源体系中占比约为 10%，2060 年占比将达约 15%。[1] 根据《中国氢能源及燃料电池产业白皮书（2020）》[2]，要实现 2060 年碳中和目标，我国氢气年需求量将从目前的 3300 多万吨，增加到 1.3 亿吨左右。

第二，氢能是用能终端实现绿色低碳转型的重要载体。目前，我国重工业规模大，水泥和粗钢产量占全球总产量的 60%，重要工业化学品产量占 30%。工业碳排放占中国能源相关二氧化碳排放总量的 24%，交通运输行业碳排放占 11%。因此，相关高碳行业需要优先考虑绿氢替代品，以及适配传统能源的碳捕集利用与封存（CCUS）技术。

第三，氢能产业是战略性新兴产业和未来重点发展的产业。氢能产业链条较长，可带动新材料、新技术、新装备、新工艺、新产品、新业态等方面的产业升级，助力推进经济高质量发展。

基于以上战略定位，我们看到国家推出了大量的氢能产业支持政策，据不完全统计，仅 2021 年就有 30 余条国家层面与氢能相关政策的发布，我国能源体系的长期战略规划将持续助推氢能产业发展。

（一）氢能：二次能源，零碳排放，灵活高效

氢（Hydrogenium）是元素周期表中的一号元素，是最轻的元素，也是宇宙中含量最多的元素。氢能（Hydrogen Energy）目前在国际上没有严格的定义，根据能量表现形式，氢能指氢的化学能（氢的物理能主要表现为核聚变能）。在能源体系中，我们通常所说的氢能，狭义上是指以氢气为核心能量载体的能源体系，由于氢气难以常温常压储存，广义上的氢能还包括甲醇、氨等更易储存的含氢能量载体。

按能源的基本形态分类，能源可分为一次能源（Primary Energy）和二次能源

（1）　干勇：《发展氢能产业　助力"双碳"战略》，"2022 氢能专精特新创业大赛"报告，2022 年 7 月 29 日。
（2）　中国氢能源及燃料电池产业创新战略联盟编著《中国氢能源及燃料电池产业白皮书（2020）》，人民日报出版社，2021。

（Secondary Energy）。一次能源是指自然界中以原有形式存在、未经加工转换的能量资源，又称天然能源，如煤炭、石油、天然气、水能等。[1] 二次能源指由一次能源加工转换而成的能量载体，如电力、煤气、蒸汽及各种石油制品等。在地球上不存在大规模自然态的氢气，只有使用大量的煤炭、石油、天然气、水等资源制备氢气，才能满足人类对氢气的需求。因此氢能和电能同属二次能源，是一种能量载体，而非自然资源。一次能源的优势在于自然界中分布广泛、储量大；二次能源的优势在于能量形式优质，利用便捷。

氢能来源广泛。氢元素是宇宙中含量最丰富的物质元素，约占 75%，但在地球上绝大部分氢元素不是以氢气分子的形式存在，大部分氢元素与氧元素结合，存在于水中。可以说水资源在一定程度上代表了氢元素的储存量。作为二次能源，氢不仅可以通过煤炭、石油、天然气等化石能源重整，生物质热裂解或生物发酵等途径制取，还可以来自焦化、氯碱、钢铁、冶金等工业副产气（见图 1），也可以利用电解水制取。特别是将电解水与可再生能源发电结合，不仅实现氢气全生命周期绿色清洁，更拓展了可再生能源的利用方式。

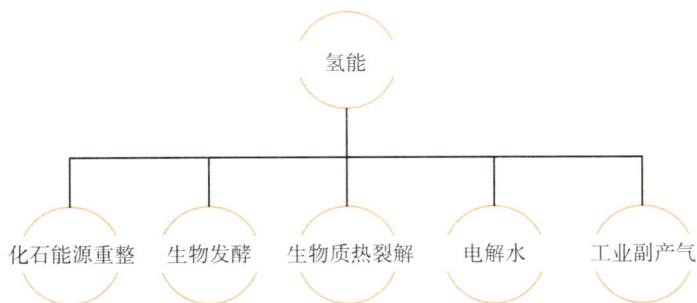

图 1　氢能来源

资料来源：中国氢能源及燃料电池产业创新战略联盟编著《中国氢能源及燃料电池产业白皮书（2020）》，人民日报出版社，2021。

[1]　张志英、鲁嘉华编著《新能源与节能技术》，清华大学出版社，2013。

氢能清洁低碳。不论氢燃烧还是通过燃料电池的电化学反应，产物只有水，没有传统能源利用中所产生的污染物及碳排放。此外，生成的水还可继续制氢，反复循环使用，真正实现低碳甚至零碳排放，有效缓解温室效应和环境污染，是实现碳中和的最佳能源介质之一。

氢能灵活高效。氢热值高（142.5MJ/kg），是同质量焦炭（25~29MJ/kg）、汽油（46MJ/kg）等化石燃料热值的 3 倍到 6 倍，通过燃料电池，其能量综合转化效率可达 90% 以上。氢能可以成为连接不同能源系统的桥梁，并与电力系统协同互补，是跨能源网络协同优化的理想互联媒介。氢的物理性质及比较见表 1。

表 1　氢的物理性质及比较

物理性质	氢气	对照组
密度（气态）	$0.089kg/m^3$（0℃，1bar）	天然气的 1/10
密度（液态）	$70.79kg/m^3$（-253℃，1bar）	天然气的 1/6
沸点	-252.76℃（1bar）	比液化天然气低 90℃
质量能量密度	120.1MJ/kg	汽油的 3 倍
体积能量密度（气态）	0.01MJ/L	天然气的 1/3
体积能量密度（液态）	8.5MJ/L	液化天然气的 1/3
火焰速度	346cm/s	甲烷的 8 倍
点火范围	4%~77% 空气体积比	比甲烷范围宽 6 倍
点火能量	0.02MJ	甲烷的 1/10
自燃温度	585℃	汽油为 220℃

资料来源：IEA, The Future of Hydrogen,2019.6.

氢能相对安全可控。氢气具有燃点低、爆炸区间范围宽和扩散系数大等特点，长期以来被作为危化品管理。氢气是已知密度最小的气体，比重远低于空气，扩散系数是汽油的 12 倍，发生泄漏后极易消散，不容易形成可爆炸气雾，爆炸下限浓度远高于汽油和天然气。因此在开放空间情况下安全可控。但氢气在不同形式受限空间中，如隧道、地下停车场的泄漏扩散规律仍有待研究。

氢气的工业使用历史悠久。氢气作为工业气体已有很长的使用历史。目前，化石能源重整制氢是全球主流的制氢方法，具有成熟的工艺和完善的国家标准规范，涵盖材料、设备以及系统技术等内容。电解水制氢技术历经百年发展，在系统安全、电气安全、设备安全等方面也已经形成了比较完善的设计标准体系和管理规范，涵盖氢气站、系统技术、供配电系统规范等内容。

（二）氢气：还原气体，清洁燃料，多重身份

碳中和是发展氢能的根本驱动力。碳中和的目的是通过缩减二氧化碳的排放量，提高二氧化碳捕捉量，从而实现二氧化碳的"零排放"。全球碳排放的主要来源是电力、钢铁、建材、交通运输、化工等行业。

电能具备标准化程度高、供应稳定（稳定电压、频率），传输能量密度大、损耗小，传输速度最快（接近光速）等特点，已成为人类社会的能量"货币"。随着新能源发电占比的不断提升，人类社会"电动化"进程在不断加快，在电力、乘用车等领域的脱碳效果显著。2021年全球电力消费占终端能源消费总量的17.2%，[1]预计2050年电力消费占比有望超过50%。[2]

尽管如此，炼钢、炼油、化工、长途运输、建筑供暖等高碳排放领域难以通过"电动化"途径脱碳，氢能（绿氢）的应用是实现零碳排放的绝佳路径。在炼钢领域，氢气是优质清洁的热源和高效还原剂；在炼油、化工领域，氢气是必备的原料；在交通领域，氢气是高热值、高能量密度且清洁的燃料（见表2）。

（1）　IEA, World Energy Overview, 2021.
（2）　BP 2022 Global Energy Outlook.

表 2　氢气应用场景列举

行业	应用场景
化工	合成氨（制化肥、炸药、药物）、合成甲醇（农药、胶黏剂、涂料、化学添加剂）、制备盐酸……
炼油	催化重整（氢气环境下，轻质油转化成苯、甲苯等芳烃）；加氢裂化（高压、氢气环境，重油转化成汽油、煤油、柴油、润滑油等）
炼钢	还原剂
交通	燃料，用于燃料电池车、火箭推进剂等

氢能与其他清洁能源并不是替代关系，更多是互补关系。目前认可度较高的一条碳中和技术路径为：形成以太阳能等清洁能源为主的一次能源供应结构，和以电能、氢能为主的二次能源供应结构，同步发展碳捕捉技术。过去的光伏发电、风电绝大部分并网，少量自发自用，市场空间受到并网条件的制约。

电解水制氢的场景实现了新能源发电与电网的解耦，未来的新能源电站可以不必并网，以大规模制氢为主。孤悬远海的大型风电场，可以不必通过海底电缆并网，通过液氢储罐加船运的方式实现绿色能源的输出，这样氢作为二次能源的优势得以充分发挥。氢气作为一种高能量密度的能源载体，也可以作为一种长时间储能的介质。氢气并不像电化学储能等方式，存在自放电等能量自发耗散的情况。在存放得当的情况下，氢气的储能周期甚至可以跨季度，有望解决电网季度性"削峰填谷"的需求。

电解水制氢技术和场景的成熟，为新能源发电装机解放了束缚，带来了更广阔的新能源市场。国际能源署（IEA）预测，2050 年氢能占全球终端能源消费的比重将达 10%。

（三）氢能交通：低温无忧，续航出色，优势互补

使用锂电池的新能源汽车在过去几年内已实现爆发式增长，但目前已基本实现平价的锂电车并不能包打一切，需要氢能车进行互补，而不是替代。首先，锂电池自身质量过重，质量能量密度低，续航有限，在长途货运等领域降本能力有限，难以完成对柴油货车、货轮的充分替代，承接新能源时代的重载动力、运力需求。其次，锂电低温衰减严重，当环境温度降低时，一部分锂会附着在负极表面，不再参与放电反应，导致电池容量下降，目前装车量占比最大的磷酸铁锂电池低温衰减问题尤为突出。在北方地区冬季场景下，消费者以锂电车替代传统燃油车的动力依然不足。

更重要的是，锂电路线长期仍将面临供应链安全问题。我国锂、钴和镍这三种核心金属储量分别只有全球的 5.9%、1.2% 和 3%；上游原料几乎全部依赖进口，尽管中国企业也在不断收购海外的盐湖和锂矿，但锂矿产业是全球产业、全球定价，且多数资源位于澳大利亚、南美洲等地，政治上具有较大的不确定性，一旦外部局势恶化，依然无法摆脱"卡脖子"问题。

相较之下，氢能车质量能量密度高，利用过程清洁，可满足长途动力、运力需求。氢燃料电池的核心技术点是不锈钢（双极板）、石墨（双极板）、催化剂（少量贵金属）和氟化工（质子交换膜），不存在强资源垄断和博弈。随着新能源发电领域技术的不断迭代和度电成本的持续下降，电解水制氢对氢能产业链的远期降本带动作用巨大。因此，我们看好氢能车在大功耗、重载动力、长途交通运输、低温环境等细分场景的应用潜力。

二、如何描绘氢能的发展路径？

在我国发展氢能的战略方向已经明确的条件下，我们进一步思考该如何发展氢能产业。借鉴能源产业发展历程，我们认为氢能和电能类似，归根结底属于二次能源产业，其发展规律可总结概况为以下几个方面。

（一）全链发展，不留短板

二次能源产业链条较长，包括了能源载体的生产、运输、存储、利用和交易等环节，对能源的全链式综合利用效率提出了更高要求。只有各环节发展顺畅，充分降本，才能形成全链正反馈，共同推进产业成熟。因此，氢能产业应在制、储、运、加、用各环节同步发展，共同推进降本。

在制氢环节，煤制氢占全国氢气产量的 60%，但 CCUS 成本高。中国电解水制氢仍处于发展初期，仅占全国氢气产量的 1% 左右，未来增长空间巨大。2021 年电解槽装机量快速增长，电解水制氢已成为资本布局的热点，新能源龙头隆基绿能、阳光电源均在 2021 年成立制氢设备子公司。

在储运环节，压缩气态储氢技术因其技术难度低、初始投资成本低、匹配当前氢能产业发展等优势，在国内外广泛应用。低温液态储氢在国外应用较多，目前由于其成本较高，国内的应用基本仅限于航空领域，民用领域尚未得到大规模推广。

目前氢气运输主要手段为高压气态储运，成本高，储运能力较小，运输半径有限，难以适应长距离、大容量氢气运输需求。管道输氢可实现大规模、常态化、低成本的氢气长途运输，是未来氢气储运体系的重要组成部分。但目前中国管道输氢仍处于起步阶段，氢气管网仅有 300~400 公里，正在规划建设的河北定州至高碑店的输氢管道将是我国第一条百公里级输氢管道。

在加氢环节上，2021 年中国新建近 100 座加氢站，累计建成 255 座，居全球首位。"十四五"期间，加氢站建设将提速，已有 30 个省区市提出加氢站建设规划，预计到 2025 年，中国将建成超过 1000 座加氢站。在应用环节上，除化工、氢燃料电池车等领域外，我国积极探索氢能热电联供、氢冶金等多种应用场景，扩大氢能的下游市场。

（二）政策先行，完善监管

我国在光伏、新能源汽车行业的成功经验表明，在产业发展的早期，补贴政策的推动有着重大意义。放眼全球，氢燃料电池汽车最大的下游市场韩国，对氢能车补贴的比例高达 50%；美国 2022 年《通胀削减法案》投入 80 亿美元用于发展大型绿色氢枢纽，10 亿美元用于电解氢研发，5 亿美元用于制氢和回收，为氢能产业的发展提供了巨额补贴支持。

另外，能源作为生产要素具有较强的国家管制属性，能源产业链涉及国家土地、资源、运输、贸易、金融、安全、环境等多方面的监管，自下而上难以撬动，需要政策先行，为氢能产业发展提供规划，引导产业良性发展。目前，随着《氢能产业发展中长期规划（2021—2035 年）》的发布和中央、地方政策的陆续出台，我国氢能产业已形成"1+N"的政策体系，但在涉及氢能相关环节的规划、安全、标准、项目核准等方面，监管体系设置仍有待进一步细化和加强。例如，完善氢气储运安全体系标准，探索可再生能源制氢支持性电价政策，健全覆盖氢储能的储能价格机制，探索氢储能直接参与电力市场交易等。

（三）国企引领，产业赋能

国企引领是我国能源产业的发展特色。氢能产业的发展离不开一定规模的能源基础设施建设，如新能源制氢基地、输氢网络、加氢站等。这类资产公用事业属性强、准入条件高、初始投资规模大、回收期长，加注量 1000 千克每天的 35MPa 加氢站建设成本高达 1500 万元，是加油站的数倍，比较适合融资成本低、资金实力强、工程和运维经验丰富的能源类央企和国企率先入局，传统石化企业还可通过打造油气电氢合建站来拓展加氢基础设施网络。此外，氢能产业的早期应用推广不可避免地面临经济性较差的问题，除补贴政策激励之外，具有丰富产业资源的央企、国企可以利用自身主业优势提供更具有竞争力的下游应用场景，驱动氢能从"用得起"迈向"用得好"。大型能源企业已纷纷入局氢能，中国石化集团、国家能源集团、中国石油天然气集团、国家电力投资集团等能源国企积极响应国家战略，建立了一批绿氢示范项目。以中国石化为例，截至 2022 年 8 月，中国石化已建成 83 座加氢站（含油氢合建站），是全球建设和运营加氢站最多的企业。2022 年 9 月，中国石化发布实施氢能中长期发展战略，提出打造规模最大、科技领先、管理一流的"中国第一氢能公司"，围绕氢能交通、绿氢炼化两大领域，大力发展氢能一体化业务。

（四）多元合作，自主创新

中国氢能产业发展相对较晚，核心专利主要集中在美、日、韩手中。当前氢能产业链上的部分关键材料、部件进口依赖度依然较高，特别是质子交换膜、碳纸、碳纤维、氢气阀门等，成为产业链降本的重点攻关方向，需要上下游企业、科研院所和相关高校之间推进多元合作，通过自主创新实现"卡脖子"材料、技术、装备的国产替代。我们看到在国内氢能产业链上下游多家企业的共同努力下，产业有了长足的发展，液氢压缩机、加氢枪、拉断阀、软管、流量计等多种重要设备及零部件已实现国产化生产，打破了国外垄断，以中国科学院大连化学物理研究所（下文简称"大连化物所"）和上海交通大学为代表的科研院所与高校孵化的一批初创企业在燃料电池膜电极方面亦有突破。中国氢能产业处在突破核心技术、实现产业降本的道路上。

（五）因地制宜，场景驱动

氢能作为一种能量载体，推广的关键是要解决怎么产和怎么用的问题。中国工程院院士凌文指出，目前我国氢能产业的发展在地区层面存在产业同质化苗头，部门地方和企业规划雷同性较高，甚至出现低水平的重复建设。[1]

　　要做到氢能产业的有序健康发展，需要各地因地制宜，充分利用自身资源禀赋进行有针对性、定制化的产业布局，切实有效推进全产业链降本提质。在制氢方面，绿氢固然好，但也不可忽视现阶段灰氢、蓝氢的成本优势。例如，在内蒙古、山西、陕西、新疆等煤炭基地，也汇聚了大量的炼化企业、化工企业和钢铁企业等高碳排放企业，在这些地区结合 CCUS 的低成本煤制氢更具有市场竞争力。用氢方面，不同地区可充分结合自身特色需求，如港口、矿区、仓储、市政环卫、轨道交通、船舶、冷热电联供等领域，进行相关业态的定向布局，形成具有区域优势的特色氢能产业。我国氢能产业在空间上已形成长三角、珠三角、环渤海和川渝鄂四个各有特色的氢能产业集聚区。

三、如何投资氢能？

　　现阶段，综合氢能产业链各环节的成熟度、成长空间和产业链地位，我们认为上游制氢和下游燃料电池环节值得重点关注。

（一）制氢技术：低成本制氢气的关键

　　对于一个处在成长期的产业，我们投资时重点关注对行业发展进步具有实质推动作用的关键技术，氢能产业最终能得到大发展，离不开低成本的氢气，其中制氢技术的发展起着至关重要的作用。

　　我国年制氢量超 3000 万吨，已成为全球第一大制氢国，但目前仍以灰氢为主，绿氢的占比几乎可以忽略不计。双碳目标、新能源装机驱动绿电价格持续下降、电解槽量产降本、碳排放成本上升、制氢管制政策放松等边际条件的变化将为绿氢带来万亿元级的市场。

　　过去五年，由于技术发展与规模部署，电解槽成本下降了 40%，根据彭博新能源财经分

（1）　凌文、李全生、张凯：《我国氢能产业发展战略研究》，《中国工程科学》2022 年第 3 期。

析，2022 年在中国、美国和欧洲市场的推动下，电解槽的销量预计将翻两番。全球电解槽厂商在 2021 年交付了 458MW 的产品，而 2022 年出货量预计将达到 1.8~2.5GW，中国的占比将达到约 67%（>24 亿美元市场空间）。面对电解槽设备未来巨大的市场空间，其中的投资机会值得我们关注。

　　在电解槽不同技术路线上，在碱性电解水技术方面，我们较为关注电流密度的提高，当电流密度从 0.4 A/cm^2 提高到 0.8 A/cm^2 时，在相当的电解槽成本下产氢量提高一倍，可降低氢气成本约 2 元每公斤。质子交换膜电解水制氢具有启停速度快、转换效率高、无污染的优势，未来将是绿氢提取技术中的主流路线，但目前的成本相对碱性电解水制氢较高，氢产量小。我们在此领域一方面关注标的企业在低铂载量催化剂、长寿命质子膜等主要降本路线上的技术积累情况，另一方面需要关注企业在更大标方（每小时制氢量）产品上的开发进度。

（二）储氢运氢：提升产业规模的要点

　　在氢能全产业链中，氢的储运是制约我国氢能和燃料电池产业发展的几大重点环节之一，因为特殊的物理、化学性能，氢气储运难度大、成本高、安全性低。从终端氢气价格组成来看，氢气储运成本占总成本的 30% 左右，经济、高效、安全的储运氢技术已成为当前制约氢能规模应用的主要瓶颈之一。

　　氢气储气瓶作为储氢的核心部件，一般分为四型：Ⅰ型、Ⅱ型、Ⅲ型、Ⅳ型。Ⅰ型、Ⅱ型储氢瓶密度低、安全性能差、质量重，技术最成熟，应用早，少量应用于 CNG（压缩天然气）的客车和卡车。随着氢能的发展、高压储氢技术对容器的承载能力要求增加，金属内衬纤维缠绕储罐逐步应用。Ⅲ型、Ⅳ型储氢瓶制作内胆和保护层的材料密度低、气瓶质量轻、单位质量储氢密度增加。凭借其提高安全性、减轻重量、提高质量储氢密度等优势，车载应用已经较为广泛，其中国外多为Ⅳ型瓶，国内则多为Ⅲ型瓶。

Ⅲ型瓶向Ⅳ型瓶转变，是未来的发展趋势，但我国Ⅳ型储氢瓶产业发展相对滞后。挪威、日本、法国的多家公司已经做到Ⅳ型储氢瓶的批量生产，并应用于各种车型。中国企业虽已纷纷开始布局Ⅳ型储氢瓶的研发生产，但整体而言，Ⅳ型储氢瓶生产及实际应用，关键技术和材料的研发、标准认证等方面，我国相对滞后。

目前氢能的运输方式主要有气氢运输、液氢运输和管道运输三种。其中气氢运输主要采用高压气氢拖车来运输，运输规模较小、距离较短，但装卸方便，前期投入也小；液氢运输主要采用液氢槽车来运输，运输规模较大、适合长距离运输，但装卸时间较长，且氢气液化成本较高；管道运输则需建设输氢管线，前期投资大，可以大规模、远距离运氢，但需设法应对氢脆现象。

氢能产业目前处于发展早期，储氢运氢作为氢能产业链承上启下的纽带，其产业进程对整个氢能产业链的推动作用不言而喻。在储氢运氢关键材料、设备领域，具备国产化替代能力，甚至具有新一代储运氢材料技术储备能力的公司，在氢能储运网络的不断发展、完善中有望迅速成长为行业龙头，从而推动整个行业的降本进程。

（三）燃料电池：高效利用氢能的核心

在下游应用环节，目前氢能处于产业化示范初期，燃料电池系统的单车价值量最大，系统供应商营收规模容易起量，保障企业持续研发运营的现金流较好，这是我司重点布局的领域。燃料电池作为氢能车的核心，其应用推广离不开补贴示范→上车验证→性能迭代→成本下降→实现平价的路径，目前其仍处于推进深度示范的阶段，赛道内不乏未掌握核心技术的纯"攒局者"。

在燃料电池技术中，双极板、膜电极、电堆的技术门槛较高，因测试需要消耗大量氢燃料和金属铂，全球研发流派较为明确，以科研院所、高校、大型企业出身为主，包括加拿大巴拉德、日本丰田、德国大众、中国大连化物所和上海交通大学等。因而对氢能领域标的的投资，要注重企业核心团队的长期积累和技术进步的脉络，对于核心技术收购，要关注技术带头人的长期积淀及团队稳定性，不投被补贴吸引而蜂拥进入氢能领域的投机公司。

我们重点关注燃料电池性能持续正向迭代能力（反映在输出功率、功率密度、单位载重及里程下的氢耗、单位里程故障率、返修率等核心指标）和向上游电堆、膜电极、关键材料布局的一体化降本能力，优质的氢能企业应当具备工匠精神，持续提升性能，让产品从能用到好用。在企业发展规划层面，我们不偏好投资为了获取地方政府订单而到处落地落后产能的企业。企业扩产可以，要有战略性，寻找氢能的真需求，关注地方氢能资源和具有降本潜力和刚性需求的应用场景。例如，具有减碳、环保要求的大型矿山、大型港口，长途专线货运，环保要求极高的城市核心区货运，热电联供等。

（四）投后赋能：助力企业提升综合实力

氢能产业投资中早期项目较多，投后赋能需求较大。作为银行系投资机构，我司在助力企业提升融资能力、嫁接产业资源方面具有较强优势。以我司已投资的广东某燃料电池系统企业为例，投贷联动上，由于我司符合佛山南海区投贷联动专项资金的合作投资机构条件，南海区预计将为该企业配套专项贷款；行内交流上，我司积极推荐企业参加总行投行部举办的"创·建未来　投·行致远"项目投资交流会，为其对接行内资源；产业交流上，我司积极牵线该企业和已投新能源重卡企业的产业交流，探索氢能重卡的实现路径。

氢能在我国未来能源体系中具有重要战略地位，作为投资人我们始终保持对行业的信心，遵循国家发展的大势，扮演好市场的角色，助力国家能源转型。可喜的是，在政府政策支持和各方资本的推动下，国内氢能厂商生产的设备性能综合指标已接近国际水平，正迈向自主创新的阶段。但在氢能设备的一些专业特性上，如功率密度、催化剂贵金属铂载量等与国际水平还有一定差距，部分关键材料进口依赖程度仍相对较高，这需要我们与其他各方力量共同努力，长期投入，突破我国能源产业的发展瓶颈。

（建信北京新能源 1 组　翟祎雯、张晨、杜锦超
建信信托研究部　林龙）

科技与需求双轮驱动是行业
长期发展的基石

当前，国际形势错综复杂，百年变局和世纪疫情交织叠加，不稳定性和不确定性显著上升，给世界经济前景蒙上浓重阴影。党的二十大之后，安全作为国家战略被广泛提及，包括疫苗在内的生物医药是事关国计民生和国家安全的战略性高科技产业。2020 年，中央明确提出构建以国内大循环为主体、国内国际双循环相互促进的新发展格局。双循环新发展格局是中国更高质量、更高效益发展的必然选择，将使中国以更高层次开放和更大力度发挥国内发展潜力，更是中国走向世界经济强国的必由之路。

一、万里鹏程：医疗健康产业投资前景展望

（一）安全与发展并举，医疗健康迈向科技前沿

作为"两个一百年"奋斗目标的历史交会期，从 2021 年到 2035 年是实现中华民族伟大复兴的关键阶段。以习近平同志为核心的党中央高瞻远瞩、审时度势，系统擘画了我国"十四五"时期发展规划和 2035 年远景蓝图。而其中六大目标被认为是"十四五"时期的重中之重，而且都与生物医药的发展密不可分（见表 1）。

第一，面向人民健康的科技创新。从中美关系近年来走势看，美国对我国在科技上打压、

"卡脖子"甚至脱钩的趋势不会改变。尤其在研发方向上，所有的科技创新均要坚持"面向世界科技前沿、面向经济主战场、面向国家重大需求、面向人民生命健康"的基本要求，不断向科学技术广度和深度进军。从整个中国产业转型和科技创新的未来发展方向来看，作为被指定的七大战略新兴领域之一的生物医药是最有可能成为使中国的创新技术产品走向世界、服务全人类的产业，是具有战略意义的产业。

表1　"十四五"规划关于生物医药产业的发展定位

项目	内容
构筑产业体系新支柱	聚焦新一代信息技术、**生物技术**、新能源、新材料、高端装备、新能源汽车、绿色环保以及航空航天、海洋装备等战略性新兴产业，加快关键核心技术创新应用，增强要素保障能力，培育壮大产业发展新动能。**推动生物技术和信息技术融合创新**，加快发展**生物医药**、生物育种、生物材料、生物能源等产业，做大做强生物经济。深入推进国家战略性新兴产业集群发展工程，健全产业集群组织管理和专业化推进机制，建设创新和公共服务综合体，构建一批各具特色、优势互补、结构合理的战略性新兴产业增长引擎。鼓励技术创新和企业兼并重组，防止低水平重复建设。发挥产业投资基金引导作用，加大融资担保和风险补偿力度。
前瞻谋划未来产业	在类脑智能、量子信息、**基因技术**、未来网络、深海空天开发、氢能与储能等前沿科技和产业变革领域，组织实施未来产业孵化与加速计划，谋划布局一批未来产业。在科教资源优势突出、产业基础雄厚的地区，布局一批国家未来产业技术研究院，加强前沿技术多路径探索、交叉融合和颠覆性技术供给。实施产业跨界融合示范工程，打造未来技术应用场景，加速形成若干未来产业。
前沿领域	在事关国家安全和发展全局的基础核心领域，制定实施战略性科学计划和科学工程。瞄准人工智能、量子信息、集成电路、**生命健康**、脑科学、生物育种、空天科技、深地深海等前沿领域，实施一批具有前瞻性、战略性的国家重大科技项目。
关键核心技术	从国家急迫需要和长远需求出发，集中优势资源攻关新发突发传染病和生物安全风险防控、**医药和医疗设备**、关键元器件零部件和基础材料、油气勘探开发等领域关键核心技术。

资料来源：中华人民共和国中央人民政府网站。

第二，医疗健康领域新基建（即新型基础设施建设）。新基建作为数字经济、智能经济、生命经济的技术支撑，不仅本身将带来几万亿元甚至十几万亿元的投资需求，还将通过传统产业数字化而产生不可估量的叠加效应，可以对内循环产生巨大的赋能作用。在"十四五"期间，加快新型基础设施建设，特别是加快布局一批以大科学装置和大试验平台为代表的创新基础设施，同时深化科技创新体制改革，将有助于进一步激发全社会的创新创造动能。在医疗健康领域拥有强大履约能力和服务能力的需求，患者、医生、医院、医药和相关机构、政府部门的连接使得新基建的作用和价值更加凸显。从长期来看，医疗服务行业要想继续保持高速稳定发展，需要提高和完善5G网络、人工智能、大数据、物联网、供应链等新一代基础设施建设。

第三，加快药械生产的"补链""扩链""强链"。全球产业链供应链正在加速重构，既给我国带来机遇，也带来挑战。虽说药械产业链风险在我国一直存在，但是在疫情期间其优势表现得比较突出。2020年，《科技日报》就针对性地梳理了我国35项"卡脖子"技术，而医学影像设备元器件正是其中之一，大力发展国产替代也正是近两年产业的主要关注点。医药产业"卡脖子"问题的严重程度并没有器械领域那样严重，但是在关键原料的来源、知识产权、供应商资质等问题上仍然受到国外的制约，未来将持续通过加大力度吸引优势外资进入，导入占据产业链上下游优势的外资企业等这些举措，形成产业链高度集成的新布局。

第四，提升居民消费能力。消费能力提升的关键在于就业，截至2021年4月末，全国小微企业总数超过4400万户、个体工商户总数超过9500万户，中小企业法人单位数量占全部规模企业法人单位的99.8%，吸纳就业人数占全部企业就业人数的79.4%。而生物医药产业具有中小企业高度集聚的特征，产业正在由少数大企业驱动向大量中小创新型企业的协同转移，这些市场主体是吸纳就业的主体，如果现在的4亿中等收入群体在5~10年后变成8亿，中国经济将更加强大。因此，大力发展生物医药产业不但可以强国，还可以富民。

第五，继续全面深化改革。医药卫生体制深化改革的核心在于促进优质医疗资源扩容和均衡布局，促进医疗、医保、医药联动，持续推动以治病为中心转变为以人民健康为中心，持续推进解决看病难、看病贵问题。为生物医药产业发展创造一个良好的体制和政策环境，既是满足人民群众健康的需要，也是生物医药企业共同的呼声。2015 年，国务院改革生物医药审批制度，首次把生物医药列为支持产业，之后，生物医药的创新速度明显加快。

第六，扩大对外开放。习近平总书记指出："中国开放的大门不会关闭，只会越开越大。""十四五"期间，要坚持实施更大范围、更宽领域、更深层次对外开放，依托我国大市场优势，促进国际合作，实现互利共赢。相比市场相对封闭的白酒，医药具有对外合作开放的先天优势，目前在国内一些领先的生物医药企业已经开始有能力向海外输出一些新药。百济神州 2021 年将替雷利珠单抗授权给诺华，交易的首付款就高达 6.5 亿美元，总交易金额超过 22 亿美元，创下了国内单品种药物对外授权交易总金额和首付款最高纪录。

（二）长寿时代是定局，疾病医疗需求与日俱增

20 年前，房地产能成为"风口"，背后依托的是中国的高速城镇化和巨大的人口红利，20~30 岁人口十年增长 5000 万人，城镇人口每年增长 2000 多万人，房地产因此而大发展。10 年前，互联网能成为"风口"，背后是 3G 到 4G 的信息化升级，以及随之而来的移动互联网的崛起，当随时随地上网聊天、购物、刷视频成为现实的时候，阿里巴巴、腾讯、京东、今日头条、美团和滴滴等泛互联网企业也因此兴起。

我们之所以看好未来的医疗健康产业，核心也是因为未来有一个确定性的时代潮流：从人口红利到人口老龄化。

当国家面临人口老龄化趋势的时候，随着老年人口的占比增多，人们对于买房、娱乐、美食、游戏、旅游等这种年轻人更加偏好的需求逐渐下降，与之相应的是对应的产业的逐渐降

温。而老年人因为身体存在各种健康问题必须定期做体检，检查出病症就要去医院看病、买药，疾病治愈后还需要长期的护理。这些老年人在年轻时赶上了经济发展的红利期，有一定的财富积累，再加上社保和医保的保障，所以在健康上的花费将持续增长。

历史大数据也支持这一结论。全球各国的数据统计发现，65 岁以上人口的人均卫生费用支出大概是 65 岁以下人口的 27~48 倍，我国的相关研究也表明，60 岁居民的医疗卫生支出大概比 40 岁居民高出 50%~100%。

联合国预测，到 2045 年，我国将有近 4.5 亿人口达到 60 岁或以上。随着我国人口的老龄化，医疗系统在为数以亿计的老年人提供长期护理方面的准备严重不足。部分原因是我国人口寿命增加，根据世界银行的数据，中国人的预期寿命已从 1990 年的 69.1 岁增加到 2018 年的 76.7 岁。根据国务院的数据，65 岁以上的人中有 13% 需要长期护理，这一比例在每个年龄组中逐渐升高。75~80 岁的人有 20%，80~90 岁的人有 50%，90 岁以上的人有近 100%。其他研究显示，中年人也可能需要长期护理。

然而，我国医疗系统还没有为此做好准备，以照顾患有慢性病的大量老年人口。根据国家老龄化委员会在 2015 年进行的一项全国性调查，约 80% 家庭的长期照护需求无法被满足。我国目前有大约 501.8 万名注册护士，每千人注册护士数为 3.56 名，但截至 2021 年，中国有 2 亿 65 岁以上的人口，这加剧了在家提供对老年人护理的挑战。

20 世纪 80 年代之后，日本正式步入老龄化社会，中国也正在发生类似的变化，过去三四十年，我们是典型的"青年国"，劳动力充裕，房地产和制造业崛起。而最近十年和未来的几十年，我们的人口结构将越来越像日本，劳动力人口下降，老龄人口快速增加。随之而来的一定是房地产和劳动密集型制造业的衰落，以及医药等大健康产业的崛起。

从时间节奏上看，65 岁以上的老龄人口占比超过 10% 是一个关键的转折点，通常认为这标志着一个国家正式进入老龄化社会。在此之前，老龄人口占比和医疗卫生支出在 GDP 中的占比关联性不明显，一旦老龄人口占比超过 10%，医疗卫生支出就会加速增长，在 GDP 中的占比将快速提升。图 1 为各国卫生支出占 GDP 的比重、老龄化率（65 岁以上）和人口气泡图。

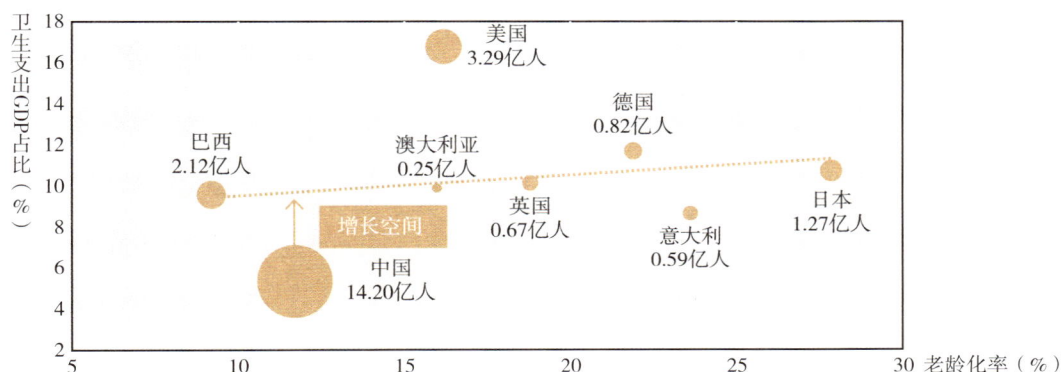

图 1　各国卫生支出占 GDP 的比重、老龄化率（65 岁以上）和人口气泡图

资料来源：World Development Indicators（WDI）数据库。

此外，房地产业在中国 GDP 中的直接占比最高时也不超过 10%，而日本的大健康产业比这个高得多。不过日本还不是大健康产业最发达的国家，美国的大健康产业占比超过 15%，是其当之无愧的第一大产业，也是全球健康产业最发达的国家之一。相比之下，中国的大健康产业占比还有很大的提升空间。虽然没有精确的统计，但估计占 GDP 的比重大概只有 5%~6%，未来 10 年在 GDP 中的占比无疑会大幅提升。因为从人口结构上看，我们目前正处于大健康产业的爆发期。中国目前 65 岁及以上的老龄人口占比约是 11.5%，刚刚超过 10% 的老龄化临界点，而这大概相当于日本 1986 年前后的水平。而且，未来 10~20 年我国的人口老龄化速度可能比日本更快。世界银行的一份报告就指出，中国正以"史上最快的速度"步入老龄化社会。到 2027 年，中国将从一个"老龄化"社会转变为一个真正的"老龄"社会。具体而言，中国 65 岁及以上老年人口占比将从 2025 年的 7% 上升到 2027 年的 14%。美国经历这种转变用了 69 年。[1]

人口老龄化奠定了医药产业崛起的基础，而人均收入的提升会真正为中国医药产业的腾飞奠定基础。

（三）冲云破雾勇争先，把握医疗产业关键要素

生物医药产业是关系国计民生的重要产业，是健康中国建设的重要基础。如今，生物医药已经成为科学家创业、投资人追捧的热点，成为地方经济发展的重点关注领域。"十三五"期间，中国批准上市的新药数量占到全球的 14.8%，本土企业在研新药数量占全球的 32.3%。2021 年，中国新启动的核心临床试验数量已经超过欧盟，仅次于美国。中国发展生物医药，有人口多、市场规模大、临床试验成本低、选择受试者相对容易的优势，但也存在研究基础薄弱、市场承受能力有限等劣势。目前，我国在发展医疗健康领域需要突破的瓶颈有以下几方面。

第一，创新药临床价值不足。创新药不能一味地追求价格，需要有其独特的临床价值，首先要解决未被满足的临床需求，也就是无药可医的急需，围绕这个目标的创新，才是成功的药。这提醒我们，面向医疗刚需、以人民健康为中心的产品才是未来真正的需求。而在新靶点、新化合物、新作用机理的原创新药相对较少的国内，真正具有独特价值的好药寥若晨星。

第二，高端医疗器械技术瓶颈。我国医疗器械主要以生产中低端产品为主，而市场高端

（1） 联合国 1951 年开始发布全球人口官方估计和预测，《2022 年世界人口展望》是其第 27 版。本文所列出的估计数据是根据 237 个国家或地区的人口规模和生育率、死亡率和国际移徙的所有现有数据来源得出的。更多详情请访问 https://population.un.org/wpp/Publications/。

产品主要被外资占领，造成这一问题的主要原因是国内高端医疗器械技术先进度和稳定性与国际巨头相比仍有差异，此外，国内厂商的价格虽然较低，但是作为需求方的医院往往更加注重尖端程度和医生习惯。如今，为促进创新和解决"卡脖子"技术等问题，政策鼓励采购国产医疗器械，国产替代有望加速发展。

　　第三，整体医疗资源不均衡。随着人口老龄化和发病年轻化的时代到来，广大人民对疾病治疗的需求在提升，而医疗资源则高度集中在主要的大城市（见图2），这就造成了需求和供给的错位。因此通过技术、渠道等方法提升基层卫生服务能力，解决广大人民群众看病难、看病贵等实际问题的策略应当尤为关注。

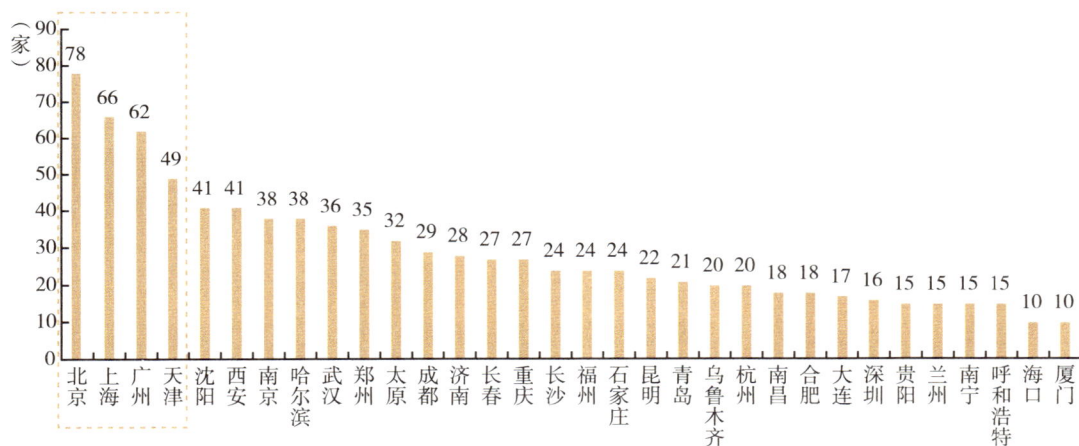

图2　全国重点城市三甲医院数量

资料来源：国家统计局。

　　第四，价格和专利保护机制不充分。20世纪90年代时，研发一种新药平均需要10年的时间，投入10亿美元，现在要高出很多。真正的创新药产业，是"九死一生"。对这种高失败率的产业，应该允许企业一旦成功，能享有高额盈利，这样才会有人愿意坐冷板凳搞研发，

　　才会激发人们创新的积极性，才会有创新型国家生物医药建设。如果没有一个良好的价格机制，生物医药的专利保护和数据保护，也就没有了意义。

　　因此，针对目前国内医疗健康产业面临的问题，可以更加有针对性地安排适合的投资策略。

二、以史为鉴：兼具长期增长潜力与防御能力的优秀赛道

（一）风雨二十年，全球医疗巨头们的强大护城河

　　对比 2000~2020 年 TMT 行业与生物医药行业全球营收前 10 企业的变化，不难发现，TMT 行业仅剩 IBM 公司（见表 2）仍榜上有名。而在生物医药行业，全球医疗巨头的格局变化不大，医疗行业极深的"护城河"构筑起各家企业的稳固地位。

　　单从生物医药领域来看，全球的生物医药企业都有足够的"护城河"去实现和保护利润。生物医药作为一种最先进的创新药，它的"护城河"逻辑是大医药赛道里最强的，因为它不仅享受着和传统药品一样的专利期保护，而且研发的难度和成本都比传统的化学药高，一旦研发成功，将获取更可观的利润。以阿达木单抗为例，美国的生物医药企业艾伯维每年单靠这一款药就能卖 200 亿美元，2003 年上市以来累计销售额已接近 2000 亿美元，这除了说明赛道的需求足够大之外，也说明优质的生物医药企业有足够的"护城河"。

（二）万事信用先，医疗行业历史上的违约率最低

　　医疗行业存量信用债券总量偏低，以公司债与中票为主要类型，信用等级中枢在 AA+ 级及以上。从存量信用债券主体级别来看，存量债券的发行主体评级以高等级为主，主体评级为 AA+ 级的债券数量占比为 51%，规模占比为 40%。

　　医疗保健是中国债券违约率最低的行业，按 Wind 统计，2015~2021 年共 21 只医药行

表 2　2000 年和 2020 年 TMT 行业与生物医药行业全球营收前 10 企业

单位：10 亿美元

世界生物医药公司 Top10				世界 TMT 公司 Top10			
2000 年		2020 年		2000 年		2020 年	
公司	当年营收	公司	当年营收	公司	当年营收	公司	当年营收
辉瑞	13.15	强生	56.1	IBM	87.55	苹果	260.17
葛兰素史克	22.04	辉瑞	51.75	AT&T	62.39	三星	197.71
默克	16.49	罗氏	49.23	SBC	49.49	富士康	178.87
阿斯利康	14.23	诺华	47.45	惠普	48.25	Alphabet	161.86
百时美施贵宝	13.28	默克	46.84	康柏电脑	38.53	微软	125.84
诺华	12.41	葛兰素史克	44.27	朗讯科技	38.30	华为	124.32
强生	12.36	赛诺菲	40.46	世通	37.12	戴尔	92.15
安万特（赛诺菲收购）	11.31	艾伯维	33.26	贝尔大西洋	33.17	日立	80.64
法玛西亚（辉瑞收购）	10.25	武田制药	30.52	摩托罗拉	30.93	IBM	77.15
美国家庭用品（辉瑞收购）	9.57	上海医药	26.69	英特尔	29.39	索尼	75.97

资料来源：Wind。

业债券出现违约，违约债券规模 243.06 亿元，仅占违约债券总金额的 5.07%。

长期来看，新医改加速推进，成效显著，一系列鼓励和规范医药创新的政策相继出台，信息化将成为医疗服务改革新的突破点，"强化监管""控费降价"和"医药创新"仍是医疗改革重点。近两年来，医药行业受疫情的催化较为显著，但并未改变行业长期发展趋势，预计未来医疗领域的信用质量将持续保持稳定。

（三）抗跌能力强，历史性股市调整中医疗板块波动最小

在美国，2000 年以来美股 4 次大跌（见表 3）中生活日常消费与医疗保健为最强抗跌板块（见图 3），而科技网络泡沫破裂和 9·11 事件几乎没有给医疗板块带来什么影响。尤其是近两年来市场一直震荡，但是受到新冠肺炎疫情的影响，生物医疗行业得到了长足的发展，相关企业的股票市值大幅增加，在这个世界经济衰退的背景下选择抗跌能力较强的生物医药行业确实是一个相对较好的选择。

表 3　美国历史上重大事件和股市反应

类型	事件	时间起始	单周最大跌幅	下跌期	急跌后市场表现
危机型	2000 年科技网络泡沫破裂	2000.3.10~2002.10.9	25%	两年半	震荡下跌近半年，股指继续下跌 34%
	2008 年金融危机	2007.10.19~2009.3.6	18%	一年半	继续下跌 5 个月，跌幅达 21%
冲击型	2001 年 9·11 事件	2001.9.17~2001.9.21	11%	1 周	反弹两个月，涨幅 21%，之后走熊
未知	2020 年新冠肺炎疫情	2020.2.24 至今	12%	—	发生四次熔断，累计跌幅达 29%

资料来源：根据公开资料整理。

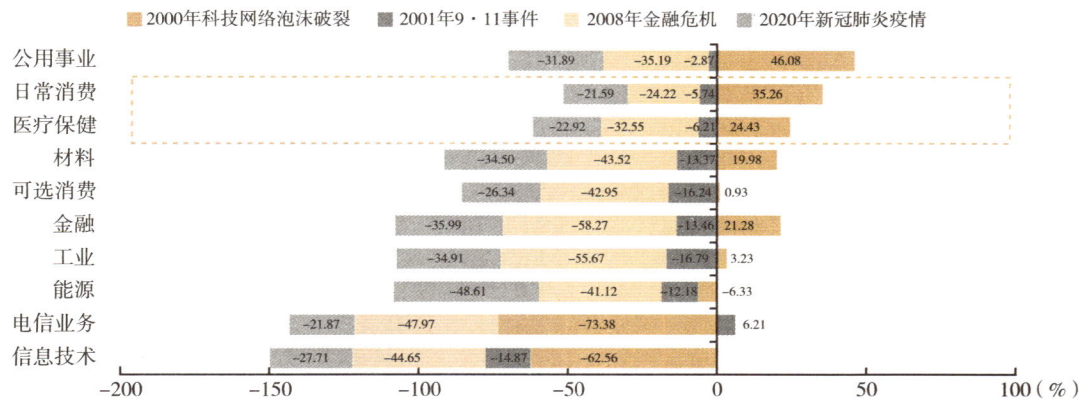

图3　美国历史上重大事件和分行业股市反应

资料来源：Wind。

在中国，2011年1月1日至2020年12月31日，涨幅超过10倍的共有18家公司，生物医药是出现10倍股最多的行业。生物医药属于大消费和大科技双重属性的赛道，是大家公认的穿越周期的行业。从整个医药行业的收益来看，过去10年上涨157%，过去5年上涨61%，它的优势在于稳定，而不是收益的弹性。未来10年，整个医药行业仍然处于上行周期，核心是人口老龄化＋技术创新＋国产替代＋供给稀缺。此外，医药行业是最具稀缺价值的行业之一，行业中能够10年翻10倍的股票基本都具有相当的稀缺性，比如通策医疗，近10年股价翻了27倍，因为它是A股唯一一家口腔医疗上市公司。再比如恒瑞医药，近10年翻了12倍，因为它自主研发了近50款专利创新药，研发能力在全国遥遥领先。

三、千古一时：中国医疗健康产业面临重大机遇

近年来，随着科技创新体系建设的不断完善，中国医疗健康产业技术研发能力快速提

升，评审制度不断完善，逐渐迈进高端市场，在基础研究、技术创新等方面均取得了重要成果，部分领域已接近或达到世界先进水平。我国已迎来生物医药领域从跟跑向并跑、领跑转变的重要机遇期。

（一）基础研究厚积薄发，成果转化海阔天高

1. 政府资金与社会资本多方助力医药创新

政府资金层面，"国家重大新药创制"科技重大专项于 2008 年启动，至 2020 年收官。中央财政共投入 233 亿元对超过 3000 多个课题进行支持，针对 10 类重大疾病的自主创新品种开花结果；社会资本层面，我国医疗领域 VC/PE 基金投资额也从 2011 年的约 126 亿元增长至 2021 年的 2192 亿元（见图 4）。

图 4　2011~2021 年中国医疗健康产业投融资变化趋势

资料来源：根据公开资料整理。

2. 医疗创新能力与创新可及性接轨国际

近 10 年来，中国 NDA 上市产品累计达 436 款，以进口产品为主，占比达 76%。国产

药品数量自 2016 年开始明显增加，从 7.7% 增长到 2021 年的 32.5%（见图 5）。[1] 根据核心临床趋势，未来几年仍然有大批国产药品即将申报上市。

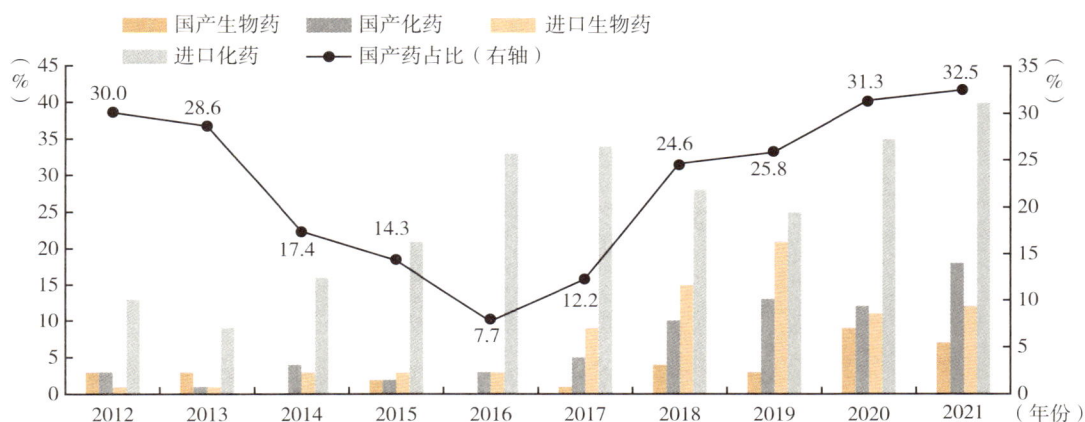

图 5　2012～2021 年中国 NDA 产品分布

资料来源：根据公开资料整理。

　　在过去 10 年中，国内新药研发的深耕细作也迎来了收获期，一批 Biotech 不断成长为具备商业化能力的 Biopharma 企业，以 License-out 为代表的出海交易频现。以荣昌生物 HER2 靶向的 ADC 药物维迪西妥单抗为例，其授权交易总额高达 26 亿美元（见表 4），位居国内新药授权出海交易金额之首。

（1）　NMPA 审评报告（2021 年）。

表 4 中国创新药海外授权交易 Top10（按交易额）

单位：亿美元

时间	转让方	受让方	交易项目	首付款	交易额
2021 年 8 月	荣昌生物	Seagen	维迪西妥单抗	2.00	26.00
2021 年 1 月	百济神州	诺华	替雷利珠单抗	6.50	22.00
2020 年 9 月	天境生物	AbbVie	Lemzoparlimab	1.80	19.20
2017 年 7 月	百济神州	Celgene	替雷利珠单抗	2.63	13.93
2020 年 10 月	基石药业	EQRx	CS1001、CS1003	1.50	13.00
2021 年 2 月	君实生物	Coherus	特瑞普利单抗	1.50	11.10
2015 年 10 月	信达生物	礼来	3 个肿瘤免疫治疗双特性抗体	未披露	10.00
2021 年 7 月	诺诚健华	Biogen	奥布替尼	1.25	9.37
2017 年 8 月	誉衡药业	Arcus Bioscience	赛帕利单抗	0.18	8.16
2021 年 6 月	艾力斯	AriVent Biopharma	优美替尼	0.40	8.05

资料来源：根据公开资料整理。

另外，随着以"患者获益"为核心的创新药不断获批，我国癌症患者 5 年生存率显著提高，10 年期间提升约 10 个百分点，从 2009 年的 30.9% 提高至 2019 年的 40.5%（见图 6）。

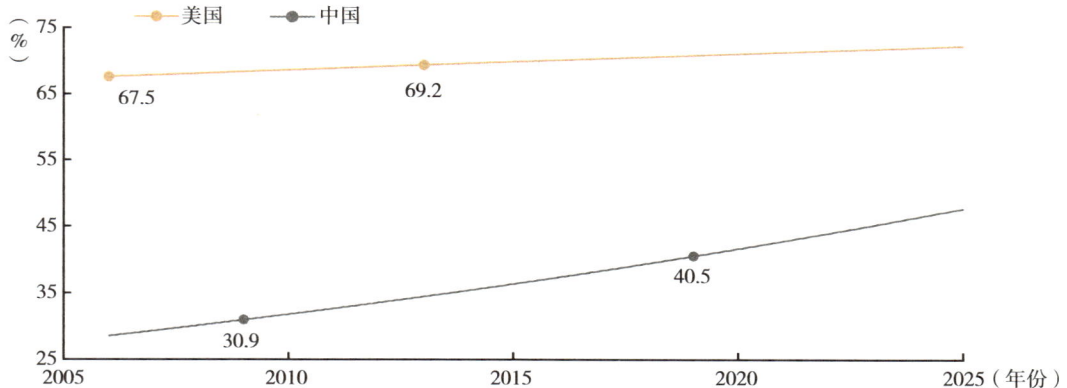

图 6 中美 5 年癌症生存率变化趋势对比

资料来源：中国国家癌症中心、美国癌症协会。

此外，我们也应客观认识到在医药领域我国与发达国家之间的差距，目前进口新药仍占每年获批新药的近 2/3，美国癌症患者 5 年生存率高达 69.2%，相较之下我国医疗仍有很长的发展道路要走。本文从研发投入、知识产权转化及孵化转化支持三方面与发达国家进行比较。

（1）研发投入

从总量看，中国研发投入资金可观，仅次于美国。从 GDP 占比看，略低于欧美等生物医药发达国家（地区）约 3% 的占比。"十三五"期间，我国进一步加大了对生物技术、生物医药、生物产业的科研投入，布局了国家重点研发计划"精准医学研究"重点专项、"数字诊疗装备"重点专项、"干细胞及转化研究"重点专项、"生殖健康及重大出生缺陷防控研究"重点专项、"生物安全关键技术研发"重点专项等，仅前两年投入资金就相当于整个"十二五"期间的投入总额。据统计，2022 年，我国新药研发投入高达 280 亿美元（见图 7），占全球药物研发投入的 10%，预计未来仍将保持增长态势，增速也将远超全球平均增速。在如此巨大的投入之下，中国医药的发展也取得了长足的进步。

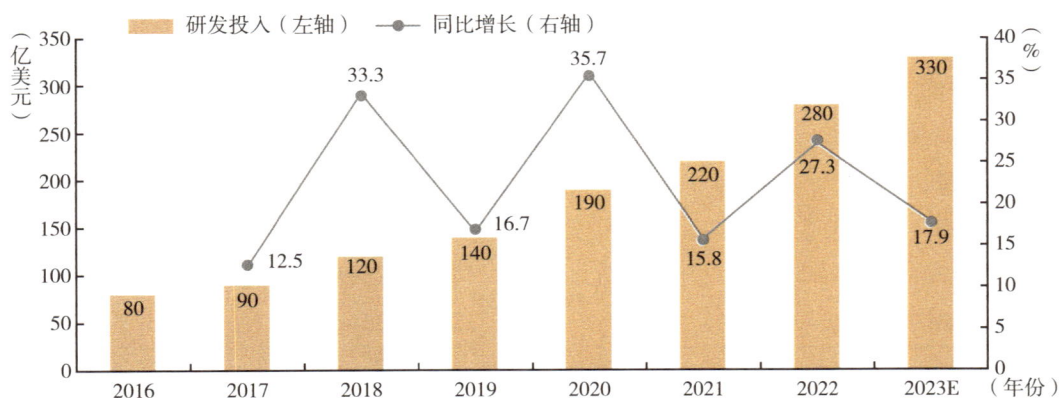

图 7   2016~2023 年中国医药行业新药研发投入情况

资料来源：根据公开资料整理。

（2）知识产权转化

在专利占比上，中国医药创新相关专利申请和授权数量占中国专利总量的比重不足 7%，与英美 15%~20% 的专利占比相比仍有不小的差距。同时，在专利转化上，虽然我国专利产出量较大，但真正实现产品化及商业化的科技成果占比是比较低的。数据显示，在 735 所受访高校和 381 所受访科研单位中，有效发明专利的实施率分别为 14.7% 和 28.9%，低于美国的 37% 的专利转化率。

（3）孵化转化支持

2016~2020 年，投资于中国各阶段医药和生物技术项目的风险投资累计已超过 230 亿美元，但用于基础研究成果产业转化和概念期项目孵化 / 种子 / 天使资金的占比仅为 0.5%，交易数量占比为 7.4%（见图 8），在早期孵化领域，无论是支持数量还是绝对金额均远落后于欧美发达经济体。在支持原始创新方面，我国仍有很大的提升空间。

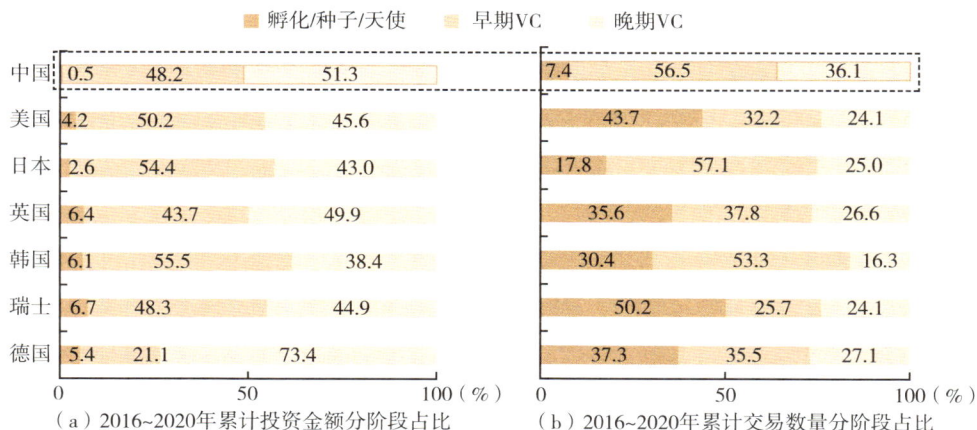

图 8　2016~2020 年各国早期投资金额和交易数量占比

资料来源：OECD。

（二）审批机制看齐欧美，源头创新时移世易

1．中国医药产业历史性变革的拐点：药政改革

2015 年开始的药政改革（相关措施见图 9）大大加速了中国生物新药的研发，打击了数据造假，解决了审评积压问题，提高了仿制药和新药标准，精简了审批流程，加快了药物审批速度，鼓励支持创新，一步步与国际接轨，国家药品监督管理局《2019 年度药品审评报告》的数据，足以说明药政改革取得了极大的成效。审评积压的现象大大好转：排队待审的注册申请已经由 2015 年高峰时期的 2.2 万件降低至 2019 年的 4000 多件，自 2018 年起 90% 以上的注册申报均按时限审评（60 天默示许可制度）。

然而一些公司通过海外兼并成功获得了高端医疗设备的相关技术，设备开发也随之本土化。但是，要想获得设备的国内注册证书，在中国境内销售，仍然需要几年时间。公司需要将设备出口到美国，然后再进口回中国。由于烦琐而漫长的审批过程，一些企业已经放弃了在国内市场的销售，而专注于在海外市场的扩张。即使一些企业的产品已经在欧盟和美国注册，如果企业想在中国销售产品，也需要在中国进行临床试验。相比之下，大多数外国品牌并没有遇到这样的要求。漫长的审批时间使一些公司难以转换其投入大量资金的技术，从而可能导致其破产。

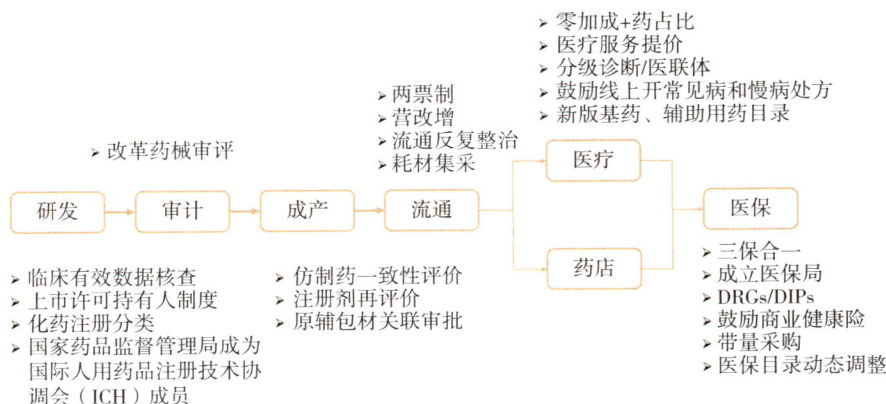

图 9　2015~2022 年我国药政改革主要措施

资料来源：国家药品监督管理局、建信北京生物医药组。

由于中国医疗器械行业起步较晚，加上技术沉淀和积累不足，行业内大部分企业规模较小，无法承担高额成本。为应对新冠肺炎疫情的突然发生，国家药品监督管理局启动了紧急审查，出台了更为及时的医疗器械审批程序，批准了大量疫情防控所需的医疗器械。但是，创新医疗器械审批周期长的问题还没有得到根本解决。

2．中国医药产业发展的下半场：源头创新

回看中国生物医药行业，2015~2020 年中国构建了完整的医药创新生态系统。2020 年，中国医药研发实现了从第三梯队"跟跑"到第二梯队"并跑"的跨越。展望 2023~2027 年，中国医药创新在社会经济发展中的战略性更加显著。从"追赶"到"并行"，中国医药产业的"角色转换"仅花了 5 年的时间，"同质化／追随式创新"完成了阶段性历史使命。而在未来 5 年甚至 10 年的时间里，以源头创新为起点的部分中国代表性药企已进入国际化征途，以源头创新为主导的"内核式创新"将决定下半场的发展走向。中国的医药产业已经抓住了历史机遇，假以时日，这片土地上将结出更加丰硕的果实。全球和中国医药创新研发上市情况见图 10。

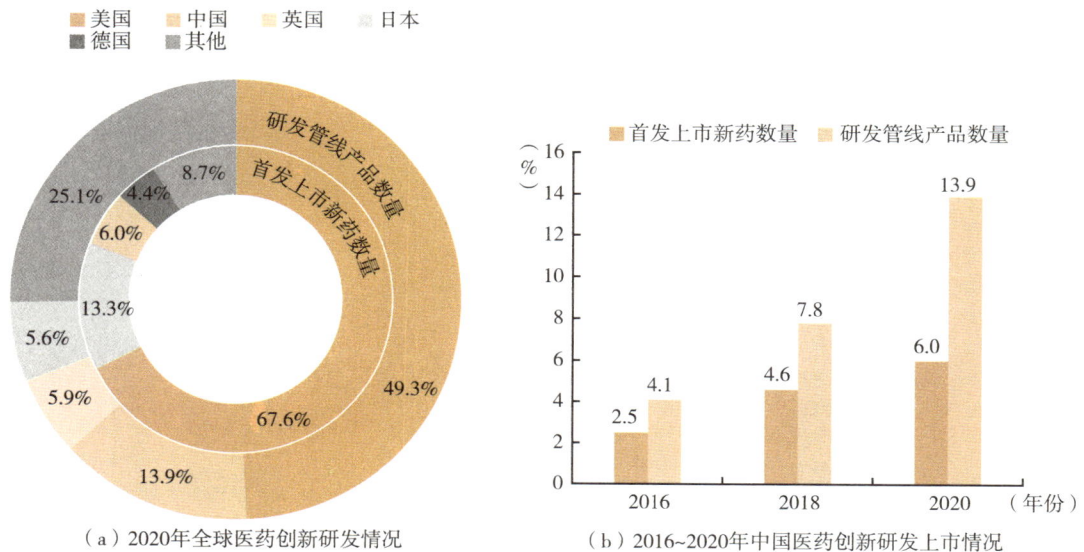

（a）2020年全球医药创新研发情况　　（b）2016~2020年中国医药创新研发上市情况

图 10　全球和中国医药创新研发上市情况

资料来源：根据公开资料整理。

（三）国产替代如火如荼，高端市场初见端倪

历史上我国的高端医疗器械市场长期被外资企业垄断。垄断不仅促使医疗设备和服务的价格水平提高，还形成了严重的专利门槛。此外，中国人的日常体检和影像诊断数据也存在向其他国家泄露的重大风险。由于高端医疗设备技术的复杂性、研发的重大投入以及更新换代的困难，中国的高端医疗产业起步较晚，目前仍落后于跨国公司。因此《"健康中国 2030"规划纲要》《"十三五"医疗器械科技创新专项规划》等政策明确至 2030 年 /2050 年，医疗器械国产化率要提升至 60%/80%（见图 11）。

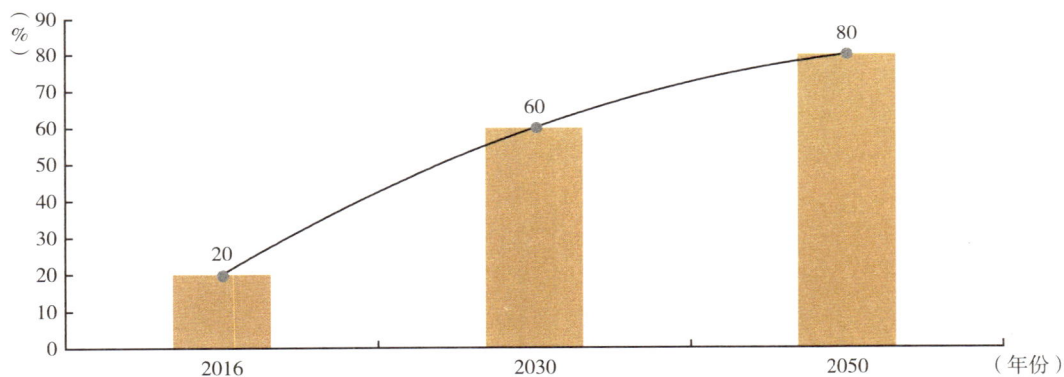

图 11　中国医疗器械国产化率变化趋势

资料来源：根据公开资料整理。

客观地说，在产品质量、规模和效率方面，中国和外国的高端医疗设备企业仍然存在很大的差距。根据中国医学装备协会的数据，中国排名前 10 的企业中有 7 家是跨国企业。2020 年，中国医学装备协会连续五次发布《关于推荐新冠肺炎疫情防治急需医学装备的通知》。在呼吸机、除颤器、医学影像设备等方面，名单中推荐的国外企业供应商占比较高。中

国呼吸机市场规模逐渐扩大，但国产呼吸机的市场份额仍然较低。此外，呼吸机的战略供应也被认为是不足的。此外，可以看出，七家 ECMO 供应商中只有一家是中国企业，说明跨国企业对急救设备的垄断并没有完全改变。

此外，中国医疗器械市场的发展周期要晚于药品行业，但同时，目前也正在享受医疗器械行业早期发展的高增长红利。2016~2020 年，二类 / 三类医疗器械进口替代尚不充分，后发优势和需求潜力大，行业天花板较高。

2021 年中国医疗器械生产企业达 28278 家，同比增幅达 6.85%。医疗器械销售总收入约为 2033 亿元，同比增长 13.8%。而与此同期的中国药品销售总额同比仅增长 7.68%（见图 12）。中国医疗器械销售额过去五年年均增幅约为 27.3%，远高于全球 5.0% 的平均水平。

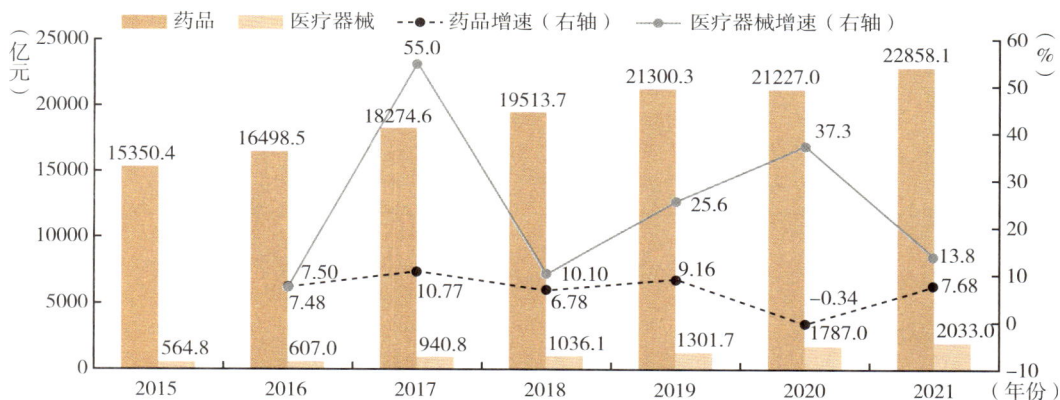

图 12　中国药品和医疗器械销售额及增速

资料来源：商务部：《药品流通行业运行统计分析报告》。

如上所述，中国药械比低于全球和发达国家平均水平，这与我国中高端医疗器械发展较晚、过去长期依赖进口以及高值耗材、体外诊断、医疗设备临床普及率和患者可及性较低不无关系。未来技术创新、国产替代、国产品牌海外扩张将成为我国医疗器械企业的长期发展趋势。对此，我国政府也对国产医疗器械产品给予了大量政策倾斜。

图 13 中纳入国产替代率统计的药械领域主要为具备高附加值的产品方向，亦为我司生物医药组重点关注投资领域。不难看出，高端影像诊断设备、内窥镜、IVD 化学发光及多数高值耗材领域均存在巨大的国产替代空间，其中不乏已经崭露头角的国内创新型高端器械企业。

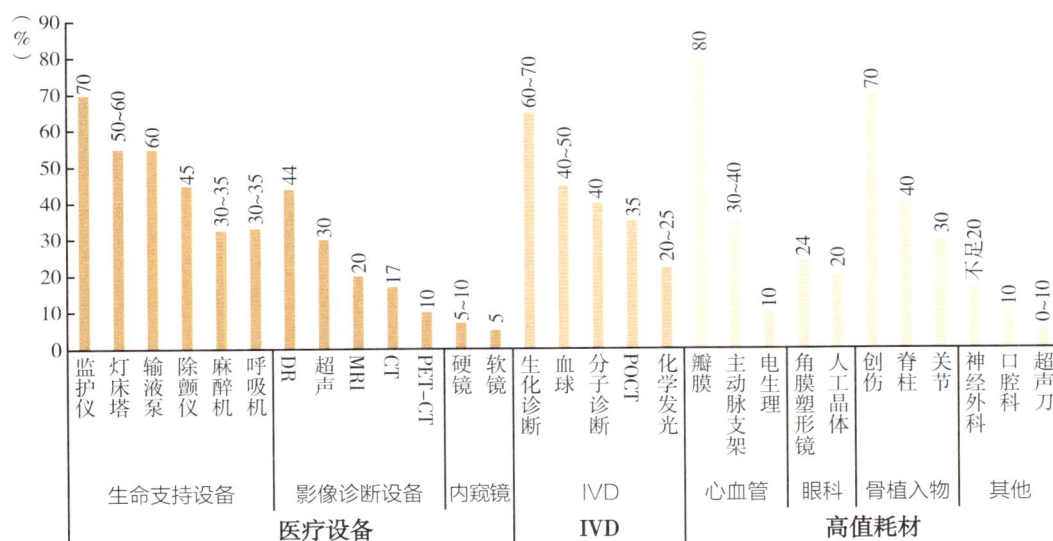

图 13   中国医疗器械国产替代率

资料来源：根据公开资料整理。

（四）医疗水平倍道而进，分级诊疗崭露头角

在过去 10 年中，我国在减少与产妇、新生儿和传染病有关的疾病和风险负担方面取得了重大进展。例如，我国的婴儿死亡率从 2010 年的 13.1‰下降到 2019 年的 5.6‰。同样，病

毒性肝炎、麻疹和疟疾等常见传染病的发病率也都大幅下降。然而，随着人们寿命的延长，慢性病的负担也在上升，成为我国医疗政策关注的一个重要焦点。截至 2018 年，我国估计有 2.7 亿人患有高血压，截至 2020 年，有 1.164 亿人患有糖尿病。截至 2017 年，高血压、吸烟、高钠饮食和空气污染是我国最大的四个健康风险因素和过早死亡的主要原因。2013 年、2018 年中国调查地区居民慢性病患病率见图 14。

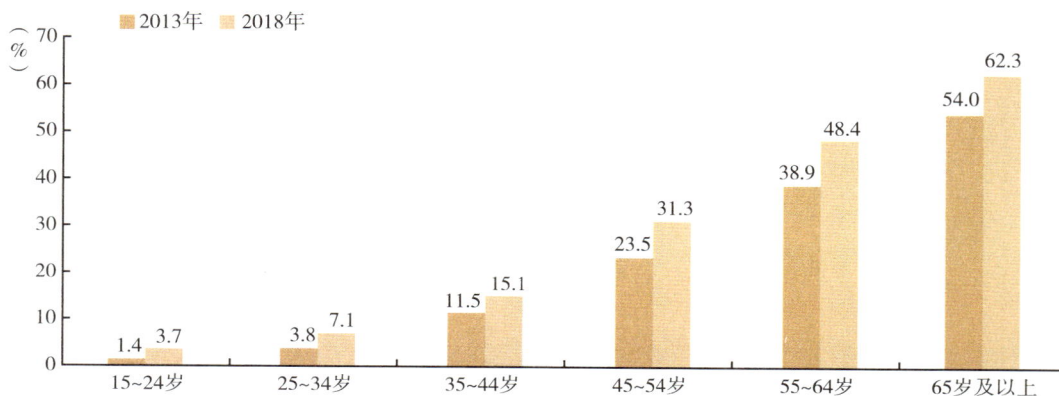

图 14   2013 年和 2018 年中国调查地区居民慢性病患病率

资料来源：《2013 中国卫生统计年鉴》《2018 中国卫生健康统计年鉴》。

　　然而，我国的医疗系统仍没有足够的能力来处理日益增长的慢性病负担。目前，中国的医疗体系过度依赖城市大型医院提供的医疗服务，而本应在慢性病管理中发挥重要作用的基层卫生服务机构却没有得到充分利用。2009 年新医改颁布以来，政府长期以来一直试图提升基层的疾病预防与基础疾病治疗能力，希望借此向我国的庞大人口提供最具效率的医疗服务。然而，基层全科医生，尤其是农村地区的医生，通常接受的培训较少，因此不太受病人信任，即使是相对较小的疾病，如发烧和头痛，人们也宁愿去城市医院。此外，由于我国医疗机构可及性较高，因此更多的患者可以自己选择医疗质量较高的医院，这导致城市医院人满为患。

　　我国的医院只占卫生服务单位的一小部分（截至 2021 年为 2.62%），却处理了所有诊疗人次的 44.63%。虽然三级医院只占所有医疗机构的 0.32%，却接待了中国 26.90% 的诊疗人次（见表 5）。经过"十三五"时期的建设和发展，基层首诊有效推进，截至 2020 年底，重点人群的家庭医生签约率从 2015 年的 28.33% 增加到 2020 年的 75.46%，全国县域内就诊率已经达到 94%，比 2015 年同期增长 10 个百分点。双向转诊更加有序，特别是患者下转的人次逐年增加，年均增长率达到 38.4%。急慢分治初见成效。[1]

表 5　2021 年我国医院数量与诊疗人次

分类	数量（家）	占比（%）	诊疗人次（亿人次）	占比（%）
三级医院	3275	0.32	22.3	26.90
二级医院	10848	1.06	12.5	15.08
一级医院	12649	1.24	2.2	2.65
基层医疗卫生机构	977790	95.76	42.5	51.27
专业公共卫生机构	13276	1.30	—	—
其他机构	3299	0.32	3.4	4.10
合计	1021137	100.00	82.9	100.00

资料来源：《2021 中国卫生健康统计年鉴》。

四、两端两头：医疗健康产业投资策略

　　自 2021 年下半年以来，从资本市场而言，我国医疗产业进入调整周期，本质是美国生物医药行业经历较大的繁荣周期后的调整叠加货币紧缩周期的影响，对港股市场情绪造成极大冲

（1）　2021 年 7 月 23 日国家卫健委新闻发布会。

击。港股市场于医疗产业而言，既是国际资本市场的前哨站，也是国内资本活跃度的风向标，这次冲击更像"阶段性的资本冷静期"，而非国内医疗产业本身发展的经济周期。原因无他，现阶段我国医疗产业已经有了长足的发展，目前仍处于产业转型升级的黄金发展期，基本面未发生根本性变化。基于上述判断，我司对中短期及中长期投资机会分析如下。

考虑到现阶段资本市场信心较为脆弱，中短期项目重点考虑同时具备产品力与商业化潜力或在重点投研覆盖领域已实现初步临床验证的标的。这一策略将确保标的项目收获足够市场信心与估值支撑。另外，对于中长期项目，以真实需求驱动的大市场机会和具备源头创新价值的科研成果孵化仍是长线布局的最优选择。

（一）中短期机会

标的画像 1：脚踏实地、具备产品力与商业化潜力的成熟企业。

标的画像 2：布局前沿、在细分领域实现初步临床验证的龙头企业。

（二）中长期机会

标的画像 1：需求驱动：聚焦未被满足的大病种、大人群市场机会的项目。

标的画像 2：科研高地：孵化顶层科研院所高质量科研成果转化的项目。

（三）更长期的未来

面对未来的生物医药行业面临的机会，我们充分考虑成功企业的创业经验以及中国特殊的国情来建立适合的投资逻辑。

参考港交所"18A"政策的制定逻辑，该政策 2018 年 4 月正式开始执行，是 24 年来最大的港股上市制度改革。众所周知，生物医药研发寻找有效靶点难、临床试验周期长、研发成本极高，是一项偏长期的风险投资，需要政策、医疗制度、资本市场等多方位支持。而在资本市场端，2018 年港交所"18A"政策的推出，无疑催化了本土创新的迅速发展。

而港交所推出"18A"政策的核心逻辑在于四个方面。第一，生物医药企业创始团队多为高学历高素质人群，项目产生问题风险的可能性相对较少。第二，生物医药公司上市前多会申请专利保护，专利不但可以体现公司产品的核心价值，也可以提高公司所处赛道的行业壁垒；此外，针对专利的价值具有较为广泛的评估逻辑和量化方法，这对于提升公司估值有帮助。第三，生物科技公司往往需要在上市前审批，而我国对于生物医药的临床试验是分阶段审批的，各阶段的临床批件是纯科学的文件，对公司的产品从客观疗效上进行描述和评估，此外对于不同阶段的产品也可以借助临床进度进行方便和科学的估值。第四，由于生物医药的投资门槛高，因此市场上有许多专业的生物医药投资机构，借助其他机构的研判和逻辑可以对公司进行估值。

借助港交所"18A"政策的核心逻辑，我们构建了属于我们自己的医疗健康的投资逻辑，总结而言是"一大一小，一高一低"的两端两头。

一大是指大病种大人群。此类业务具有良好的市场空间和投资热度。例如，肺癌、肝癌等大的癌症疾病早筛与基因测序，针对癌前征进行早干预早治疗的手段与技术，此外，免疫疗法、靶向疗法等前沿新兴疗法也是需要一直关注的重点。从医疗服务角度分析，随着发病人群年轻化和人口老龄化趋势的加重，针对儿童和老人的医疗服务与健康管理将成为重点布局的赛道。

一小是指前沿的新兴疗法。我们应该重点关注那些尚未得到满足的医疗需求。例如，针对癌症的细胞免疫疗法或者具有临床应用前景的骨科植入耗材等。此类疗法虽然目前尚未成熟，但是在未来有望给目前难以治疗的疾病带来新的可能，或者替代现有方法成为治疗方法的主流。

一高是指目前高等院校的科研高地。依托北京、上海、广州等地最好的高校、科研机构或者医院，瞄准其中具有潜力的科研成果进行科研转化，尤其是在医院中诞生的科研成果，往往是从一个实际的临床问题入手，本身就具有较高的潜在应用价值，这也给未来产品带来了潜在的市场。例如，医生为了解决临床问题自研的科研管理系统和创新的手术仪器等，随着科技的进步和学科交叉的逐渐深入，在生物医学、医学工学、医学物理、医学信息等交叉学科中诞生的成果不容忽视。

一低是指潜在的细分行业龙头企业。这些企业目前可能还没有崭露头角，其原因有多方面，如产品处于早期验证阶段或者目前还没有得到市场充分认识等，但是其独特的商业模式或强大的产品管线很有可能在未来成为细分行业龙头，这类公司需要机构的长期陪伴，因此需要对其弱项进行细致的评估，参照"木桶理论"，结合机构自身的优势，辅助其"趋利避害"，成长为行业龙头。

随着时代的变化，投资者更要灵活调整自身投资逻辑，在准确把握人口老龄化、发病人群年轻化和医疗服务消费升级三大确定性的未来需求趋势下（见图 15），做出最有利于基金配置的决策。

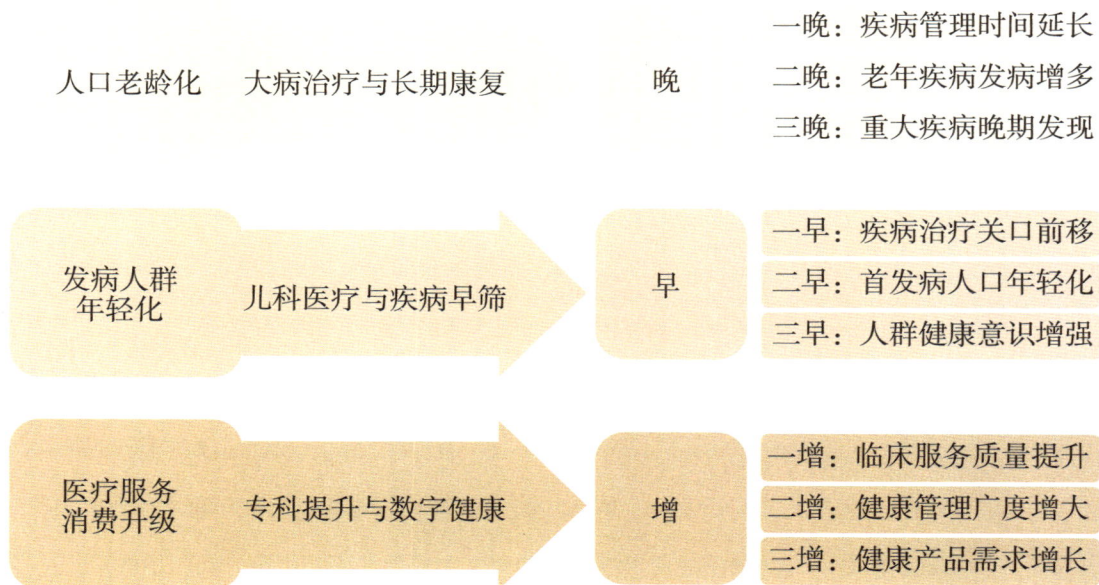

人口老龄化	大病治疗与长期康复	晚	一晚：疾病管理时间延长 二晚：老年疾病发病增多 三晚：重大疾病晚期发现
发病人群年轻化	儿科医疗与疾病早筛	早	一早：疾病治疗关口前移 二早：首发病人口年轻化 三早：人群健康意识增强
医疗服务消费升级	专科提升与数字健康	增	一增：临床服务质量提升 二增：健康管理广度增大 三增：健康产品需求增长

图 15　医疗健康领域的未来趋势

资料来源：建信北京生物医药组。

（建信北京生物医药组　王邦源、李泽西
建信信托研究部　郑　栩）

内外循环引领中国制造迈入
中国品牌时代

新中国成立 70 多年来，我国消费市场规模持续扩大，消费结构转型升级对满足人民美好生活需要起到重要作用。党的十八大以来，改革开放进一步深化，供给侧结构性改革持续推进，新业态继续快速增长，新商业模式蓬勃发展，国内市场发展的活力持续释放。消费对我国经济增长贡献率快速提升，在很大程度上有效弥补了投资拉动经济的边际效益递减、外贸增长放缓等不利局面。随着我国居民收入的增长，信息消费、绿色消费、文化消费、个性化消费等新消费将迎来蓬勃发展期，我国消费经济增长空间与潜力较大。未来，消费仍将是我国经济迈向高质量发展的重要支撑，在中国经济格局中占据核心地位。大众消费行业作为一个永不过时的行业，将会孕育更多的投资机会。

一、消费时代的磅礴大潮

近十几年中，国内国际经济社会发展呈现新的态势。在国内，社会主要矛盾已转变为人民日益增长的美好生活需要和不平衡不充分的发展之间的矛盾，因此消费引领对经济增长的拉动作用愈发重要，从而对供给侧的创新发展提出更高要求。国际上，世界经济格局和全球治理体系迎来重大变局，出现一系列新矛盾、新挑战、新机遇，而 2020 年全球突发的新冠肺炎疫情也直接影响了世界经济的发展格局并引起各经济体的不同反应，使世界百年未有之大变局又增添了新的不确定因素。

（一）只待新雷：中国即将成为全球最大的消费市场

目前，我国是世界第二大经济体和第二大消费市场。近年来，我国市场消费规模一直保持较快增长态势。2019 年，我国社会消费品零售总额突破 40 万亿元（见图 1），消费已连续 6 年成为经济增长的第一引擎。我国消费结构升级与全球市场的对接，将为全球经济增长注入强大的正能量。随着 RCEP 的签署、《中欧双边投资协定》谈判如期完成，未来几年我国 14 亿人强大消费市场潜力的释放，将为贸易伙伴的经济增长带来新的机遇和空间。据麦肯锡公司预测，到 2030 年，中国城市居民将贡献全球消费增长的 91%，全国 700 个城市将为全球城市消费增长贡献 7 万亿美元，贡献率达 30%，届时中国将成为全球第一消费大国。

图 1　中国社会消费品零售总额及同比增速

资料来源：根据公开资料整理。

消费逐渐成为推动中国经济发展的重要原动能。众所周知，牵引经济增长的"三驾马车"是消费、投资与出口。自 2001 年中国加入世贸组织以来，投资和出口一直被视为推动经济发展最重要的两个支柱。但随着中国经济腾飞，中国居民收入提高，投资和出口对经济的拉动作用放缓，消费的作用越发重要。2015 年，消费对经济的贡献率首次超过了投资（见图 2）。这种贡献的提升主要来自两个方面，一是人口老龄化的深化使劳动力红利不再，这意味着以投资为先的发展模式面临较大的转变；二是随着居民收入的提高，消费的规模和结构发生了翻天覆地的改变，从最早的"伪造"产品消费时代进入"仿制"产品消费时代。随着时代的进步，我们正处在"品牌"产品消费的时代，这也就是所谓的消费升级。这种成长的力量主要来自消费市场的扩大（消费的金额越来越高）、消费结构的改善（高品质商品占比越来越高）和行业集中度的提高（行业里的竞争者不断变少）。体现在相关企业财务指标上，就是营收、净利润快速增长，公司市值顺利成长，从而拉动经济稳步上行。

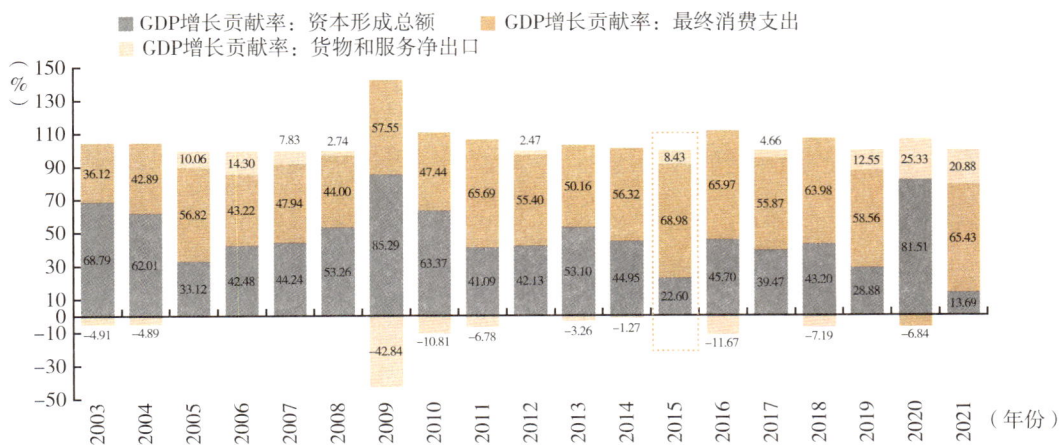

图 2　中国历年 GDP 增长中"三驾马车"的贡献率比较

资料来源：根据公开资料整理。

中国消费带动全球消费市场恢复并实现增长。近十年来，全球市场面临有效需求不足的挑战。2009~2019 年，全球居民最终消费支出年均增长率仅为 3.53%，远低于 2000~2008 年的 7.69%。相反，我国消费市场始终保持了中高速增长。2009~2019 年，我国居民最终消费支出年均增长 12.0%，是同期世界增速的 3.4 倍，是同期美国增速的 3.4 倍。

世界市场对中国消费的依赖性逐步提升。我国是世界上 120 多个国家和地区的最大贸易伙伴。近年来，我国消费对世界消费市场的贡献率明显上升。2000~2008 年，我国居民最终消费对世界消费市场的贡献率仅为 6.5%；2009~2019 年，这一指标大幅上升至 25.9%，上升了 19.4 个百分点，成为仅次于美国的世界第二大消费贡献国。随着我国服务型消费市场规模的快速增长，我国对世界消费市场的贡献率将进一步提升，有望进一步由 25.9% 提升到 2035 年的 30% 左右，成为全球消费市场最大贡献者。

我国消费市场在过去十年中取得了快速发展，有规模大、发展快、渗透深的特点，具有成为全球最大的消费市场的潜力。未来，中国消费潜力的释放与市场的开放，不仅将为我国实现高质量发展提供更大空间，也将为经济全球化注入更多正能量。

（二）万象更新：中国迈入新消费时代

受到经济发展、综合国力增强、人口结构改变、移动互联网普及、文化自信提升、疫情突发等多重因素的影响，我国的消费主体及行为发生了新变化，呈现消费实力强、消费年轻化、追求消费品质、消费理性化等新特点。

1. 消费实力强——国内居民收入的提升

与十年前相比，我国居民消费实力已经获得了明显的提升，全国居民人均可支配收入从 2013 年的 45922.6 元增长至 2021 年的 88765 元（见图 3）。党的十九届五中全会明确指出"要提高人民收入水平"和"强化就业优先政策"，更加突出民生导向，通过稳就业促增收保民生，从根本上提高居民消费意愿和能力。截至 2021 年 4 月底，全国小微企业总数超过

4400 万家，个体工商户总数超过 9500 万家。这些市场主体是吸纳就业的主体。2019 年我国 15 岁以上人口就业率约为 67%，就业率与居民收入和 GDP 直接挂钩。此外，我国中等收入群体庞大，已超过 4 亿人，且这一数字还在不断增加中，蕴藏着巨大的消费转型升级空间。

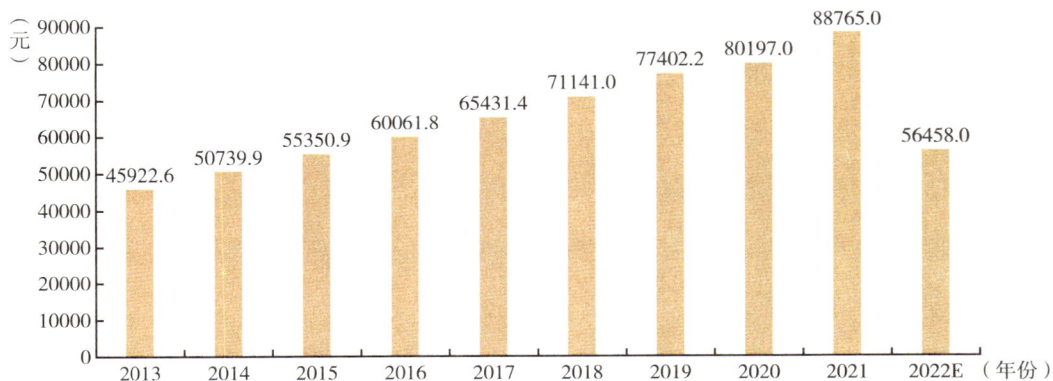

图 3　全国居民人均可支配收入

资料来源：根据公开资料整理。

2. 消费年轻化——"Z 世代"的消费狂潮

互联网的快速发展使人们的生活方式持续改变，作为互联网"原住民"的"Z 世代"已逐步成长起来。"Z 世代"（一般是指 1996~2010 年出生的一代人）约占我国总人口的五分之一，是未来十年中我国的主力消费人群之一。

"Z 世代"人群消费的主要特点就是消费线上化。市场调研数据显示，我国"Z 世代"网民月均上网时间为 174.9 小时，比我国全体网民平均水平多出 24.8%。麦肯锡对近 3000 名中国消费者的调查显示，有 55% 的"Z 世代"消费者将品牌官方社交账号作为重要信息来源，44% 的"Z 世代"消费者将网络博主、网红的意见作为影响购买的三大因素之一。此外，北京师范大学开展的一项调查显示，一半以上的"Z 世代"消费者在收到网购商品后会晒出商品或者评论商品，有 36% 的"Z 世代"消费者愿意向朋友分享线上商品和店铺，这比以往代际人群高出 10 个百分点。

这一人群的另一个特征是追求极致的便携。美团数据显示，对于买菜到家、跑腿闪送、餐饮外卖等半小时级即时配送服务，"Z 世代"消费者也表现出比其他人群显著更高的倾向性。对便利的追求也体现为想要付出更少的体力和精力、轻松享受生活。从未来趋势看，受晚婚晚育、少子化等趋势影响，"Z 世代"中将出现更多单身群体或小家庭，这将使得更多原本可由其他家庭成员提供的服务不得不转变为由社会提供。再加上工作忙、压力大、生活节奏快等因素叠加，"Z 世代"消费者对各类到家便利服务的消费需求将持续增长。

3. 消费品质升——由"剁手族"向"品质族"迈进

在收入水平提高、闲暇时间增多等因素的推动下，人们的消费品质需求从拥有物品、获得服务，更多地转变为追求特定的体验、感受生活的多样性。在购买洗护、美妆、家纺、母婴、保健等商品时喜欢购买国内高端品牌和外国知名品牌。同时，人们开始喜欢购买兼有科技感和设计感的智能家电，如空气净化器、净水器、蓝牙音箱、扫地机器人、各式厨房小家电等。因此，一些企业和品牌推出针对新中产人群的高品质产品和服务取得了很好的营销效果。如 Dyson 吸尘器和吹风机、BOSS 音响等家居产品，Great 高端精品超市，野兽派、roseonly 等有格调的花店等都取得了很好的市场反响。

在休闲方式上，人们愿意在忙碌的工作之余花一部分时间和金钱在休闲活动上。根据福布斯中国的调查结果，44% 的新中产人群一年会旅行一次，而 26% 的新中产人群半年会旅行一次。除了旅行之外，在闲暇时间，新中产人群还喜欢看电影、看演唱会、参加各类展览、运动健身等注重精神文化和自我提升的休闲方式。这其中大部分支出的本质是在购买体验。越来越多的群体拥有这种消费观念，他们追求丰富的人生经历和生活感受，愿意为"获得不同的体验"而买单。

4. 理性占主导——"买精买好"比"买多买贵"更重要

新时代人群在消费行为方面表现出理性务实的特征。人们一方面愿意为更好的消费体验、更高品质的商品和服务支付溢价，一方面也注重价格与价值的匹配，在追求卓越体验的过程中也关注性价比。因此，高品质和高性价比的品牌和商业模式受到新中产人群的喜爱。例如，高性价比品牌 UNIQLO（优衣库）在中国业务迅速拓展，2013 年后的短短 5 年内，门店数量从 225 家快速增长到 660 家。类似地，近几年一些精选电商平台也不断涌现，如网易严选和小米有品等精品电商网站，为消费者提供了高品质、高性价比的产品和配送服务，获得了长足的发展。

（三）拨雪寻春：新发展格局下消费投资迎来新机遇

打造内循环为主体的经济，产业链加速重塑。2020 年以来，习近平总书记多次用到"双循环"一词，即要加快形成以国内大循环为主体、国内国际双循环相互促进的新发展格局。双循环新发展格局将成为"十四五"期间我国经济发展规划的核心政策导向。在疫情、贸易摩擦、产业链重塑等多重因素叠加下，中国经济发展思路从"两头在外"的国际循环，发展到国内国际双循环相互促进的新发展格局，国内大循环是主要动能和战略基点，渠道、技术、品牌将回归国内市场。我国当前已涌现出元气森林、泡泡玛特等新消费品牌，国货品牌有望快速崛起。

不断厚植内需发展基础，激发国内消费潜力。中国经济进入新常态，驱动经济发展的引擎发生变化。国内需求在当前经济发展中的牵引力、支撑力在迅速增强，我国将继续坚定实施扩大内需战略。内需的扩大离不开投资与消费的协同发力。近年来，我国出台一系列促消费政策措施，各部门从提质量、增能力、拓空间、强监管等方面入手，持续打造高质量消费供给体系，引导企业增加性价比高的商品和服务供给；推动形成创新就业、收入分配和消费全链条良性循环互促共进机制，以城乡居民收入普遍增长支撑消费持续扩大；深入推进线上线下消费融合发展，提升传统消费能级、加快新型消费发展、促进消费城市升级；不断优化完善消费环境，促进消费保持恢复性增长。未来，绿色消费、文旅消费、农村消费等将是扩大内需的重要发力方向，其中孕育着广阔的消费品投资机遇。

二、疫情下消费投资的潮起潮落

"中国一定有机会诞生新的欧莱雅。"

被高瓴资本寄予厚望的逸仙电商（完美日记母公司）于2020年11月19日登陆纽约证券交易所，成为第一家在美上市的"国货美妆企业"，募资约6.17亿美元。IPO当天，逸仙电商收报每股18.40美元，较发行价上涨75.24%，市值高达122.45亿美元。

一年多后，截至2022年4月10日收盘，逸仙电商收报0.752美元/股，总市值约4.75亿美元，约为上市当日的二十五分之一。完美日记2021年营业收入58.4亿元，可谓现象级公司。但资金换流量、流量换流水的戏码仅上演了一年。与之境遇相似的还有"奶茶第一股"奈雪的茶、"酒馆第一股"海伦司、"西北菜第一股"九毛九等。在资本的过度催熟后，明星独角兽尚未迎来自己的"理想模型"。

与二级市场的大起大落相对应的是2019~2021年消费一级市场的极热与极冷。根据清科数据，2021年中国连锁及零售、食品及饮料领域投资案例数量分别为496例、348例，数量分别同比增长141%、98%，金额分别同比增长69%、244%。而2022年日常消费行业仅达成12起投资，投资案例数量大幅下降。情绪催化下，超出常识与理性的"理想模型"已经开始逐渐瓦解。

餐饮行业中，"单店估值超1亿"成为牛肉面、中式糕点、卤味等品类的常态，陈香贵、马记永、张拉拉三家牛肉面店拿着投资方的钱进最好的购物中心、交最贵的房租，虎头局、墨茉点心局两家中式点心店分别凭借11家和27家门店撑起了数十亿元的估值[1]，南京老牌糕点

（1） 数据截至2021年9月。

品牌泸溪河也开始寻求融资。而根据最新消息，墨茉点心局已经裁撤了 40% 的员工，此外，公司的财务、人事部门也出现了重要人员变动。

　　饮品领域，咖啡品牌三顿半 2019~2021 年接连融资 6 次，估值从 2020 年 3 月的约 8 亿元人民币升至 2021 年 6 月的 45 亿元人民币；新锐咖啡连锁品牌 M Stand 在 2021 年接连完成 A 轮、B 轮融资，估值飙升至约 40 亿元人民币。与之相似的还有精品咖啡品牌 Manner，2021 年上半年，Manner 在 6 个月内连获 4 轮融资，投资者包括字节跳动、美团龙珠、淡马锡、今日资本等。进入 2022 年，Tims 中国宣布降低估值融资，成为第一个公开降低估值的消费独角兽。

　　"年轻人经济"催生了数个新赛道。美妆集合店话梅（HARMAY)2019 年 12 月完成 A 轮融资，投后估值约 5 亿元人民币；2020 年 9 月，钟鼎，黑蚁等机构加入，话梅估值突破 50 亿元人民币，彼时话梅只有 5 家门店。然而化妆品监管收紧之下，2022 年 3 月，话梅因销售的大牌小样标签不符合规定被罚没 88.7 万元，标签缺失内容包括成分表、生产批号、进口化妆品备案文号等。靠化妆品小样引流的诸多美妆集合店迎来了新一轮价值湮灭。

　　近两年，消费投资经历了"炙手可热"与"快速退烧"，可以看作一场创业者与投资人的非理性共振。创业者"疯狂"涌入，投资人"疯狂"赶路，狂热后是"一地鸡毛"。

三、影响消费投资浪潮的关键因素

　　消费产业的发展有着短、中、长期的各类影响因素，我们投资于消费产业自然也要考量这几类因素的情况，可以说它们是决定消费投资浪潮的关键因素。消费是永无止境的，我们可以认为消费产业是永远不会步入"夕阳"的产业。然而仅就投资而言，如果短期过热的情绪催化带来过度内耗，仍然会带来产业无法承受之重。

（一）短期：情绪左右

本轮消费投资周期的升温与降温与近两年政策、资本市场等的一系列利好事件的重叠不无关系。

1. 政策利好

政策的密集出台一定程度上带动了一、二级市场的行情变化。市场共识迅速形成，促进共同富裕、打击垄断意味着"人人手里都有钱"，"房住不炒"、教育"双减"意味着"人人手里的钱都多了"。

2020 年 5 月，政府提出构建双循环的新发展格局，双循环中更多强调要建立我国自主的"内循环"，既能自产，又能自销，消费端和供给端的天花板同时被打开。相关内容的受关注度和网络声量也不断提升，"内循环""共同富裕"关键词百度指数见图 4、图 5。

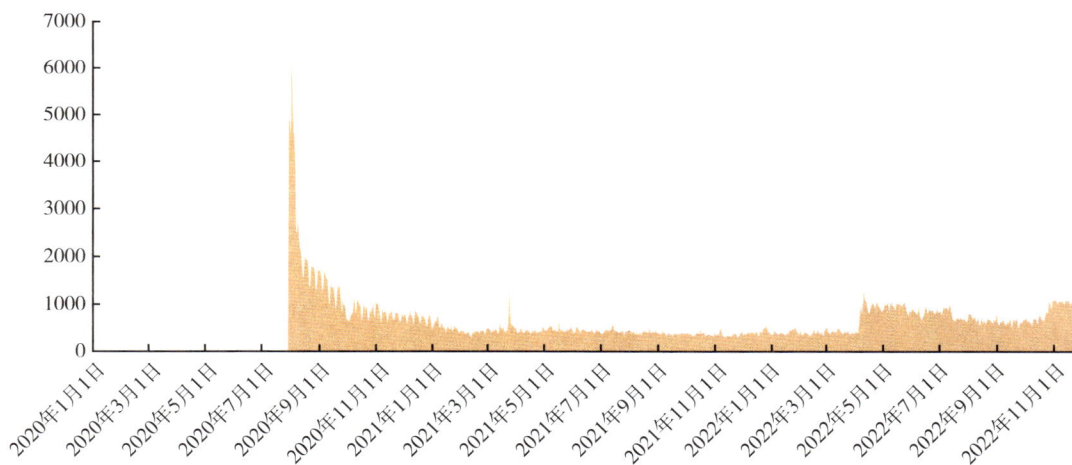

图 4　"内循环"关键词百度指数

资料来源：根据公开资料整理。

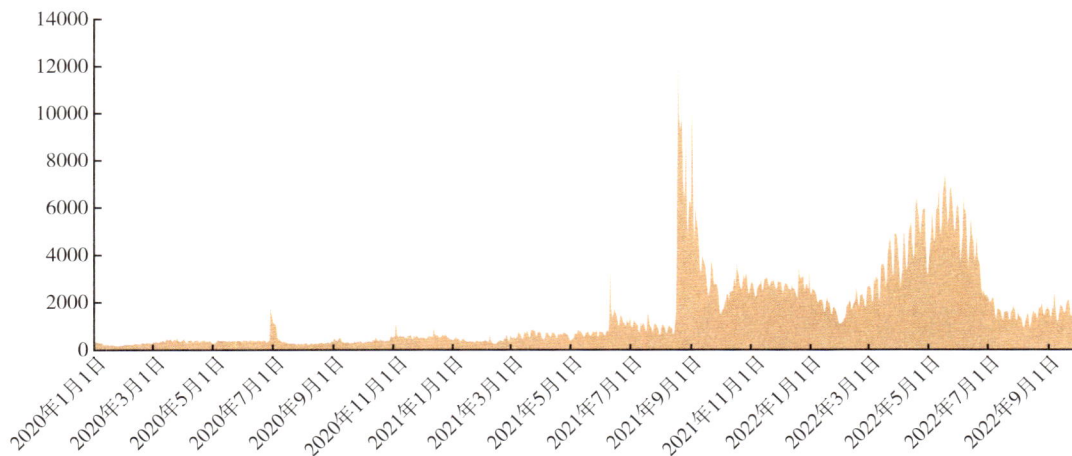

图 5　"共同富裕"关键词百度指数

资料来源：根据公开资料整理。

与之对应，从 2020 年 Q1~Q2 开始，消费板块行情走高。作为整个消费二级市场的缩影，Wind 日常消费指数从 2020 年初开始一路攀升至 2021 年的高点，超过 18000 点（见图 6）。

图 6　2020~2022 年 Wind 日常消费指数走势

资料来源：根据公开资料整理。

2. 二级市场轮动

二级市场在政策利好面前风格迅速切换，2020 年几大消费行业板块指数涨幅靠前，如食品饮料指数上涨 88%、家电指数上涨 33% 等，消费板块的狂欢情绪迅速传导到一级市场。

2021 年情绪退潮，食品饮料指数跌幅 5.18%、家电指数跌幅 18.57%，相关情绪也传导至一级市场，使得一级市场消费投资的温度下降（见图 7）。

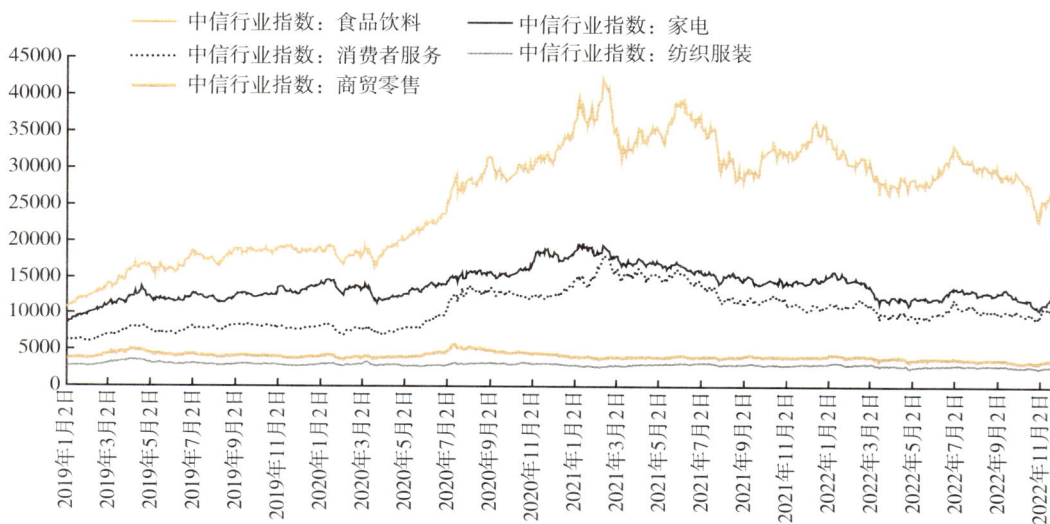

图 7　消费相关板块中信行业指数

资料来源：根据公开资料整理。

3. IPO 爆发

2021 年，经过多年业绩沉淀的众多消费类企业进入成熟期，扎堆上市。以 A 股为例，2021 年上市的消费类公司（未考虑汽车等板块）44 家，占总 IPO 数量的 8% 左右，上市后平均涨幅超过 100%（见表 1），其中不乏中国黄金、李子园、立高食品、东鹏特饮等消费龙头企业。

表 1　消费类公司 A 股（包括北交所）IPO 情况

年份	上市公司数量（家）	消费类公司数量（家）	占比（%）	新上市消费类公司平均涨跌幅（%）
2020	436	33	7.57	65
2021 上半年	266	22	8.27	137
2021 下半年	254	22	8.66	186
2022	37	5	13.51	71

资料来源：根据公开资料整理。

境外消费股的上市也为一级市场投资者注入了强心剂：泡泡玛特在 2020 年 12 月上市，2021 年 3 月股价上升到 107 港元（最高点），对应市值约 1500 亿港元；逸仙电商在 2020 年 11 月上市，2021 年 2 月股价上升到 25 美元（最高点），对应市值约 625 亿美元。这两个 IPO 案例传递出了两个利好消息——新消费品具有短期快速上市甚至亏损上市的可能性，且估值较高，从而使得一级市场消费品投资者趋之若鹜。

登陆资本市场的财富效应吸引了较多的投机资本入场，高估值大比例投资、签 2 年上市对赌、迅速报港股已经成为消费行业的"抢项目套餐"。因果倒置，投资扎堆，2021 年末尾消费类企业扎堆港股 IPO，而港股上市的大闸逐渐落下，在流量型消费股悉数折戟后，港交所再未有典型的新消费品上市案例。消费品企业的真实价值是由消费者用脚投票的，而不是仅靠投资者一厢情愿就可以维持的，更不是兑现投机心态的良好标的。

4. 外资持续强劲

2021 年，外资的流入继续保持强劲，甚至在规模上超过了之前几年。2020 年下半年开始，我国的常态化防疫使得复工复产进度大幅领先其他经济体，我国先行进入"疫后常态增长"，与海外发达市场具有较高增速差。北向资金创下开通以来最大年度净流入，年内北向资金流入超过 4000 亿元，北向资金累计净流入达到 1.6 万亿元。外资绝对仓位仍然集中在消费类股票上，家用电器、休闲服务和食品饮料等消费类的行业仍然是外资持股中绝对占比最高的板块。

然而 2021 年下半年，中外疫情错位逐渐凸显，在国外经济逐渐恢复常态、国内疫情反复、产业政策变动频繁等因素影响下，北向资金净流入减少，2022 年开始持续净流出。

在经济政策向促进共同富裕的转向、消费 IPO 开闸带来的老牌优质消费项目 IPO 热潮、中国率先进入"疫后常态增长"带来的全球资金对国内资本市场的关注等多重因素叠加下，聚光灯投射到消费赛道，把市场对"中国消费"的无限信任情绪推至顶点。一级市场开启了无视因果、无视业绩的"催熟式"投资。

根据清科数据，2021 年连锁及零售、食品及饮料投资案例数分别同比增长 140.8% 和 97.7%，分别是同比增速最高和第三高的投资方向。投资者的涌入推高了消费品投资项目的估值，导致 2021 下半年消费品项目估值均较高，而二级市场消费板块估值的下杀导致一级市场投资者难以再为高估值接盘，因此 2021 下半年消费品投资情绪出现明显冷却。2021 年中国股权投资市场行业分布及相关变化情况见图 8～图 10。

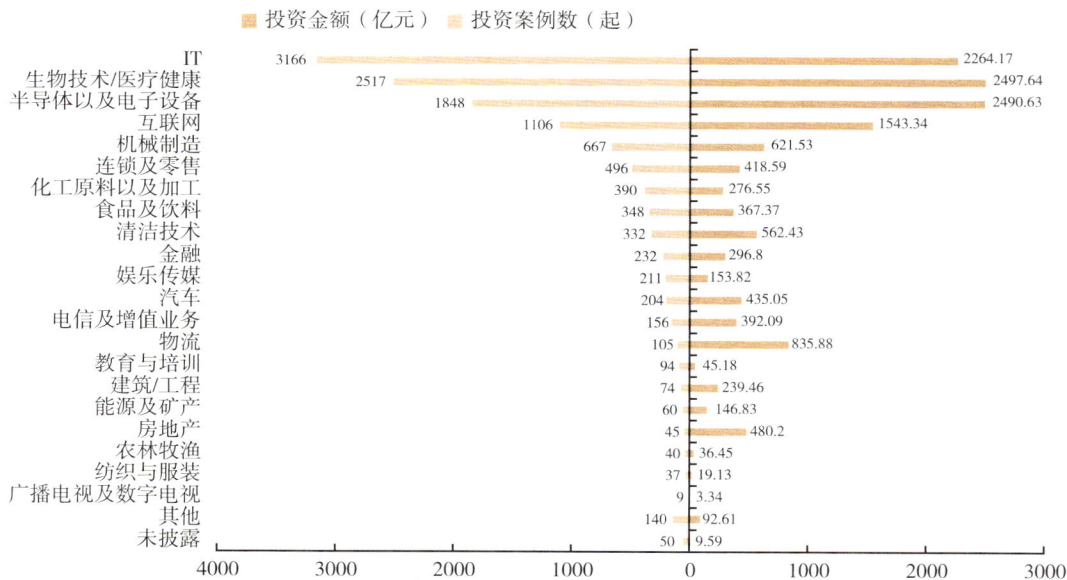

图 8　2021 年中国股权投资市场行业分布

资料来源：根据公开资料整理。

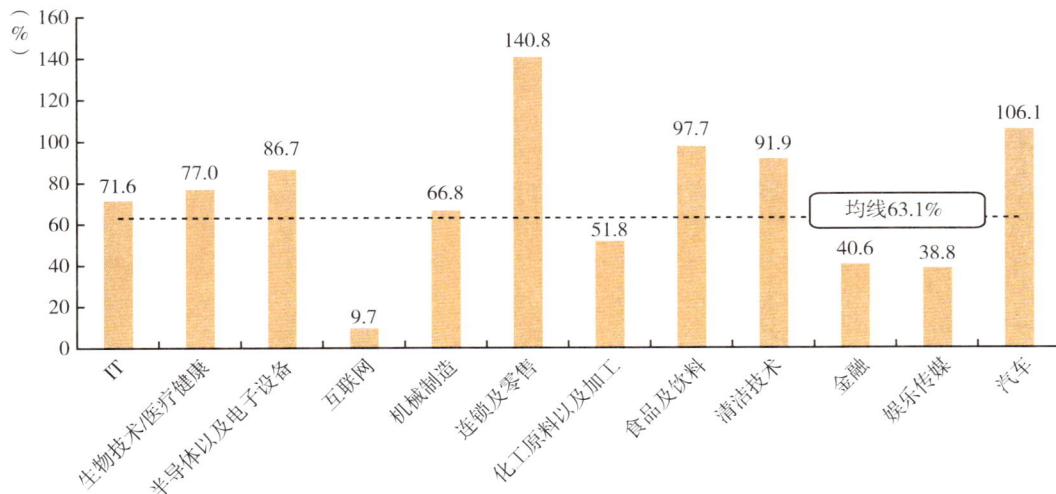

图 9　2021 年中国股权投资市场投资部分行业分布案例同比增速

资料来源：根据公开资料整理。

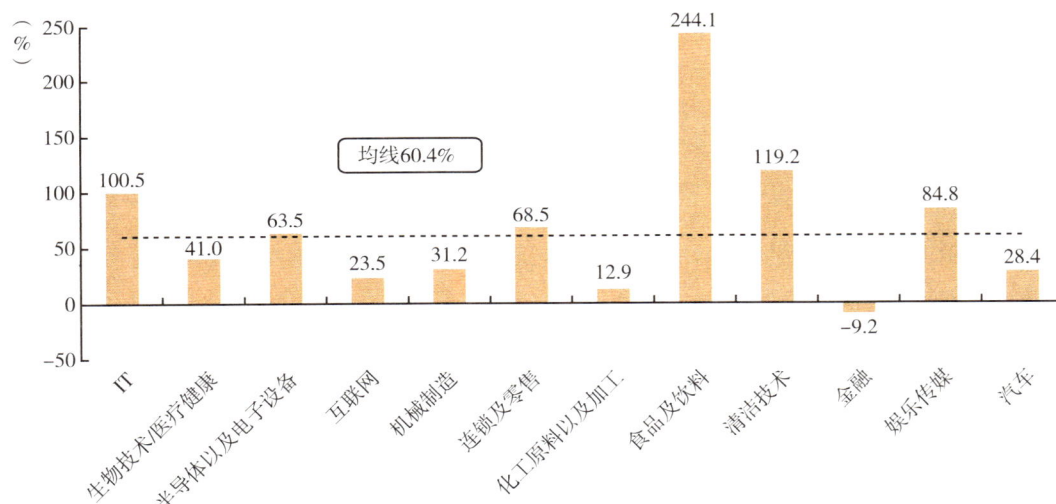

图 10　2021 年中国股权投资市场投资部分行业分布金额同比变化

资料来源：根据公开资料整理。

（二）中期：工具演进

供应链、渠道、营销、管理人才等工具跨越 5~10 年的演进往往带来消费企业的突围机遇。本轮增长涌现出的优质消费企业，均是埋伏在工具演进源头的工具善用者。

1. 供应链

中国供应链全球领先。中国供应链完善、产能充裕，为消费品的快速大批量生产提供了有利条件。纵观我国的供应链能力，产能方面，中国早已成为世界工厂，2020 年，中国制造业增加值达到 3.85 万亿美元，占全世界的 29.2%。以纺织业为例，中国生产了全球一半以上的服装和 70% 以上的化纤制品；同时，近几年制造业数字化水平的提升也大大提高了柔性供应链能力。

在消费领域，更高的生产效率主要体现为代工模式的兴起。代工模式能够使新消费品生产在短时间内以较低的固定资产投入获得较大的弹性产量，让企业在从设计到生产的每一步均实现模块化和标准化。

产能充足、响应迅速的代工模式为新消费品浪潮的兴起提供了巨大的便利。例如，在纺织业领域，成立于 2008 年的希音（SHEIN），2012~2013 年从电商转型专门做女装，目前已经将中国生产的低价女装卖到了全球 200 多个国家和地区，2020 年营业收入超过 100 亿美元，连续多年营收增长超过 100%。希音成功的秘诀之一就是依靠中国强大的纺织业，将原本需要 6~9 个月的服装设计—生产—销售周期缩短到 10 天，每天推出 2000 个新款，每一款服装均拿出 20 件试卖，一旦成为爆款，立即全力动员纺织产能，将最新的爆款女装源源不断地运往全世界。

在彩妆行业，全球知名的大型彩妆代工企业均在中国建厂，包括意大利的莹特丽、韩国的科丝美特等。中国本土的彩妆代工企业也顺势而起，如上海臻臣，客户涵盖迪奥、圣罗兰、古驰等奢侈品品牌以及以欧莱雅、雅诗兰黛为代表的大型化妆品集团。

2021 年，随着新消费品的销量逐渐稳定，我们也观察到，更多的消费品企业为追求更高的利润空间从代工转向自建供应链。无论是代工还是自建供应链，都为中国新消费品的出现提供了支撑。

2. 渠道

在任何由买卖双方构成的双边市场模型中，渠道进化的动力一直存在。

在线下，近 10 年来购物中心商圈、便利店的出现为连锁品牌、中高单价便利产品创造了增长曲线；在线上，直播电商等渠道为新品牌精准营销、一网打尽客户提供了便利。

以购物中心商圈为例，购物中心商圈的密集建设重构了城市人流密度，提升了餐饮连锁的物理选址上限。2012 年起，我国的购物中心保持强势的增长态势，涌现出了一大批在全国以及区域内攻城略地的购物中心开发企业。中国购物中心数量由 2011 年的 800 家增长到2021 年的 5936 家（见图 11）。

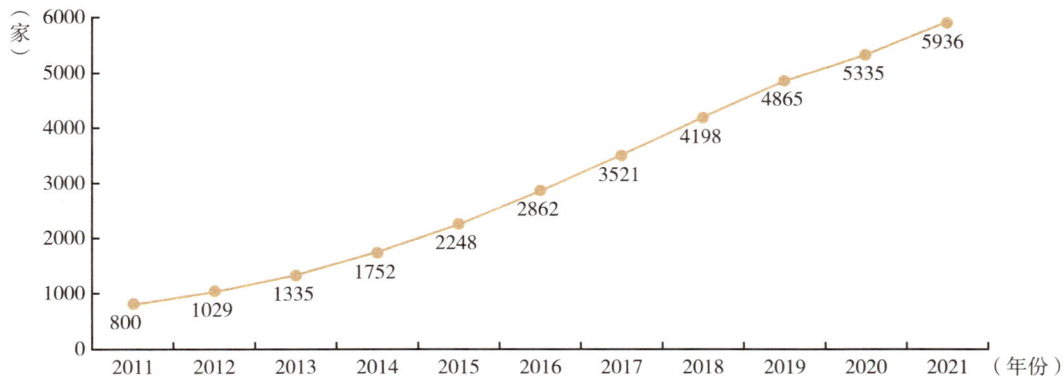

图 11　我国购物中心数量

资料来源：根据公开资料整理。

购物中心由于有更好的服务体验，开始逐渐抢走传统街边店及百货商店的人流，成为人们日常购物、消遣的主要入口。购物中心客流量稳步上升，2015年我国购物中心客流量为26亿人次，2019年就增至53亿人次，四年实现了翻一番。

购物中心这一混合业态实现了人气的聚集，也为餐厅提供了停车场等一整套的解决方案，优质平价、高速流转的快时尚餐厅随之在全国范围内发展起来。根据联商网数据，2020年，我国符合快时尚餐厅开店要求的优质购物中心数量有3000~4000家。2014~2018年，中式快时尚餐饮行业的市场规模从743亿元迅速增长至1815亿元，在整体中式餐饮市场中的占比也逐年上升，从2.7%增至24.2%。据Frost & Sullivan预计，2024年中式快时尚餐饮市场总规模将增至5502亿元，2018~2024年年均复合增长率将达到20.3%。

西贝、外婆家、绿茶餐厅等快时尚餐厅快速适应了这一变化趋势，成为首批进入购物中心并吃到渠道红利的餐饮企业，进行了餐饮企业标准化、连锁化的进一步尝试。它们舍弃了街边大店模式，在购物中心内改为中小店模型，餐位也以4~6人的休闲简餐为主，整体环境改为时尚明亮的风格，菜品上也做精做简，从上百道菜缩减为几十道。

例如，2020年在港交所上市的九毛九集团，2010年就制定了绑定购物中心开店的策略，2013年跑通购物中心模型后开始快速拓店，2014年就突破了100家店。2015年，九毛九开始运营"太二酸菜鱼"品牌，2019年即实现了百店目标，目前全国已有355家门店。

同样，外婆家成立于1998年，2006年走进当时的中国零售业之王——杭州大厦，开启了从街边店转型为商场店的重大战略升级。从此，外婆家开启了高速狂奔之旅，以平均每年新开20家门店的速度相继在北京、上海、广州、深圳等60多座城市开设了餐厅，进驻的均为当地核心商圈的优质物业。截至2020年，外婆家餐饮集团已在全国拥有200余家门店，入驻了全国100多个知名商场。各连锁餐饮品牌历年新开店数可见表2。

表 2　各连锁餐饮品牌历年新开店数

品牌	2012 年	2013 年	2014 年	2015 年	2016 年	2017 年	2018 年	2019 年	2020 年
海底捞					30	97	193	302	530
呷哺呷哺	87	64	58	100	85	101	148	136	179
喜茶							88	227	304
奈雪的茶							111	172	164
九毛九						34	66	95	45
百胜中国		517	472	461	386	421	501	716	1306
绝味鸭脖			441	985	752	1129	862	1039	1445
周黑鸭			79	173	137	249	261	13	454
海伦司								90	99
太兴						16	17	20	8
味千	-1	-25	33	4	-23	54	62	33	-77
唐宫	11	12	9	-2	-7	7	3	0	-5
同庆楼								5	3
大家乐	13	4	0	-133	4	-7	5	2	8
广州酒家							1	1	6
大快活	8	13	-8	4	6	8	12	4	13
合兴集团	88	35	-15	30	15	46	43	38	-17
国际天食	14	11	20	36	-12	-6	-22	-13	-27

资料来源：根据公开资料整理。

另一个新兴渠道——直播电商，为新品牌的打造打开了通路。直播电商的精准客群营销和高效促转化能力，将品牌 / 产品的消费者覆盖周期由传统的 10 年缩短到 1 年，"10 亿收入规模 =1 年直播电商"的案例比比皆是。

2016 年开始，直播电商在国内起步，2020 年，疫情催化之下，直播电商发展势头迅猛。众多新消费品借着直播的热度获得了较高的知名度和快速增长的销售量，其中包括花西子、纽西之谜、认养一头牛、瑷尔博士等。

然而 2021 年下半年国家对直播行业监管政策频出，薇娅、雪梨等主播因偷税漏税而被全网封禁，直播电商的下半场不确定性增加。从数据上看，我国 2021 年 11 月线上零售总额同比下滑 4.12%，整体网购用户数量仅保持 3% 的低速增长[1]，电商整体增速下降，渠道的红利正在消退。直播电商的发展历程见表 3。

3. 营销

随着线上电商渠道、线上内容平台的兴起，特别是直播电商"内容 + 渠道"模式的兴起，营销的精准度越来越高。

2020 年至 2021 上半年，有一些品牌通过新兴的营销渠道获得了较高的知名度，如在小红书上打开知名度的 Ubras、奶糖派，在知乎上进行品牌营销的云鲸、丁香医生，以及"抖品牌"完美日记、花西子等。行业甚至总结出了新品牌的成长公式——"一个新品牌 =5000 条小红书 +2000 篇知乎问答 + 薇娅、李佳琦带货"。

进入 2021 年下半年，上述营销方式的红利已经基本消失，大部分销售渠道或者营销渠道广告投放的 ROI 小于 1。流量红利见顶，消费者愈加理性，大品牌入场收割品类心智，新品牌的流量红利不再。

（1）　根据公开资料整理。

表 3　直播电商发展历程

年份	直播电商 GMV（亿元）	MCN 机构数量（家）	发展历程
2016	—	420	2016 年 5 月，在试运营 3 个月后，淘宝直播正式上线，拉开了直播电商的序幕。李佳琦和薇娅此时还在参加淘宝主办的"主播连续播出 10 小时"活动。
2017	196.4	1700	2017 年 6 月，李佳琦前往上海正式开始主播生涯。2015 年 6 月至 2016 年 2 月，快手用户数从 1 亿涨到 3 亿，商人辛巴看到了快手的机会。
2018	1354.1	5800	2018 年 8 月，辛巴开启了自己的第一场直播，卖的是自家工厂生产的棉密码卫生巾，最终带货金额 12 万元。11 月，辛巴的单场带货纪录迅速攀升至 1.1 亿元。
2019	4437.5	14500	2019~2020 年，诸多有着较强号召力的明星或者网络红人加入直播电商，如罗永浩、张柏芝等。2019 年抖音和快手直播电商交易规模不断提升，直播电商交易规模接近 5000 亿元。抖音和快手带货直播场次超 7500 万场，同比增长 100%，直播带货商品链接数超 3.9 亿个，同比增长 308%。2020 年，随着疫情突发，直播电商迅速走上舞台中心。2020 年的 MCN 机构总数突破两万家，同比增长 93.1%。
2020	12850	28000	
2021	18000~23500（估计）	—	2021 年开始，品牌商家和主播之间的"蜜月期"结束，因为"太贵了"，品牌自播基本成为品牌商家和平台的共识。另外，将主播粉丝转化为品牌粉丝也基本被证明是伪命题。2021 年，随着疫情缓解以及直播电商诸多问题的暴露，相关规范也陆续出台。

资料来源：根据公开资料整理。

4. 人才

大量在全球领先企业积累了丰富经验的人才正在涌入消费行业。他们具备消费者需求意识，也具备使用数字化工具的能力，在社会审美意识提升的大环境下，消费创业者不断精进，提供更好、更具创新性、更具备价值主张的产品，给消费者提供更好的消费体验。

以 2020 年至 2021 上半年涌现的消费品牌创始人为例，我们观察到较多原在互联网公司或外资消费品公司工作的优秀人才转向消费品行业创业。例如，布鲁可创始人原为游族网络联合创始人、元气森林创始人原为开心农场创始人、加点滋味创始人曾任职拼多多、悦客创始人原为优步中国负责人等。

（三）长期：转型变化

从长期来看，经济结构转型、人群消费习惯变化等因素长期存在并持续酝酿，为下一次中短期因素变化蓄力。

1. 经济增长结构

从经济增长趋势来看，国家经济增长的动能需要切换，从以往的出口、房地产、投资驱动逐步转向消费驱动。中国最终消费率长期低于发达国家水平（见表 4），共同富裕是提升最终消费率的手段，内循环的成立也要依靠最终消费率的提升。

表 4　世界主要国家消费率对比

单位：%

指标	中国	美国	英国	法国	日本	德国	印度	俄罗斯	韩国
最终消费率	56	82	84	77	75	73	72	69	66
居民消费率	39	67	—	54	56	52	60	50	49

资料来源：根据公开资料整理。

2021 年下半年，我国社零消费增速大幅下降，市场对消费长期增长的信心受挫。但从细分行业拆分来看，增速下降集中在外出餐饮、出行等领域，疫情是主要矛盾；疫情带来的居民可支配收入下降亦不容小视。未来伴随疫情缓和及政策修复，长期消费增长仍有望重回正轨。

2. 人心红利

消费增长的人口红利时代已经过去，"人心红利"刚刚开启。人心红利下，"国货替代"存在巨大空间。

从人群消费习惯来看，国货消费的热情高涨，消费品中的"国货替代"趋势将持续存在。一方面，我国经济实力和综合国力的提升以及年轻人不断提升的国家认同感，催生出越来越强的文化自信。河南卫视的《唐宫夜宴》、春晚的《只此青绿》接连破圈，主打"东方彩妆"的美妆品牌花西子、与故宫联名做口红的完美日记、推出"山海经"系列的小众品牌 Girlcult 都在这一趋势下取得了不俗的成绩。

消费品自 20 世纪 90 年代以来长期被外资企业占据，在文化自信提升的背景下，国货替代空间巨大。例如，2021 年 2~6 月，耐克、阿迪达斯天猫旗舰店累计销售额分别同比下滑 32% 和 60%，而安踏、李宁天猫旗舰店累计销售额分别同比增加 49% 和 73%。截至 2021 年 7 月，耐克、阿迪达斯、匡威、斯凯奇四大国际品牌在淘宝运动鞋服品牌的市占率仍有约 30%，"国货替代"大有可为。

四、我们的消费投资策略

中国品牌国际化是未来十年全球可选消费品行业最大的变化元素。当前，中国拥有强大的消费力、渠道力、产品力，但品牌能力尚显不足。中国已经发展出了众多隐形冠军，但还未成长为世界品牌。福布斯全球最具价值品牌 100 强榜中仅有 1 家中国企业。总体来说，"产品优势向品牌优势转化""中国品牌出海"等是未来消费领域关键的投资热点。

（一）品牌优势，凸显价值

品牌有优势，市场才会认可。产品优势是品牌优势最重要的依托。当前，新消费品牌以高速成长的新兴快消品类为主，多数品牌仍处于早期培育阶段，与国际相对强势的品牌相比差距较大，但不可否认增速迅猛。近年来，不断的技术迭代升级使得中国的产业链供应链强大优势得以充分显现。中国制造的多数产品在质量方面已不输海外产品，且性价比更高。一家企业如果能够将自身的产品优势转化为品牌优势、塑造出家喻户晓的品牌，将获得较大投资价值。

（二）扬帆出海，潜力无限

进入 21 世纪，国内劳动力成本快速上涨，市场逐渐饱和，一些行业内部开始存量竞争。为进一步获取增量市场，许多企业探索走出国门之路。从传音手机到 TikTok 短视频 App，再到希音服装，一系列品牌经过尝试，在海外市场成功立足。未来，消费者品位不断提升、居民收入持续增长、人口代际变化、科技实力加持将有力推动中国品牌扩张。当下中国品牌已经具备了走向国际市场的强大动能。企业扬帆出海、扎根国外，将撬动更广阔的增量市场。

（三）善用"工具"，与势同行

供应链、渠道、营销、人才等工具变化，是工具善用者弯道超车、获得增长曲线的绝佳机会。在本轮周期中实现阶段性突围并最终沉淀下来的消费品品牌，均是预先埋伏在工具变革期的优质品牌，浮出水面前往往已经积累多年。在供应链上长期深耕取得技术或产能壁垒者有华熙生物、贝泰妮；在渠道变革期，取得便利店、购物中心等优秀增长渠道的先发优势者有元气森林、西贝；在营销工具变革中率先抓住抖音、小红书流量优势者有 Ubras、Spes；最早从互联网转向消费、掌握数据化消费品管理能力人才者有布鲁可、加点滋味、M stand 等企业。不应过度迷信消费赛道的长期利好，不应被短期情绪左右，但知易行难。消费投资，更应布局在工具诞生之初，与工具的善用者同行。

（四）保持耐心，顺时而为

2020~2021 年的消费投资热潮完美展示了消费投资中的拔苗助长。一方面，急促的投资浪潮使得部分投资机构急功近利，不惜拉高估值，透支消费企业的增长空间。为了增加保障，又通过高业绩对赌及上市对赌，使消费企业舍本逐末，在产品尚欠打磨、管理经验尚不丰富的情况下大量投放广告及营销费用、快速扩充团队、迅速抢占商圈，弊端积重难返。另一方面，高企的估值和大规模的融资使得投资机构不得不为找到一个属于自己的明星项目不断走向未垦之地——不断走向早期投资。2021 年上半年，美妆行业超过 30 家企业获得投资，美妆新品牌的线上流量之争推高了线上流量成本，某美妆品牌亲历抖音的线上 ROI 从 10 到 0.4 的断崖式下滑过程，最终放弃了抖音流量投入。商家试图通过线上精准投放抓住种子用户，但最终消费者注意力极度分散，市场从"百家争鸣"最终走向"一地鸡毛"。

（建信北京消费组　高　影、赵宇晨、唐俊威
建信信托研究部　杨　兴、郑　栩）

COMPUTER
NUMERICAL CONTROL

　　机床又称工业母机，其性能、质量、加工效率直接影响其他机械产品的生产技术水平和发展速度，机床工业的现代化水平和规模是一个国家工业发达程度的重要标志之一，而数控机床尤其是高端数控机床是现代机床发展的主要方向。近年来，我国数控机床行业出现了明显的供给侧结构性失衡。具体体现为、低端数控机床产能过剩、高端数控机床供给不足、严重依赖进口，并且一直面临禁售禁运风险。

　　"十四五"时期，我国产业转型升级和高质量发展迫切要求高端数控机床普及率的提升，未来需求将越来越大。国内高端数控机床国产市占率低，高度依赖进口国的同时受到禁售禁运，给制造业高质量发展带来极大供给风险。当前我国亟须从"制造大国"向"制造强国"转变，我国数控机床行业经过数十年的发展，技术和产能发展迅速，已具备响应制造业转型的基础。在存量替代更新和增量升级换代的国产替代逻辑下，未来我国数控机床需求将由中低档向中高档转变，国产高端数控机床将在关键零部件、功能部件和数控系统等多方面突破核心关键技术瓶颈，打破国际垄断，实现进口替代的战略目标。在此大背景下，投资团队从价值链和突破关键瓶颈出发，提炼总结了数控机床产业链的投资策略。

一、数控机床行业为何值得长期投资

驱动因素决定长期投资属性。通常我们采用从上到下的方法去分析一个行业的驱动因素，通过从政策层面到最终的市场层面去挖掘行业增长靠什么驱动，从而判断投资价值、投资方向和时机。为此，从国际禁售禁运、政策支持、行业周期和市场需求四个角度梳理了行业长期投资价值的驱动因素。

（一）国际禁售禁运下亟须突破技术瓶颈——发展原动力

目前我国制造业面临国际禁售禁运的程度加深，自主可控形势紧迫，同时资本需求旺盛。我国高端数控机床及相关核心关键技术长时间被国外主要发达国家联合封锁禁运，是我国长期的"卡脖子"领域。

目前，我们主要被"卡脖子"的点集中在高端产品和特殊用途供给层面，一方面具备五轴联动技术的高端数控机床及其主要功能单元和关键零部件被限制；另一方面用于军事机械加工等军事目的的机床被限制（见图1）。因此，突破高端数控机床关键核心技术瓶颈、研制满足特殊应用需求的数控机床产品、实现真正的自主可控是促进这个行业发展的原动力，这种原动力叠加当前的国际形势，使得这个赛道对资本助力的需求十分旺盛，并且将持续相当长的时间。

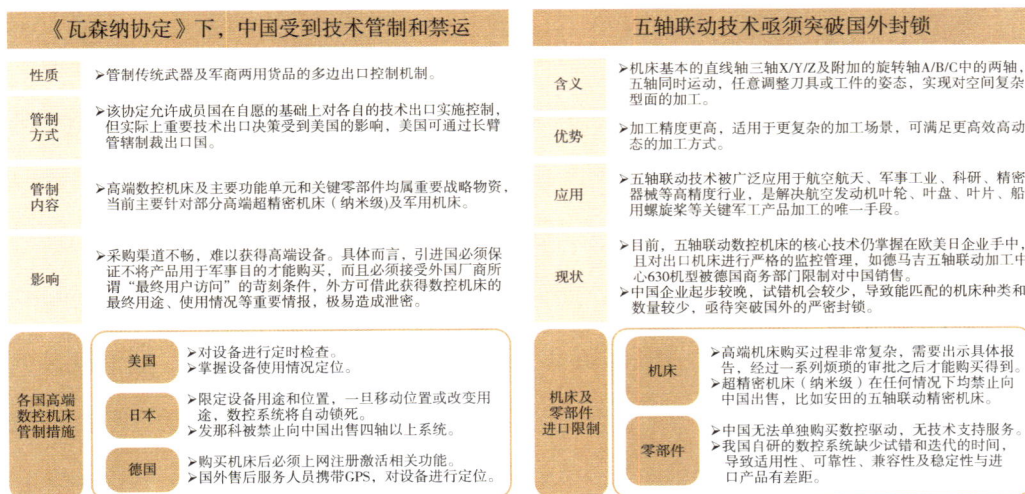

图1　我国高端数控机床受到技术管制和禁售禁运情况

资料来源：根据公开资料整理。

（二）政策支持，补链强链产业协同——加速助推器

从国家安全以及产业结构升级两个维度看，推进高端机床国产化、实现高端产品的自主可控是中国机床行业发展的必然追求。早在 2006 年国务院发布的《国家中长期科学和技术发展规划纲要（2006~2020 年）》就将高端数控机床与基础制造装备列为其中的 04 专项。近年来，国家更是相继出台多项政策以加快高端数控机床的发展。2018 年工信部发布的《国家智能制造标准体系建设指南》将高端数控机床和机器人纳入十大重点突破领域，2021 年 8 月，国务院国资委召开会议再次强调要把科技创新摆在更加突出的位置，针对工业母机、高端芯片等加强关键核心技术攻关，努力打造原创技术"策源地"，肩负起产业链"链主"责任，开展补链强链专项行动，加强上下游产业协同。中国制造业相关发展战略明确规划，到 2025 年高端数控机床与基础制造装备国内市场占有率将超过 80%，数控系统标准型、智能型国内市场占有率将分别达到 80% 和 30%。从长期来看，多项政策出台为国内机床自主可控发展明确和坚定了方向，机床行业已经上升到国家发展战略核心的高度，对整个行业的支撑力度不言而喻。

从梳理的近期国家出台的重点政策中不难看出，出台政策的级别和频率都很高（见表 1），这也为我们布局这个赛道提供了强有力的支持。

（三）市场需求，突破高精度复杂化——持续转型中

我国机床工具消费额在 2011 年达到顶峰，随后有所回落（见图 2）。从景气度周期来看，我国金属切削机床产量自 2000 年后快速增长，并于 2011 年达到顶峰 86 万台；2012~2014年，我国金属切削机床产量为 79.8 万台、72.6 万台、85.8 万台，整体在 70 万 ~90 万台的区间内波动。但此后我国金属切削机床产量便开始逐步回落。机床属于机械制造业中的耐用消费品，一般使用寿命约为 10 年，重型机床使用寿命可能会更短，约 7~8 年。我们按照 10 年的机床使用寿命进行计算，在不考虑机床进出口数量的情况下，可以根据之前机床的采购量得出 2010 年以来各年份金属切削机床的理论更新量。而根据这一测算，2021~2024 年的年均

表1　国家出台的部分重点政策

日期	发布方	文件/政策	核心内容
2021.1.23	财政部 工信部	《关于支持"专精特新"中小企业高质量发展的通知》	2021~2025年，中央财政累计安排100亿元以上奖补资金；重点支持1000余家国家级专精特新"小巨人"企业高质量发展。
2021.4.25	中共中央	《中华人民共和国国民经济和社会发展第十四个五年规划和二〇三五年远景目标纲要》	加快高档数控机床与智能加工中心研发与产业化，突破多轴、多道、高精度高档数控系统和伺服电机等主要功能部件的研发。
2021.7.19	工信部	《关于第三批专精特新"小巨人"企业名单的公示》	公布第三批名单2930家，第一批248家（2019年公布），第二批1744家（2020年公布），合计4922家，其中上市公司298家。
2021.7.30	中共中央	政治局会议内容	强化科技创新和产业链供应链韧性，加强基础研究，推动应用研究，开展补链强链专项行动，加快解决"卡脖子"难题，发展专精特新中小企业。
2021.8.19	国务院 国资委	党委扩大会议内容	针对工业母机、高端芯片、新材料、新能源汽车等加强关键核心技术攻关，努力打造原创技术"策源地"，肩负起产业链"链主"责任，开展补链强链专项行动，加强上下游产业协同，积极带动中小微企业发展。

资料来源：根据公开资料整理。

机床消费量有望逐渐达到80万台，相较于2021年的60万台有着显著增长。因此，综合考虑机床设备产量水平以及未来潜在需求空间，当前我们或将迎来机床行业新一轮更新周期的起点。此外，原有机床设备尤其是数控类机床在经历多年的高强度使用后，设备加工精度、稳定性明显下降，需要及时进行更新替换；而传统机床设备在经历多轮的升级迭代后，无论效率还是精度均难以适应当前材料及工艺的加工需求，因此需要使用更为先进的切削机床进行升级替代。在机床行业新一轮的更新周期中，景气周期的背后是中国制造业正在按照"产业转移—产业升级—需求升级"的进程迈向高质量发展。

图2　2000~2020年中国机床工具消费额及占比

资料来源：根据公开资料整理。

（四）行业周期，更新存量升级增量——投资正当时

伴随着我国制造业从低端向高端迈进，汽车、航空航天、3C电子等下游领域对加工精细度的要求与日俱增。以汽车行业为例，由于车型更新不断加快、需求档次不断提升，对零部件的精细化和高效供应的需求相应增加，从而对机床的加工效率和精度都提出了更高的要求。目前大多数国内制造企业所使用的机床仍以2~3轴为主，且数控化率仍处于相对较低的水平，往往难以满足日益增长的加工精细度需求。现有设备的加工水平与下游加工需求的不匹配将推动机床的加速更新换代，表2梳理了重点行业对机床的不同需求，我们选择汽车、3C电子、航空航天等介绍产业升级转型对机床需求的变化。

表 2　重点行业的机床需求

行业	针对零件	需求迹象
航空工业	飞机机身、机翼、轴承、发动机零件等。	龙门移动式高速加工中心、高速五轴加工中心、精密数控车床、精密卧式加工中心、精密齿轮等。
铁路机车制造业	火车机车车体、车轴、发动机等。	数控车床、立卧式加工中心、五轴加工中心、龙门镗铣床等。
兵器制造业	枪、坦克、炮弹、装甲车等。	数控车床、立卧式加工中心、齿轮加工中心、五轴加工中心、龙门镗铣床等。
模具制造业	压铸模具、成形挤压模具等。	精密磨床、高精度加工中心、精密电加工机床等。
电子信息设备制造业	电子设备外壳、电机的转子定子、电机壳盖等。	高速加工中心、高速铣削中心、小型精密型数控机床等。
电力设备制造业	发电设备、输变电设备。	重型数控龙门镗铣床、大型数控车床、大型落地镗铣床等；加工中心、数控车床、数控镗床等。
冶金设备制造业	连铸连轧成套设备	大型数控机床、大型龙门铣床等。
工程机械制造业	发动机、挖掘臂、车体等。	中型加工中心、中小型数控机床、数控车床、齿轮加工中心等。
造船工业	柴油机体	重型、超重型龙门铣镗床，重型数控落地镗铣床，大型数控机床和车铣中心，大型数控磨齿机等。
汽车制造业	发动机、汽车部件、零配件加工。	专用高效数控机床、数控车床、数控高效磨床、立卧式加工中心。

资料来源：根据公开资料整理。

汽车行业是需求占比最高的领域。汽车方面，电动化与轻量化是推动存量设备加速更新的主动力。2022 年前 7 个月，国内新能源汽车的产销量达到 320 万辆，同比增长 120%，已经实现超过 2 年的正增长，市场占有率达到了 21.6%。随着新能源汽车的持续高速增长，传统上游车企的生产制造流程也发生了较大的变化，这种变化主要集中在两个方面，一是结构的变化，二是新工艺的诞生。

结构方面，伴随着新能源汽车动力总成的变化，传统车的发动机、燃油系统、排气装置等组成的动力系统向电池、电机和电控转变。在新能源汽车电机的制造过程中，需要对电机轴、电机壳体等进行金属切削加工，而用于传统车加工的机床在精度上已经无法满足新能源汽车的加工需求，比如新能源车的纯电齿轮由于转速的大幅提升（一倍左右），需要更高精度的加工设备。此外，续航里程焦虑下，新能源汽车对电池能量密度和整车轻量化的要求较传统油车更高，这直接导致铝合金材料的使用占比逐渐提升。铝合金材料具备更高的抗拉强度，同时密度更小、重量更轻，能够在确保安全性的同时充分满足汽车对轻量化的需求。因此，近年来铝合金在汽车核心零部件上的渗透率明显提升，预计到 2025 年铝合金门的渗透率有望提升到 45% 左右。铝合金对机床加工工艺提出了更高要求，比如铝合金缸体缸盖的薄壁结构在加工时，容易震动和发生形变，进而影响零件表面质量及尺寸精度，因此随着铝合金在汽车核心零部件上的持续导入，与之适配的加工机床也有望迎来新一轮的更新升级。

新工艺方面，以一体压铸成形技术为代表的应用对机床产生了新的需求。传统汽车的制造工艺基本上采用的是冲压加焊接，但随着特斯拉在一体化压铸技术上的探索和突破，预计一体化压铸技术在新能源汽车的制造中将逐渐普及。一体化压铸成形工艺可大大减少零部件使用数量，比如 Model Y 的后地板制造，零件数量从 70 个减少到仅剩 1~2 个，从而大幅缩短了制造时间。汽车整体结构件的比较优势见表 3。采用一体化压铸技术后，通常需要按照 1 ：20 左右的比例搭配使用压铸机及龙门机床，这就为整个行业带来了新的需求。

表 3　汽车整体结构件的比较优势

整体结构件类型	与旧式铆接结构件相比的优点
壁板，梁类零件，框、肋类零件，骨架类、接头类零件，挤压型材和变截面桁条等。	气动性能：外形准确、对称性好； 强度：刚性好、比强度高，减轻重量 15%~20%、气密性好； 工艺：减少零件和连接件数量，装配后变形小； 经济效益：部件成本降低约 50%。

资料来源：根据公开资料整理。

航空航天是战略意义最重要的领域。航空航天方面，新材料的应用与结构件复杂化提升了机床更新升级需求。新材料在航空航天领域的运用主要是为减轻机身重量，增加机动性、有效载荷以及航程。近年来，各型飞机越来越多地采用铝合金、钛合金、耐高温合金等新型轻质材料，而飞机机身结构件在加工过程中原材料去除量大，整体材料利用率仅为 5%~10%，复合材料用量的增加及整体结构的复杂化对机床提出更高要求。

3C 电子是增长最快的领域。3C 电子产品方面，5G 技术的逐渐普及是带动机床设备更新的主要动力之一。5G 技术的普及主要在终端产品上对机床提出了新的需求。一方面，在对目前存量的 3G/4G 手机的替换过程中，无论是天线还是手机机壳的材质（陶瓷、树脂等）都对机床的加工精度和加工方式提出了新的要求，比如针对陶瓷这种硬脆材料的加工，采用简单的磨削很容易造成亚表面的损伤，进而降低成品率，而如果在上面施加震动则可较好地提升加工良率；另一方面，5G 的逐渐普及对基站也提出了新的需求，因为相比 4G 基站，5G 基站的体积更小，内部结构更加复杂，腔体数量更多，必须对现有的机床进行升级，提高加工精度和效率，才能够保证一定的良品率。因此，5G技术的逐渐普及让我们可以加强对数控机床中精雕机的关注和布局。

二、数控机床行业的现状和特点

（一）数控机床行业基本概念

数控机床是在机床上配套程序控制系统，机床各配套系统按照预先设定的程序逻辑发出控制信号，机床根据控制信号执行规定动作，自动加工出指定的工件形状和尺寸。机床涵盖范围广，分类方式有多个维度，如按照加工方式、运动方式和控制方式分类。根据中国机床工具协会的分类标准，机床分为金属加工机床、铸造机床、木加工机床三大类。我们这里仅就金属加工机床领域的投资机会展开讨论。

金属切削机床较金属成形机床市场空间更大，是主要关注的细分领域。在所有机床产品中，金属加工机床是最重要的组成部分，分为金属切削机床和金属成形机床。金属切削机床主要对金属零部件进行减材加工，通过刀具对工件的切削作用，切除上面多余的金属，从而得到所要求的零件形状。按照最底层的切削加工方式划分，金属切削机床可以分为车床、钻床、镗床、铣床、加工中心、磨床等种类。其中加工中心是指可以完成两种或以上加工方式的机床。金属成形机床也称为锻压设备，是通过对金属施加强大作用力使金属产生塑性变形（即只改变零部件的形态）的机床。金属切削机床在整个机床工具行业中也是地位最显著、最具代表性的产品。根据中国机床工具工业协会及国家统计局的统计数据，2021年中国金属加工机床总消费额1847亿元，同比增长25%，其中金属切削机床消费额为1233亿元，同比增长28%，金属成形机床消费额614亿元，同比增长19%，金属切削机床占金属加工机床消费总额比例为65.08%。长期来看，金属切削机床消费额占金属加工机床消费总额比例长期维持在2/3的水平。

（二）数控机床行业产业链介绍

　　数控机床产业链上中下游十分清晰，上游为基础材料和零部件生产商，中游为机床本体制造商，下游为终端用户（见图3）。

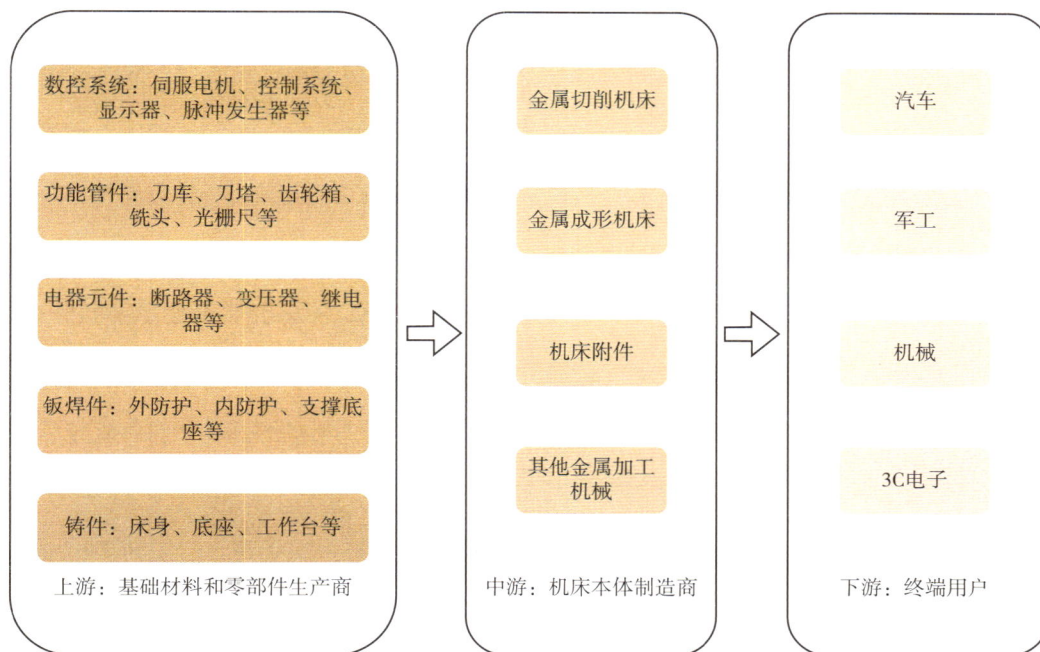

图3　数控机床产业链的上中下游

资料来源：根据公开资料整理。

　　上游是布局价值含量高、扩展空间大和核心技术自控度高的领域。上游零部件作为数控机床的基本组成部分，其品质是数控机床等智能制造装备产品性能和质量的重要保障。上游的装备部件整体来看相对分散，其中功能部件行业的发展相对缓慢，产业化和专业化程度低，国内电主轴、滚珠丝杆、数控刀架、数控系统、伺服系统等虽已形成一定的生产规模，但受到技术限制，仅能满足中低档数控机床的配套需要，国产中高端数控机床采用的功能部件仍严重依赖进口，亟须实现关键核心技术突破。国产光机、钣金等机床部件已经较为成熟（见图4）。投资过程中，针对目前已经是红海的领域，我们认为应该谨慎布局，而具备横向拓展能力、目前仍然有较大发展空间的部件应该是重点关注的领域，其中数控系统、传动系统及功能部件是我们认为值得重点关注的三个领域。

数控系统及传动系统成本占比高。从构成看，数控机床主要由机床本体、数控系统、传动系统三大部分构成。其中机床本体主要包括铸件、导轨、滑台、油冷机/排屑机及润滑系统等部分；数控系统分为驱动系统和控制及检测系统（反馈系统）两部分，驱动系统包括高速主轴和各类型电机，控制及检测系统则包括CNC系统及一系列控制和检测模块；传动系统包括刀具、传统机械（如蜗杆副、直线导轨、滚珠丝杆）等。当然，关于机床不同组成的划分有不同的标准，但整体上，机床本体成本约占总成本的45%左右，数控系统约占机床总体成本的30%，传动系统成本占比约25%，其中刀具初始成本（不考虑后续的消耗）约占机床总体成本的5%（见图5）。

中游机床整机领域，在国家政策利好和企业不断追求创新的背景下，我国数控机床行业发展迅速，市场规模恢复增长。数据显示，2019年我国数控机床市场规模达3270亿元。由于疫情的影响及能源供应限制，2020年我国数控机床产业市场规模小幅下降，市场规模为2473亿元，同比下降24.4%。2021年我国数控机床市场规模恢复增长，达2687亿元（见图6）。从产品分布情况来看，我国数控金属切削机床的规模最大，占总体数控机床产业规模五成以上，为53%；其次为数控金属成形机床，占比为29%；数控特种加工机床占总体产业规模比重为17%（见图7）。数控机床行业下游主要为各细分制造业的应用领域，如汽车、军工、3C电子等下游领域。

分类	说明	成本占比	国内厂商	国外厂商	对比分析
结构件	机身、支柱、机床内外防护罩、伸缩钣精密焊件、其他机床钣金小附件	25%	冈田精机		
数控系统	通过编程实现金属切削的命令产生和传达	25%~30%	华中数控、广州数控、苏州新代、北京凯恩帝	发那科（日）、西门子（德）、三菱电机（日）	国产数控系统在精度、高速等性能方面都与国外先进水平有较大差距
驱动系统	将数控系统的控制信号转化为相应的机械位移	15%	昊志机电、博华机电、阳光精密科技、科隆电机	Westwind（英）、ABL（德）、Kessler（德）、Fischer（瑞）、MCT（瑞）	国内厂商具有一定生产能力，但技术仍需提升
传动系统	传动系统是机床部件运动的载体，直接影响加工精度，我国机床企业丝杆等依赖外采	15%~20%	山东华珠、皓泰传动、江苏天安、洛阳华纳、五洲新春、天马轴承	NSK（日）、博世力士乐（德）	国内厂商较多但水平有待提升
功能部件	刀库（成本占比5%）、光栅尺（成本占比2%）和齿轮箱	10%~20%	欧科亿、中钨高新、锋锐工具、华锐精密、佰德尔、沃青品装备	山特维克（端）、伊斯卡（以色列）、京瓷（日）	国内产品材料较落后，稳定性不高，平均寿命只有国际先进水平1/2~1/3

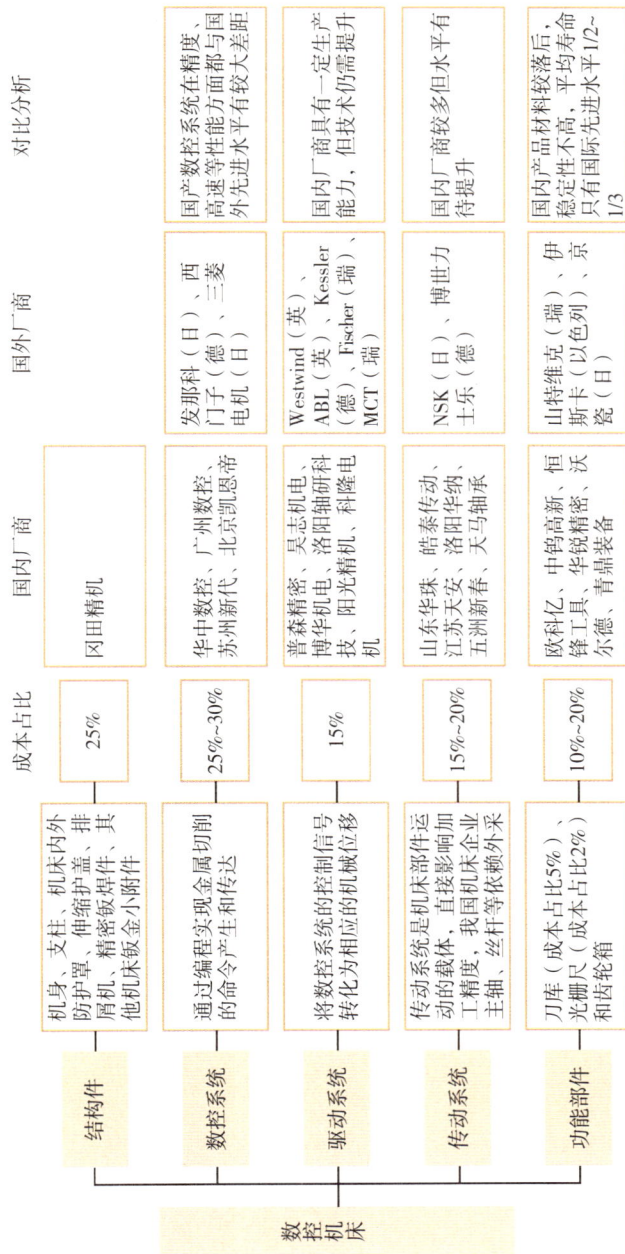

图4 数控机床功能部件的国内外厂商对比分析

资料来源：根据公开资料整理。

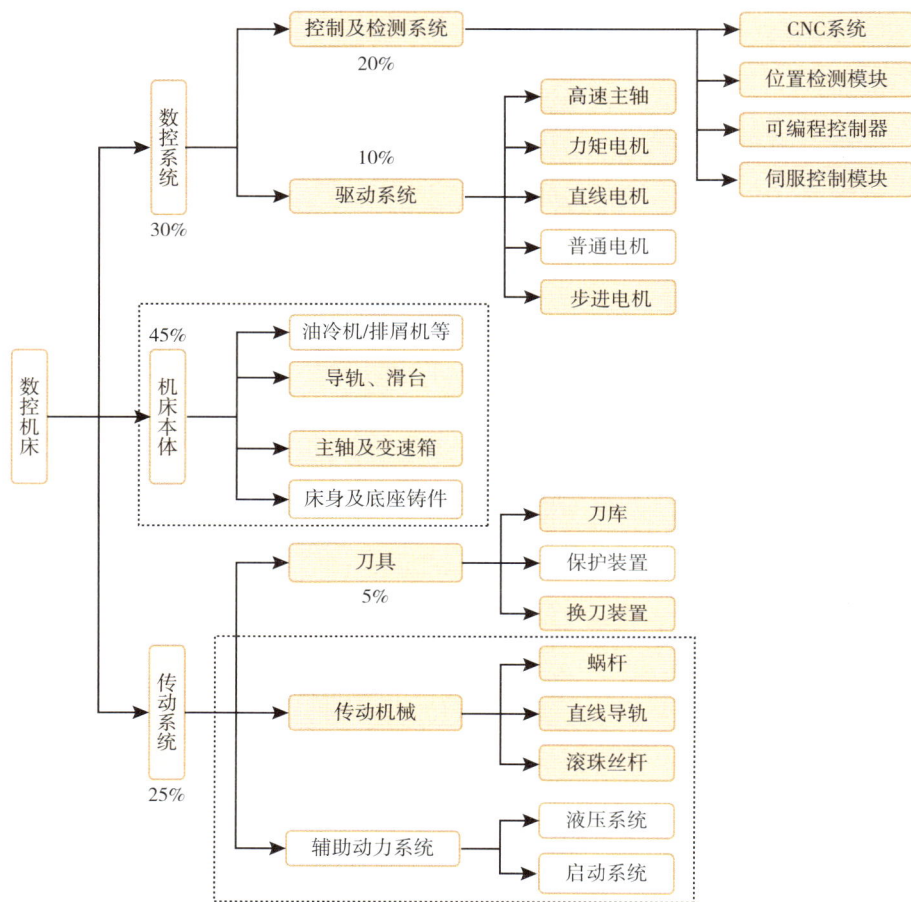

图 5　数控机床成本构成

资料来源：根据公开资料整理。

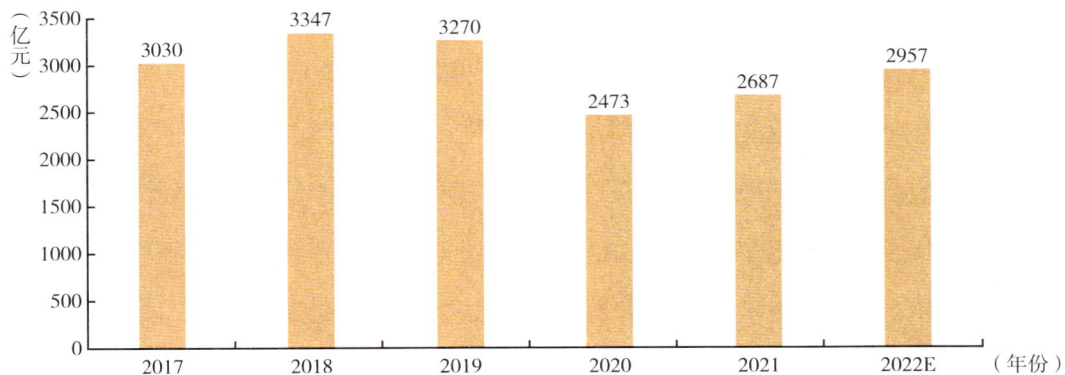

图 6　我国数控机床市场规模

资料来源：根据公开资料整理。

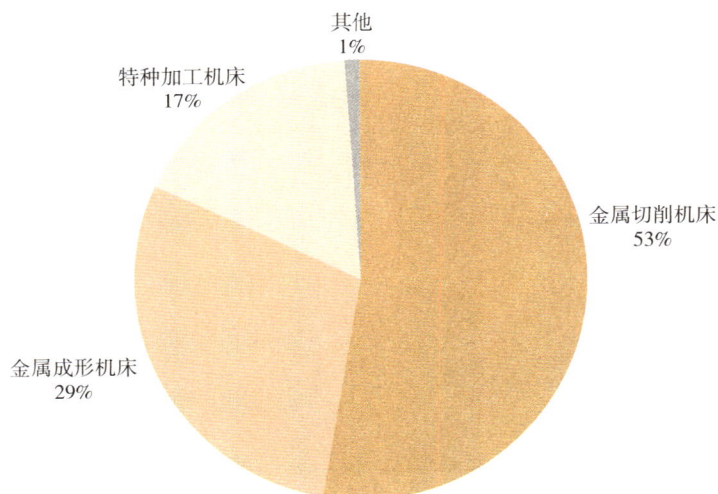

图 7　我国数控机床产品规模结构

资料来源：根据公开资料整理。

（三）高端数控机床的特点

高端数控机床国产化率低、价值量高、市场空间大，通过不断突破核心关键技术瓶颈，有实现国产替代的巨大空间，是数控机床投资关注的重点细分领域。我国数控机床起步较晚，国产机床目前能够基本满足中低端需求，但高端数控机床领域国产化率较低，仍然依赖进口。根据公开资料，2019 年我国低、中、高端数控机床国产化率分别为 85%、68% 和 6%（见图8）。高端数控机床技术门槛高、研制开发难度大，具有价值量高的特点。根据对近几年数控机床行业主要上市公司的调研情况，五轴联动机床均价少则每台几十万元，多则每台四五百万元。随着下游制造业转型升级不断发展，基于高端数控机床价值量高的特点，未来四年高端数控机床市场空间将会快速增长，根据中国机床工具工业协会统计的重点联系机床企业五轴机床产销数据和国产化率数据，预计到 2025 年高端数控机床市场空间将达到约 700 亿元的规模（见图9）。

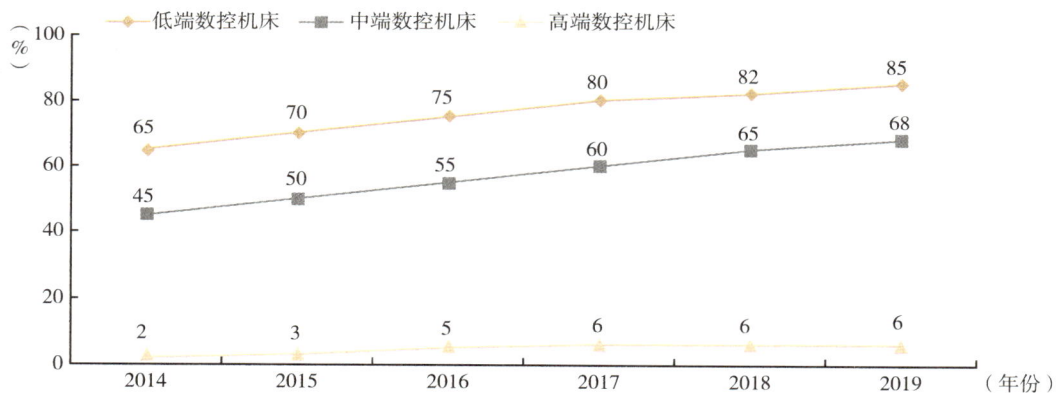

图 8 低、中、高端数控机床国产化率

资料来源：根据公开资料整理。

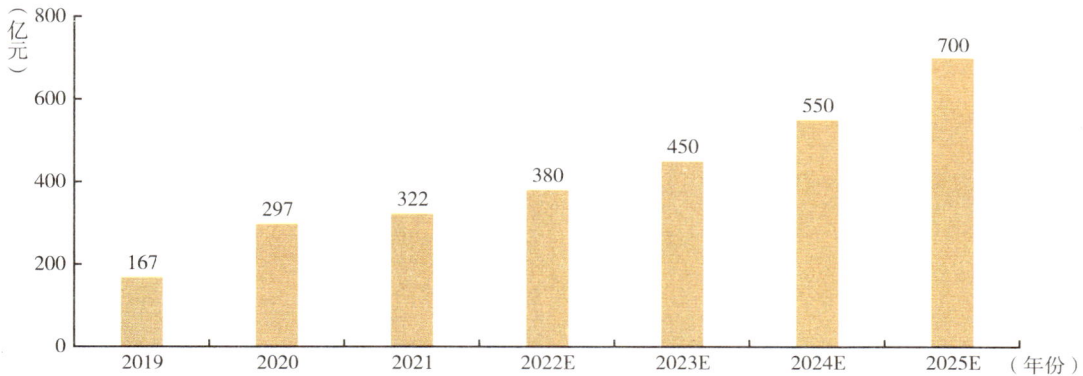

图 9 2019~2025 年高端数控机床市场规模

资料来源：根据公开资料整理。

　　高端数控机床虽无统一权威标准，但行业共识是逐渐趋向数控化、高精度和复杂程度加深。关于数控机床，在投资过程中普遍存在一个问题：什么是高端数控机床？几乎所有企业都会强调自己的技术先进性，但从目前来看尚不存在由主管部门拟定、行业普遍认可的权威性界定。部分上市公司根据自身产品特点和技术指标提出了高端数控机床的评价标准，如表 4 所示。整体来看，高端数控机床的主要标准包括：数控化、高精密度、加工复杂程度深（联动轴数至少四轴）。因此在评判高端数控机床相关标的时，可以从标的公司产品技术对于高端数控机床关键指标和核心技术的影响程度和自控能力角度考察。高端、中低端不同类型数控机床的指标对比可见表 5。

表 4   不同公司对高端数控机床的评价标准

公司	评价标准
国盛智科	① 数控化
	② 联动轴数达到四轴及以上
	③ 主轴转速 ≥ 12000rpm，且精度达到精密级
	④ 复合化、大型化和智能化
科德数控	① 数控化
	② 高精密度
	③ 高复杂性、五轴联动
纽威数控	① 四轴及以上加工中心
	② 采用动力刀架的数控车床
	③ 车铣复合数控机床
	④ 精度达到精密级

资料来源：根据公开资料整理。

表 5   高端、中低端不同类型数控机床的指标对比

指标	高端			中低端		
	立式	龙门	车床	立式	龙门	车床
主轴转速（rpm）	>12000	>18000	N/A	6000~12000	20~10000	N/A
定位精度（X/Y/Z）（mm）	0.008	0.03	0.015	>0.008	>0.03	>0.015
四轴及以上加工中心	Y	Y	N/A	N	N	N/A
定位精度 A/C	10″	10″	N/A	N/A	N/A	N/A
重复定位精度（X/Y/Z）（mm）	0.005	0.01	0.0075	>0.005	>0.01	>0.0075
进给速度（m/min）	40~100	15~50	>30	20~40	< 20	20~30
刀塔转位重复定位精度（YZ/ZX）（mm）	N/A	N/A	>0.002/0.004	N/A	N/A	>0.002/0.004
精车外圆圆度（mm）	N/A	N/A	>0.0035	N/A	N/A	>0.0035

资料来源：根据公开资料整理。

三、数控机床行业应该如何投资布局

（一）数控系统：关注功能多样、生态完善和强适配性

数控系统及其生态的完善和适配性是布局数控系统和整机的重要考量因素。数控系统（CNC 系统）作为数控机床的大脑，通过编程实现对机床的控制，在机床中的成本占比为 25%~30%。2022 年，我国 CNC 系统市场规模约 120 亿元，同比增长超过 30%。高端数控系统算法复杂空间建模 Know-How、优化补偿技术、可靠性、应用延展能力等构成数控系统重要门槛。除此之外，芯片、光纤通信对系统性能提升也起到关键作用。我国高档数控系统长期被发那科和西门子等外资企业所垄断。这些龙头企业均采用专用芯片，有多类型输出信号满足不同用户需求，既可控制主机，也可控制机器人及线上各部分物流的动作。国内厂商科德数控、北京精雕自产五轴联动数控系统配套使用，走在国内前列。数控系统重点关注的不仅仅是系统本身，如同计算机的操作系统一样，如果只有系统没有与之适配的软件，机床企业的拓展仍然会举步维艰，因此数控系统的长期目标实际上是搭建较好的生态环境，因此单纯的数控系统公司是非常难以生存的，必须同时搭载机床共同销售。

（二）传动系统：影响加工精度，技术突破能力要重视

电机、主轴、滚珠丝杆的中高端国产替代是上游布局的另一个重点。驱动系统和传动系统仿佛人的心脏和骨骼。驱动系统中，电机是核心，包括伺服电机和主轴电机，电机的参数各有不同，但最终都需要反映到进给速度、精度以及主轴转速这些客观指标上，这些指标本身需要与机床的用途紧密地结合。传动系统是机床部件运动的载体，直接影响加工精度。其中机床主轴是数控机床最重要的核心零部件之一，集高转速、高精度、高效率、高可靠性于一体，其技术水平的高低和质量的优劣直接决定着机床的品质。主轴分为机械主轴和电主轴两类，机械主轴轴承一般需具备 P4 及以上级超精密度，国内轴承厂加工能力仍有较大差距；电主轴则是跨行业综合技术的结合，包括精密制造技术、轴承技术、电机调速技术，功率 40kW 以上的

就依赖进口。数控机床使用的滚珠丝杆，具备高效性能、精密定位、精密导向、对 CNC 指令反应快速等特点。国内滚珠丝杆企业存在产值小、运营不规范等问题，缺乏可与 NSK、THK、Rexroth 等比肩的知名企业。

（三）中高端刀具：高消耗品，多样化和研发能力是关键

功能部件中，中高端刀具因其在数控机床全生命周期中的价值量和国产替代市场而成为上游重要的投资布局领域。功能部件可以类比为人的四肢，主要包括刀具（总成本占比 5%）、光栅尺（总成本占比 2%）、齿轮箱等。我国严重依赖进口的刀具集中在航空航天、军工、汽车发动机等领域，高端刀具生产门槛包括基体新材料的研发、涂层技术开发和应用、结构创新设计。刀具板块虽然成本只占机床初始成本的 5%，但是由于刀具是消耗品，需要不停地更换，所以在整个机床的生命周期中，刀具的累积成本可以达到机床价值的 50%，一些加工特殊材料的刀具的累积成本甚至可以达到机床价值的 3~5 倍。刀具主要分为四类：硬质合金、高速钢、陶瓷以及超硬材料（人造金刚石和立方氮化硼）。目前硬质合金刀具的占比最高，陶瓷和超硬材料针对特殊材料有着更好的效果。目前我国机床刀具市场相当分散，领先的外资企业包括山特维克（Coromant）、美国肯纳（Kennameta）、日本京瓷（Kyocera）、伊斯卡（Iscar）等，内资品牌包括株洲钻石、厦门金鹭、华锐精密和欧科亿等。综合来看，刀具种类繁多，且需要足够的技术研发才能形成技术门槛；作为全生命周期的消耗品，刀具的周期性较机床更弱，因此，刀具企业成为机床上游零部件很好的投资标的。

（四）数控机床整机：技术积淀深厚，关键零部件自供

作为典型的机电一体化产品，数控机床是机械技术与数控智能化的结合。为了解中游企业发展演进，梳理中游的布局思路，投资团队对两类中游企业分别进行整理分析，一是中国早期成立的机床厂（见表 6），也就是我们常说的"十八罗汉"，二是目前已经上市的公司（见表 7）。我们对这些企业的发展历程和发展情况做了整理。

表 6　中国早期成立的机床厂发展历程

名称	成立时间	主营产品	发展历程
齐齐哈尔第一机床厂	1950 年	立式车床	2000 年改组为齐重数控，2007 年被浙江天马收购，生产高档数控重型机床。
齐齐哈尔第二机床厂	1950 年	铣床	成功研制出我国第一台数控立铣、第一台数控龙门铣等，在历史上创造了共和国多项第一；2008 年并入中国通用技术；近几年先后研发制造出用于航天领域的大型环缝焊接专机，是**世界最大重型数控镗铣床生产基地**。
沈阳第一机床厂	1935 年	卧式车床专用车	1995 年组成沈机集团，曾生产新中国第一台机床、第一台数控机床、第一台卧式铣镗床等；2003~2010 年产值翻两番，2012 年机床收入世界第一；2019 年破产后并入中国通用技术。
沈阳第二机床厂	1993 年	钻床／镗床	
沈阳第三机床厂	1949 年	六角车床自动车	
大连机床厂	1953 年	卧式车床组合车床	曾是全国最大的组合机床、柔性制造系统以及自动化装备研发制造基地；2019 年破产后并入中国通用技术。
北京第一机床厂	1949 年	铣床	第一家制造数控铣床的企业；与日本大隈、日本精机、法国 Fabricom 设立合资公司；全资收购意大利 SAFOP 公司等；整合北京第二机床厂，2012 年完成股份制改造，专攻重型及超重型机床。
北京第二机床厂	1953 年	牛头刨床	2010 年被北京第一机床厂收购。
天津第一机床厂	1951 年	插齿机	以生产锥齿轮加工机床和成套技术著称，数控插齿机、铣齿机在国内市占率较高，产品出口至巴基斯坦、苏丹、乌兹别克斯坦等国家；2014 年改制为有限责任公司。
济南第一机床厂	1948 年	卧式车床	改革开放后与山崎马扎克签订高速精密机床加工协议；2008 年解除合作；2013 年改制重组，并入山东威达集团。

续表

名称	成立时间	主营产品	发展历程
济南第二机床厂	1937 年	龙门刨床 机械压力机	"十八罗汉"中唯一独善其身、越战越勇的企业；**国内汽车冲压**市场占有率 80% 以上，国际市场占有率 35% 以上，成为全球压力机产能规模最大的企业。
重庆机床厂	1940 年	滚齿机	成功试制 6 轴 CNC 数控滚齿机，实现了中国高档数控齿轮机床零的突破；2005 年改制成立重庆机床集团；主要产品**滚齿机、数控剃齿机**国内市场占有率长期保持在 60% 以上。
南京机床厂	1948 年	六角车床	成功试制新中国第一台自动车床，到 1992 年研发生产了各种型号的车床共约 4 万台；2007 年改制为南京第一机床厂有限公司，发展一度停滞。
无锡机床厂	1948 年	内圆磨床	2003 年转制为民营企业，2014 年并入新苏集团。
武汉重型机床厂	1953 年	工具磨床	2011 年并入中国兵器工业集团；重型机床产品全部数控化，国内生产重型、超重型机床规格最大、品种最全的大型骨干企业。
长沙机床厂	1912 年	拉床	曾在 60 吨以上大吨位立式拉床市场上占据垄断地位，技术水平达到世界先进水平，市占率高达 99%；20 世纪 90 年代后期经营困难，负债累累；2006 年被湖南友谊阿波罗收购；2016 年宣布破产。
上海机床厂	1959 年	外圆磨床 平面磨	**中国最大精密磨床制造企业**，2006 年并入上海电气集团。
昆明机床厂	1953 年	镗床	相继研发出 200 多种科技产品，其中 140 多种属于"中国第一台"；1993 年改为股份制，1994 年上市，2005 年沈机集团成为其第一大股东；近年来连年亏损、资不抵债，2017 年破产退市。

资料来源：根据公开资料整理。

表 7　数控机床上市公司主要经营情况

名称	上市板块	上市日期	主营构成	与机床相关部分	主要下游市场
创世纪	创业板	2010-5-20	以 3C 为主的钻攻机＋通用加工中心（立式／卧式／龙门）。	数控机床等高端装备收入占比 97.36%。	3C 业务产品主要为面向消费市场的钻攻机；通用业务产品主要为电机、电控、电池模组壳体等，新能源（车）业务有望达到公司收入的 10%。
秦川机床	主板	1998-9-28	机床类 17.04 亿元；零部件 13.16 亿元；工具类 3.66 亿元；贸易类 2.5 亿元	—	传统制造业
海天精工	主板	2016-11-7	数控龙门加工中心（2020 年营收占比 56.4%）；卧式加工中心／立式加工中心。	2020 年营收约 15.96 亿元，占比约 98%。	航天航空、高铁、汽车零部件、模具等。
日发精机	主板	2010-12-10	固定翼工程；数控车床；直升机工程、航空航天部总装等。	数控车床 2020 年营收 5.9 亿元，占比 30.8%。	航空服务业占 50.3%；航空制造业占 17.28%；机械零部件制造业占 32.4%。
亚威股份	主板	2011-3-3	金属成形机床业务、激光加工装备业务、智能制造解决方案业务。	数控金属板材成形机床及生产线收入占比 65.35%。	汽车、交通、航空、钣金、电力电气、电梯、家电等行业。
纽威数控	科创板	2021-9-17	大型加工中心、立式数控机床、卧式数控机床。	定柱式龙门加工中心占比 32.08%，立式加工中心与卧式加工中心各占约 30%。	产品主要应用于汽车、工程机械、模具、阀门、自动化装备、电子设备、航空、船舶、通用设备等众多行业。其中，汽车行业在上市后的前三个季度收入占比分别为 20.95%、19.67%、21.67%，占比较高。

续表

名称	上市板块	上市日期	主营构成	与机床相关部分	主要下游市场
*ST沈机	主板	1996-7-18	数控机床、普通机床、相关软件及零部件。	数控机床占比59.81%，备件及其他占比29.1%。	汽车制造、航天航空、军工等。
华中数控	创业板	2011-1-13	数控系统与机床、机器人、特种装备。	数控系统与机床占46.89%；机器人占比31.82%；特种装备占比16.67%。	公司研制60多种专用数控系统，应用于纺织机械、木工机械、玻璃机械、注塑机械。公司红外热成像仪产品已广泛应用于钢铁、能源、化工、医疗等行业。
国盛智科	科创板	2020-6-30	数控机床、装备零部件、智能自动化生产线。	数控机床占比64.8%，其中高档数控机床占比33.44%。	下游客户主要包括机械设备（包括工程机械、自动化等）、精密模具、汽车、新能源、工业阀门、消费电子、石油化工、轨道交通、航空航天、生物医药、军工等领域。
浙海德曼	科创板	2020-9-16	高端数控机床占46.34%；普及型数控机床占37.56%。	数控机床占比共计83.9%。	汽车制造占比约58%；工程机械占比约20%；通用设备占比约10.76%。

续表

名称	上市板块	上市日期	主营构成	与机床相关部分	主要下游市场
宇环数控	主板	2017-10-13	数控研磨抛光机、数控磨床。	数控研磨抛光机占比87.5%。	消费电子制造业占比95%。
华辰装备	创业板	2019-12-4	全自动数控轧辊磨床、维修改造业务。	全自动数控轧辊磨床占比82.76%。	下游以钢铁公司为主。
科德数控	科创板	2021-7-9	五轴立式、五轴卧式、五轴龙门、五轴卧式铣车复合四大通用加工中心和五轴磨削、五轴叶片两大系列化专用机床以及相应数控系统。	五轴联动数控机床占比98%以上，其中五轴立式加工中心占比55.12%。	航空航天占47.1%；汽车占15.1%；机械设备占12.6%；能源占7.6%。
华东数控	主板	2008-6-12	数控机床、普通机床。	数控机床占比73.61%。	新能源、高端装备制造、重型精密机床制造及重型精密加工、数控及普通机床、太阳能光伏发电逆变器及电站工程。

资料来源：根据公开资料整理。

　　细分领域不断突破形成行业龙头，但行业集中度仍较低。不难看出，早期的机床企业后续出现比较明显的两极分化，一类企业后续由于盲目并购加之管理不善等原因最终破产或并入其他企业，另一类则在细分领域不断突破；最终成为具备特色的行业龙头企业。通过对上市公司的梳理可以发现，创世纪、秦川机床、海天精工、纽威数控和亚威股份市占率位居前五，上市公司 CR5 预测市占率仅为 7.81%，行业集中度低。

　　选择这两大类企业进行分析，是希望寻找针对机床行业中游即机床企业的投资是否有一些共性可供参考，经过对这些企业历史沿革及目前经营状况的分析，我们初步形成了以下几个判断。

　　（1）机床涵盖范围广，目前没有企业能够把所有类型的机床全部覆盖，因此选择具备特色的细分领域的龙头企业是投资机床企业的主要思路，其中优质的专用机床生产企业可作为优先布局对象，这些企业的下游以航空航天和汽车零部件领域为主。

　　（2）机床或核心零部件（非光机）的总规模以占整个企业营收的 80% 以上为宜，很多企业在生产机床的同时会从事机械加工或铸件等生产，要具体根据机械加工的下游来进行进一步分析，如果是简单的机械加工业务则对企业价值有一定负面影响。

　　（3）机床企业需要长期的技术积累和沉淀，要布局设立时间相对较长、核心人员为行业内资深人员且较为稳定、股权相对集中的企业作为投资标的。

　　（4）布局能够最大程度地实现核心零部件自主生产的企业。

四、数控机床行业投资标的的筛选与评判

　　通过前面的分析，我们梳理出数控机床行业投资思路和方法如下。

（一）零部件优先：重点关注数控系统、主轴、丝杆及刀具

　　机床行业是典型的金字塔行业，我国既是机床的生产大国，也是机床的消费大国，随着机床

精度、轴数及加工材料广度的逐渐提升，自主比例显著降低。这充分说明做出一台机床并不难，但做出一台优秀的机床则任重道远。针对这样的特点，结合机床本身上游核心零部件的成本占比情况及通用性，对零部件的投资优先级应该高于对整机企业的投资，而在核心零部件的选择中，数控系统、主轴（电主轴及机械主轴）、丝杆和刀具值得重点关注。一方面，这些零部件目前"卡脖子"的问题最为突出，且通用性较强，能够在一定程度上弥补单个整机企业的波动性影响。另一方面，消耗型的零部件（如刀具）和市占率高的非消耗型零部件值得重点优先布局。

（二）整机次之：细分龙头、产品高价值多样化、核心零部件自供

数控机床整机厂投资标的的选择应具备以下条件。

（1）有高单价的量产商品：机床单价通常与先进性有明显的正相关性，高单价的量产商品是对机床先进性较好的证明之一。

（2）具备明显差异化优势：细分领域的绝对龙头企业；机床的种类繁多，无论是加工方式还是加工零部件尺寸都有多种分类，也形成了多种组合，在众多组合中能够形成错位的竞争优势、满足特殊领域的需求的企业值得我们重点关注。

（3）核心零部件自供率高、下游行业需求快速放量：通用机床重点关注具备多种核心零部件自主生产能力的企业，专用机床重点关注离主机厂"近"的企业。

（4）针对成长快速的中小企业，重点关注其技术来源及布局，对仅仅是因为周期性而有业绩增长的企业则谨慎布局。

（三）标的鉴别：避免唯技术论、唯高端论、唯参数论

对投资标的可从以下角度进行鉴别和筛选。

（1）核心人员与核心技术来源：核心人员应该长期从事机床行业的工作，核心技术以自研为主，盲目以技术为导向的并购对机床行业并不是一个最优选择，因为技术的转化特别是团

队的整合对于任何行业的并购都是非常重要的，频繁的并购无法保证企业能在短期内消化吸收技术。

（2）股权清晰不分散：避免股权较为分散、实控人话语权较弱的企业。

（3）客户所属行业需求空间和放量时机：机床是强下游需求型行业，标的产品最终都要能成功转化为下游需要的、可以量产的商品，能够抓住核心优质客户的机床企业是我们应该优先考虑的企业。

（4）在对下游客户为航空航天应用的机床企业进行跟踪时，应重点关注以下几个问题：一是解决了谁的需求，重点关注终端客户来源和占比（是军用拉动为主还是民用拉动为主）；二是解决了什么具体问题，这里主要关注是否能够解决新型材料在航空航天领域运用的加工工艺问题。新材料在航空航天领域的运用多为减轻机身重量，增加机动性、有效载荷以及航程。近年来，飞机越来越多地采用铝合金、钛合金、耐高温合金等新型轻质材料。由于飞机机身结构件在加工过程中原材料去除量大，整体材料利用率仅为 5%~10%，复合材料用量的增加及整体结构的复杂化对机床提出更高要求；三是解决这些问题的核心有多少自主可控的部分，重点关注实现全自主可控的企业。

（5）避免唯高端论、唯参数论：目前高端机床没有统一标准，面对"高端"，一定要深入去了解到底高端在哪，是因为采用了五轴，还是因为加工精度，抑或是因为材料加工的种类；另外，机床是典型的 to B 业务，下游的生产制造业客户关心的核心是投入产出比，对于机床这种生产资料，一定是结合具体的下游场景和用途以及未来的发展趋势来判断企业是否有购置的需求，有时候技术的先进性在成本和良率面前不一定能占上风。

（建信北京高端制造 1 组　唐萧萧、秦　建、贾　强）

工业软件

打破封锁与制止"贫血"是
行业投资国产替代的基本逻辑

工业软件是工业技术软件化的成果，是对工业技术 / 知识、流程的程序化封装与复用，是工业技术核心 Know-How 的标准化积累，是工业之"魂"和制造强国"重器"，已成为工业化进程不可或缺的一环。我国是工业大国，是全球第一制造业强国（2010 年以来，我国制造业增加值已连续 12 年世界第一），年制造业增加值占全球的 30% 左右，但我国的工业软件整体市场仅占全球市场的 10%，而在工业设计等大量关键软件门类上，我国工业软件的自主化率不足 10%。从工业软件的视角来看，我国工业呈现大而不强的特征，在逆全球化风潮下面临严峻的断供风险。国产自主可控工业软件的发展既是我国工业连续供应的迫切需要，也是我国经济未来发展的重要驱动力来源。

一、工业软件为何突受关注

海外依赖严重，亟须国产破局。我国工业软件国产化率低，属于强"卡脖子"领域，在当前中美脱钩的大背景下，我国许多工业企业面临国际供应"断链"风险。我国国产工业软件市场规模在全球工业软件行业中所占比例远低于制造业增加值在全球所占份额。目前工业软件国产化率不到 10%，高端核心技术长期被国外垄断。为了避免在今后发展中被"卡脖子"，工业软件国产化替代势在必行。

精益生产转型，市场空间广阔。我国制造业规模庞大，但是数字化和智能化程度低。随着我国人均 GDP 达到中等发达国家水平，我国工业生产力与国际竞争对手的比拼，已经不能再是低附加值的成本层面比拼，而是需要通过数字化精益生产等方式来实现工业生产的高附加值。工业软件是实现工业企业数字化的重要工具，随着我国工业由规模粗放发展向精益生产转型升级，工业软件市场将迎来广阔增长空间。随着云计算、5G、人工智能的快速发展，新技术驱动的工业产业变革已然开始，工业互联网随之被纳入新型基础设施建设。在工业互联网网络＋平台＋安全的新型架构体系下，工业软件将迎来新的变革。工业软件正基于工业互联网平台与工业数据、工业知识、工业场景的深度融合，向云化、轻量化、平台化转变，发展潜力巨大。

占据产业核心，撬动巨大空间。工业软件在产业中的核心位置具有强大的杠杆效应。工业软件是工业核心 Know-How 的标准化积累，千亿级的工业软件行业杠杆效应极高，是百万亿级工业产业的基石。缺少工业软件的辅助，工业制造业的成本将千百倍地提升。工业软件如果被"卡脖子"，将会拖住整个工业制造业。千亿级别的工业软件市场可以撬动百万亿级的工业产业，发展工业软件具有重要意义。

建设制造强国，政策助力发展。国家大力支持工业软件发展，将其提升至推动建设制造强国的重要地位。近年来，国家不断发布政策（见表 1）助力工业软件、工业互联网的发展，地方政府也积极推动相关技术攻关与应用，促进工业企业向数字化、智能化升级。自 2017 年国务院发布《关于深化"互联网＋先进制造业"发展工业互联网的指导意见》以来，我国不断推出政策助力工业软件发展。工业软件是工业互联网发展的关键一环，中央和地方政府意识到工业软件发展的紧迫性，投入了大量资源。2021 年 7 月 30 日，中央政治局召开会议，提出我国要强化科技创新和产业链供应链韧性，加快解决关键环节受到限制的难题。我国作为全球第一大工业体，迫切需要发展自主工业操作系统和自主工业软件体系。2021年11月30日，工信部发布《"十四五"软件和信息技术服务业发展规划》，提出"重点突破工业软件"是"十四五"软件和信息服务发展的主要任务之一[1]，并强调要研发推广计算机辅助设计、仿真、计算等工具软件，大力发展关键工业控制软件，加快高附加值的运营维护和经营管理软件产业化部署，发展行业专用软件，包括设计仿真系统软件（CAX）等。2022年7月8日，工信部指导成立工业软件创新合作中心，旨在汇聚工业软件产学研用金各方资源，融合工业软件及工业互联网领域产业链协同创新和产业生态平台能力，构建工业软件创新合作的产业生态。作为全国经济的领头羊之一，广东积极推动工业软件发展。2021年6月发布《广东省制造业数字化转型实施方案（2021~2025年）》，实施广东"铸魂工程"[2]，大力发展工业软件及基础软件，组建数字化工业软件联盟，成立关键软件攻关委员会。2022年广东省《政府工作报告》重点任务分工方案中，明确深入实施核心软件攻关工程，推动工业软件攻关及应用，出台《核心软件攻关工程试点应用方案》，优化关键软件攻关委员会运行与决策机制，完成2022~2025年技术攻关与试点应用任务清单。

（1）　引自工信部官网。
（2）　引自广东省人民政府官网。

表 1   国家近几年出台的工业软件、工业互联网相关政策

发布时间	发布方	政策名称	重点内容
2017 年 11 月	国务院	《关于深化"互联网＋先进制造业"发展工业互联网的指导意见》	加快信息通信、数据集成分析等领域技术研发和产业化，集中突破一批高性能网络、智能模块、智能联网装备、工业软件等关键软硬件产品与解决方案。
2018 年 4 月	工信部	《工业互联网 APP 培育工程实施方案（2018~2020 年）》	围绕制造业提质增效和转型升级实际需求，推动软件技术与工业技术深度融合，工业 App 培育与工业互联网平台建设协同推进，着力突破共性关键技术，夯实工业 App 发展基础，着力提高工业 App 发展质量，提升价值和应用效果，着力构建开放共享和流通交易机制，推动工业 App 向工业互联网平台汇聚。
2018 年 8 月	工信部 国家标准化管理委员会	《国家智能制造标准体系建设指南（2018 版）》	对工业标准进行规范，主要包括产品、工具、嵌入式软件、系统和平台的功能定义、业务模型、技术要求等软件产品与系统标准；工业技术软件化方法、参考架构、工业应用程序封装等工业技术软件化标准。用以促进软件成为工业领域知识、技术和管理的载体，提高软件在工业领域的研发设计、生产制造、经营管理以及营销服务活动中的作用。
2018 年 9 月	国务院	《关于推动创新创业高质量发展打造"双创"升级版的意见》	深入推进工业互联网创新发展；推进工业互联网平台建设，形成多层次、系统性工业互联网平台体系，引导企业上云上平台，加快发展工业软件；培育工业互联网应用创新生态。
2020 年 7 月	中央深改委	《关于深化新一代信息技术和制造业融合发展的指导意见》	加快推进新一代信息技术和制造业融合发展，以智能制造为主攻方向，加快工业互联网创新发展，加快制造业生产方式和企业形态根本性变革。

续表

发布时间	发布方	政策名称	重点内容
2020 年 8 月	国务院	《新时期促进集成电路产业和软件产业高质量发展的若干政策》	聚焦高端芯片、集成电路装备和工艺技术、集成电路关键材料、集成电路设计工具、基础软件、工业软件、应用软件的关键核心技术研发，不断探索构建社会主义市场经济条件下关键核心技术攻关新型举国体制。
2021 年 1 月	工信部工业互联网专项工作组	《工业互联网创新发展行动计划（2021~2023 年）》	到 2023 年，工业芯片、工业软件、工业控制系统等供给能力明显增强，系统布局新型基础设施，加快第五代移动通信、工业互联网、大数据中心等建设。
2021 年 3 月	第十三届全国人大四次会议	《中共中央关于制定国民经济和社会发展第十四个五年规划和二〇三五年远景目标的建议》	系统布局新型基础设施，加快第五代移动通信、工业互联网、大数据中心等建设。
2021 年 11 月	工信部	《"十四五"软件和信息技术服务业发展规划》	提升基础软件、工业软件等关键软件的供给能力；将工业软件作为重点突破的任务之一，研发推广计算机辅助设计、仿真、计算等工具软件，大力发展关键工业控制软件；加快高附加值的运营维护和经营管理软件产业化部署。
2021 年 11 月	工信部	《"十四五"信息化和工业化深度融合发展规划》	加快工业芯片、智能传感器、工业控制系统、工业软件等融合支撑产业培育和发展壮大，增强工业基础支撑能力。
2021 年 12 月	工信部等八部门	《"十四五"智能制造发展规划》	智能制造装备和工业软件技术水平和市场竞争力显著提升，国内市场满足率分别超过 70% 和 50%。主营业务收入超 50 亿元的系统解决方案供应商达到 10 家以上。

资料来源：根据公开资料整理。

二、千亿规模，谁主沉浮

全球工业软件行业市场规模庞大。2019 年，全球工业软件市场规模达到 4107 亿美元，2012~2019 年年均复合增长率为 5.4%。2020 年全球工业软件市场规模达到 4358 亿美元，同比增长 6.11%（见图 1），整体规模巨大。发达国家在工业软件领域有着较强的先发优势，北美和欧洲的工业软件所占市场份额最大，分别达到 39% 和 32%。

图 1　全球工业软件市场规模及同比增速

资料来源：根据公开资料整理。

制造强国积极推动工业软件发展。从全球范围看，工业制造强国主要包括欧洲国家（德国、法国、瑞士、俄罗斯）、美国、日本、韩国等。欧美发达国家和地区将"掌握最先进的制造业核心软件"视为保证本国制造业"持续掌控全球产业布局主导权"的必要条件。美国政府高度重视工业软件发展，将工业软件发展提升至国家战略高度，这也是美国工业软件产业得以快速发展的根本所在。美国政府和军工企业的持续支持、知识产权政策法规的底层支持，再加上产学研用结合的完善机制，为工业软件研发和商业化提供了肥沃土壤。欧洲发达国家在工业软件方面发布了一系列政策措施，制订宏观战略规划，德国在 2013 年就提出了"工业 4.0"，法国将软件产业视为国家经济的"火车头"。欧美经济体积极布局前沿技术，在全球工业软件市场积累了巨大的优势。目前，工业软件市场基本被海外巨头垄断，如西门子（Siemens）、达索（Dassault）、欧特克（Autodesk）等（见表 2）。

表 2　国外典型工业软件公司

国家	相关工业软件公司
德国	西门子、思爱普
法国	达索、施耐德电气
美国	PTC、安西斯、欧特克、新思科技、甲骨文、IBM

我国内需潜力巨大，自主可控大有可为。从需求侧来看，近年来，国内工业软件产业规模占全球比重小，但增长率远高于全球平均水平。国内工业软件 2020 年市场规模 1974 亿元（见图 2），我国工业软件市场规模仅占全球的 7.4%，但是国内增长速度较快，2015~2020年国内工业软件市场规模年均复合增长率高达 16.14%，大幅高于全球平均水平，发展迅速。根据世界银行数据，中国 2020 年制造业增加值占全球比重为 28.61%，2010~2021 年连续十二年保持世界第一制造大国地位，相比于同期工业软件规模所占全球比重，可预计未来我国的工业软件产业将有广阔的发展空间。据测算，2025 年我国工业软件市场规模有望突破4000 亿元，2021~2025 年年均复合增长率估计为 15.6%。从供给侧来看，工业软件是被发达国家限制的重点，正在成为我国由制造大国走向制造强国的主要瓶颈。工业软件在国内因起步较晚，高端核心技术长期被外国垄断。2020 年，中国制造业规模占全球的 20.3%，但我国工业软件市场规模仅占全球的 6.2%（见图 3）。国内企业用的研发设计类、生产控制类工业软件还高度依赖海外。截至 2021 年底，已经有 611 家中国公司被美国列入"实体清单"，其

中很多是中国高科技领域的 IT 公司。我国高端制造业跟发达国家相比还有很大差距，目前工业软件国产化率不到 10%，急需进行国产替代。

图 2　我国工业软件市场规模

资料来源：根据公开资料整理。

图 3　我国工业增加值和工业软件市场规模占全球比重

资料来源：根据公开资料整理。

　　工业软件行业壁垒高，用户黏性强，巨头跨界颠覆难度较大。工业软件的设计需要大量工业体系、行业技术和管理经验，每一个细分方向的工业软件都有着很高的行业壁垒，短时间内很难构建起核心竞争力。同时，工业软件具有很强的用户黏性，一家企业使用了某款工业软件，和其具有技术关联或者供应链关系的企业可能会更倾向选择同一款软件，而且随着用户的增多，用户所提供的反馈又成为产品功能完善和性能提升的重要动力，如此一来工业软件的护城河就会越来越深。

三、细分赛道众多，如何"下注"

　　突出重点，有所取舍。国产替代与数字化创新是我们投资的两条主线逻辑。参考我们对工业软件的定义，把握两个核心：工业软件既需要促进工业过程与产品增值，也需要工业技术与知识的积累。从工业行业各个纵向产业环节的维度看，一个工业产品从诞生到消亡的完整生命周期，可以分为三个过程：从 0 到 1（研发、设计）、从 1 到 N（生产制造）、从 N 到 0（销售）。从环节上看，我们重点关注与研发、设计、生产制造有关的工业软件。从子行业来看，我们重点关注电子、汽车、装备、家电、航空、轨道交通等一般工业制造业相关的工业软件，芯片相关 EDA 工业软件情形更为特殊，宜另做专门分析。从工业行业整体发展的维度看，工业从 1.0 时代到步入 4.0 时代，先后经历了机械化、电力化、自动化与数字智能化的变革。对工业自动化装备内部的传统嵌入式软件，我们不做重点关注，但对数字智能化会进行特别关注。传统的研发设计、生产制造工业软件，更像一个个具体的工业 App，是某个具体工业环节的数字化与软件化，但要实现全厂或跨厂的工业数据互通、形成工业大数据池与之上的工业智能决策分析，需要工业数字化有关的软硬件基础设施，形成数字工业平台。

（一）研发设计类工业软件

研发设计类工业软件主要包括计算机辅助设计（Computer Aided Design, CAD）、计算机辅助工程（Computer Aided Engineering, CAE）、计算机辅助工业设计（Computer Aided Process Planning, CAPP）、计算机辅助制造（Computer Aided Manufacturing, CAM）等。其中，缩写以 CA 开头的 CAD、CAE、CAPP、CAM 等可统称为 CAX 类软件，是研发设计类软件的核心，是投资的重点方向。CAX 实际上是把多元化的计算机辅助技术集成起来复合和协调地进行工作，CAD、CAE、CAM 一体化集成发展是行业的大趋势。CAD 软件占据初始设计端口，适用性更加广泛，CAE 和 CAM 都依赖于 CAD 来发挥各自独特的功能。目前国外巨头达索、西门子、PTC 等都具有 CAD/CAE/CAM 一体化的服务能力，国内研发设计类工业软件厂商也在发展从 CAD、CAE 到 CAM 的整体解决方案。从商业角度来说，CAD 软件相对通用，CAE、CAM、CAPP 软件市场都非常分散，因此在研发设计类工业软件中，CAD 软件是我们的投资重点。

1. CAD 软件

（1）CAD 软件市场情况

CAD 是一种可以在工程设计和产品设计中进行计算、信息存储和制图等操作的交互式制图系统，处于产业链的上游，主要应用于建筑、汽车制造、通用机械等行业。CAD 软件包括 2D CAD 和 3D CAD。2D CAD 软件提供二维设计平台，通常用于绘图、草图和草图概念设计，为用户提供了尺寸和比例的基本概览，进而完成 3D 设计。3D CAD 软件提供了设计三维对象的平台，主要功能是 3D 实体建模，使设计师可以创建具有长度、宽度和高度的对象，从而实现更准确的缩放和可视化。国外 CAD 厂商主要采取订阅模式，国内产品则以买断式为主。

CAD 市场规模保持稳健增长，国内市场增速略高于全球水平。据统计，2020 年全球 CAD 市场规模接近 100 亿美元，其中 2D CAD 市场规模为 26 亿美元，3D CAD 市 场 规模为 73 亿美元。2021~2023 年，CAD 全球市场将以每年超过 8% 的增速快速扩张（见图 4），中国 CAD 市场也将保持高于全球的增速（见图 5），可见国内 CAD 市场成长空间仍然广阔。

图 4　CAD 全球市场规模及同比增速

资料来源：根据公开资料整理。

图 5　CAD 中国市场规模及同比增速

资料来源：根据公开资料整理。

海外 CAD 企业居龙头地位，占据全球市场大部分份额。2019 年全球 CAD 市场份额的 90% 以上被国外龙头厂商占据（见图 6）。2D CAD 市场中，Autodesk 的 AutoCAD 产品一家独大。3D CAD 产品两极分化，达索的 CATIA 占据高端市场，其另一款产品 Solidworks 与西门子的 NX、PTC 的 Creo 掌控着中低端市场。根据中国工业技术软件化产业联盟公布数据，2018 年全球 3D CAD 软件市场由法国达索、德国西门子和 Autodesk 公司三家垄断（西门子和达索拥有自主知识产权的几何引擎，Autodesk 则在云化技术路线上拥有优势），占据全球市场份额的约 69%。

虽然目前大部分国内市场份额被国外领先厂商占据，但国产替代趋势越发明显。以 2D CAD 为例，虽 Autodesk 一家独大，但中低端场景下，国产软件已基本实现替代，高端领域正逐步替代，因此 2D CAD 不作为投资的主要方向。目前 AutoCAD 仍占据了国内 CAD 市场一半以上的份额，中望软件作为国产 2D CAD 龙头厂商，近年来在国内市场所占份额正迅速上升，2021 年达到 18%（见图 7）。已有的国产 2D CAD 产品采用多核处理器，运行速度基本赶上海外代表产品 AutoCAD，但兼容性方面国产软件与海外软件有一定的差距。海外主流 2D CAD 产品可适用于高端设备，如精密机械、电脑软硬件、医疗企业、汽车等的生产。国内主流 2D CAD 产品主要适用于基础机械制造和建筑行业等相对中低端的场景。

（2）CAD 软件的发展趋势

作为 3D CAD 内核，几何引擎是 3D CAD 软件发展最核心的关键技术。目前，全世界两大主流商用 3D 几何引擎是西门子的 Parasolid 与达索的 ACIS。Parasolid 的最初原型来自 20 世纪 80 年代英国剑桥大学 CAD 实验室，后被西门子买下。ACIS 面世稍晚，由剑桥大学 CAD 实验室的三位数学家在 1986 年受美国 Spatial Tech 公司邀请开发，运行速度有所提升。Spatial Tech 在 2000 年被达索收购。

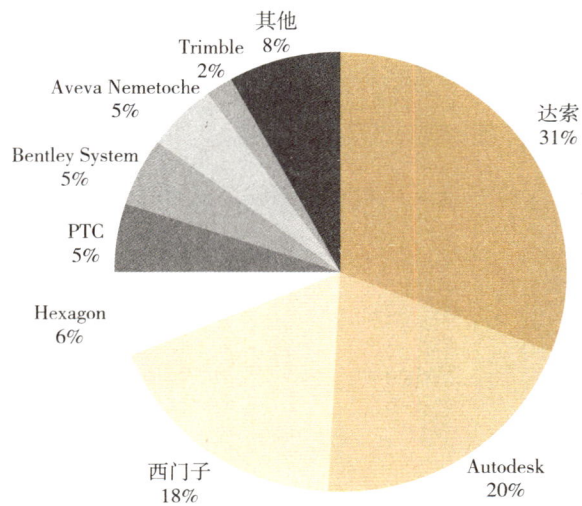

图 6　CAD 全球市场竞争格局（2019 年）

资料来源：根据公开资料整理。

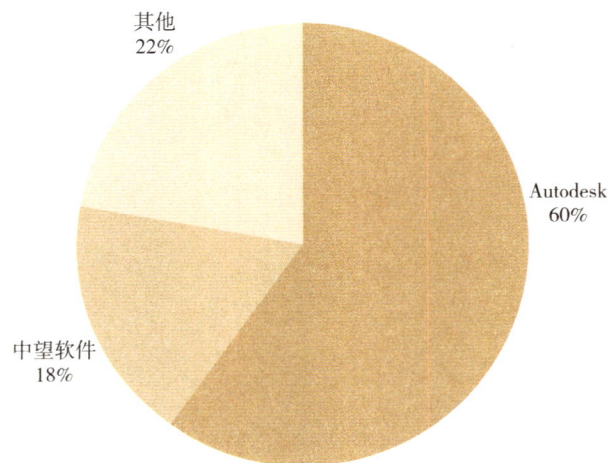

图 7　国内 2D CAD 市场份额（2021 年）

资料来源：根据公开资料整理。

　　与国际龙头相比，目前国内 CAD 软件产业仍然问题颇多，主要表现为国内 CAD 罕有自主引擎，独立内核引擎被国际上少数几家公司垄断；国内 CAD 从引擎到产品层面架构均偏老旧，未来发展上限低；国内 CAD 厂家集中在低端狭小赛道，多数未能进入高端行业的高端场景（见图 8、表 3、表 4），实现国产高端 3D CAD 引擎的自主可控是国内工业软件产业的重要发展方向。

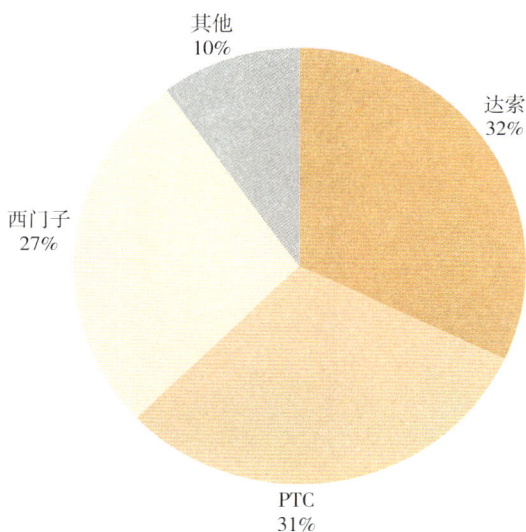

图 8　国内 3D CAD 市场份额（2021 年）

资料来源：根据公开资料整理。

表 3　CAD 工业软件现状国际对比

几何建模内核	拥有者	用途	国家	典型产品
CGM	达索	自用	法国	CATIA
ACIS	达索	商用	法国	Abaqus、MSC
Parasolid	西门子	商用	德国	NX、SolidEdge、Topsolid
Granite	PTC	自用	美国	Pro/E
Shape manager	Autodesk	自用	美国	Inventor
OPEN CASCADE	Matra Datavision	开源	法国	开源技术
Overdrive	中望软件	自用	中国	中望 3D、ZWMeshWorks

表 4　CAD 工业软件应用场景

公司	航空航天	汽车	医疗健康	制造	电子技术	能源	消费品	船舶	建筑	家庭
达索	√	√	√	√	√	√	√	√	√	√
PTC	√	√	√	√	√	√	√			
中望软件				√			√	√	√	

CAD 工业软件"云化"是未来的另一重要发展趋势。PTC 通过收购的方式加速云化之路，2019 年收购业内第一个 SaaS CAD 厂商 Onshape，并将其作为一个业务部门运营；2020 年又收购 SaaS 产品生命周期管理平台提供商 Arena。两起收购表明 PTC 专注于建立一个可扩展的 SaaS 平台，公司朝着拥有一个完全集成的、完全统一的纯 SaaS 组合的方向发展。

（3）CAD 软件投资策略

CAD 软件重点投资四个方向：(a) 市场占优势，投资在细分市场占据优势的 CAD 软件企业；(b) 连续且可控，投资具备高端 3D CAD 几何引擎自主可控技术的企业；（c）算法要先进，投资应用等几何分析、T- 样条等领先算法的企业；（d）新方向布局，投资在与云、AI 等新方向上具备优势且拥有底层几何引擎技术的企业。

2. CAE 软件

（1）CAE 软件概况

CAE 软件用于求解产品最优结构、性能。研发部门使用 CAD 软件得到初步几何模型以后，使用 CAE 软件在物理角度上优化模型性能，包括静态结构分析、动态分析、电磁分析等。CAD 负责设计产品，CAE 负责验证产品性能，设计分析一体化是 CAD、CAE 系统未来的发展趋势。CAE 的核心是物理求解器，因不同应用场景而存在较大差异，因此同一款 CAE 产品跨行业应用的可能性较小。在众多的 CAE 公司中，我们主要关注增长潜力巨大的标的，如汽车芯片企业，同时密切跟踪行业龙头比亚迪、广汽的动态。CAE 云化的发展趋势十分显著。由于物理求解器在求解过程中对于算力的高要求，CAE 产品本身更加适合云化发展，因此能够做到平台云化的公司才是好的投资标的。

全球 CAE 市场接近百亿美元规模，并且预计将持续增长。2020 年，全球 CAE 市场规模为 81 亿美元；预计到 2025 年，CAE 市场规模将达到 128 亿美元（见图 9），年均复合增长率达到 9.6%。全球 CAE 市场基本被海外企业主导，2020 年西门子、ANSYS 和达索占据全球 CAE 市场份额的 47%。国外 CAE 软件覆盖范围广、功能完善，且与 CAD/CAM 形成一体化综合软件平台。

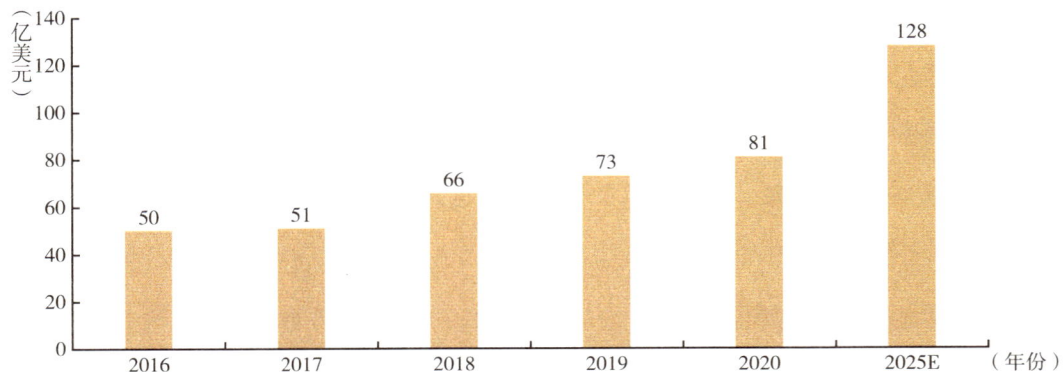

图 9　全球 CAE 市场规模

资料来源：根据公开资料整理。

中国 CAE 市场规模与全球市场相比较小，且国产化率低，但是增速明显高于全球。2018年全球 CAE 软件市场的规模为 65.75 亿美元，国内市场规模约为 14 亿元人民币（见图 10），占比约为 9%。中国 CAE 市场国产化率不足 5%，全球 CAE 三巨头在中国市场的市占率超过95.7%。

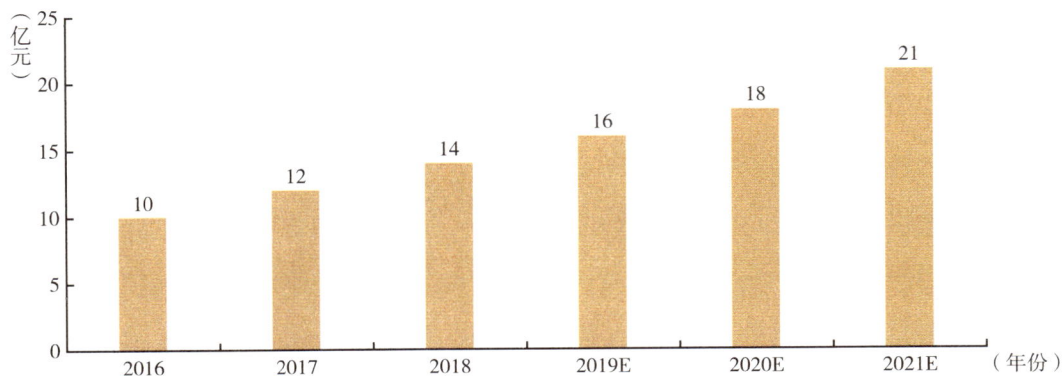

图 10　中国 CAE 市场规模

资料来源：根据公开资料整理。

目前，国产 CAE 产品和全球行业龙头相比仍存在较大差距，追赶尚需时日。海外 CAE 开发厂商起步较早、积累较深厚，其推出的各大 CAE 软件产品具有较高的通用性、稳定性和可靠性，且商业化程度较高。本土 CAE 厂商可以通过开发具有理论潜力和工程潜力的下一代引擎和求解器实现弯道超车。

在商业上，全球 CAE 整体市场规模虽然达到 100 亿美元，但由于在不同物理尺度上，不同物理现象的仿真需要不同 CAE 软件来实现，各个 CAE 软件难以通用，单个 CAE 软件所面向的专业领域市场较小，不适合以上市为主要退出渠道的基金投资。但相对于 CAD，算力对 CAE 的重要性显著提升，CAE 的云化潜力较 CAD 更大。因此相对于具备通用性的 CAD 软件，CAE 软件整体不作为投资重点，但具备平台性质或具有重要产业价值的 CAE 软件仍值得投资。

（2）CAE 软件投资策略

CAE 软件方向投资策略如下：（a）**方向精挑细选**，CAE 细分方向非常繁多，不整体全面铺开进行投资，仅挑其中重点做投资；（b）**坚持云化优先**，投资具备云化平台能力的企业；（c）**寻找中流砥柱**，投资能够在我国具备产业优势的关键产业中核心环节发挥重要作用的 CAE 软件。

（3）CAM/CAPP 软件

CAM 是为加工产品过程编码及控制数控机床加工过程的软件，其特征是软硬件结合，与硬件基础平台高度关联。CAM 链接了产品设计到生产制造两个环节，主要包括两类软件，计算机辅助工艺设计软件 (CAPP) 是其中重要的一种。CAPP 软件将 CAD 中的模型信息自动输出为零件的工艺路线和工序内容等工艺文件，用于确定零件机械加工工艺过程。

公开数据显示，2017 年全球 CAM 市场规模为 20.9 亿美元，预计 2025 年将达到 35.7 亿美元，年均复合增长率为 7%（见图 11）。由于 CAM 与 CAD 的绑定销售，CAM 市场竞争格局和 CAD、CAE 类似。海外巨头垄断全球和中国市场，国内 CAM 市场规模不大，2017

年为 34.8 亿元（见图 12），达索、西门子、PTC 三巨头占据绝大部分市场份额。CAM 的主要应用场景是数控机床，机床的数控化将带动对上游 CAM 软件的需求、推动我国 CAM 潜在市场的发展。据统计，2018 年中国金属切削机床数控化率为 38.90%，金属成形机床数控化率为 9.85%（见图 13），整体约为 30%，远低于发达国家（见图 14），未来发展空间巨大。

图 11 全球 CAM 市场规模及增速

资料来源：根据公开资料整理。

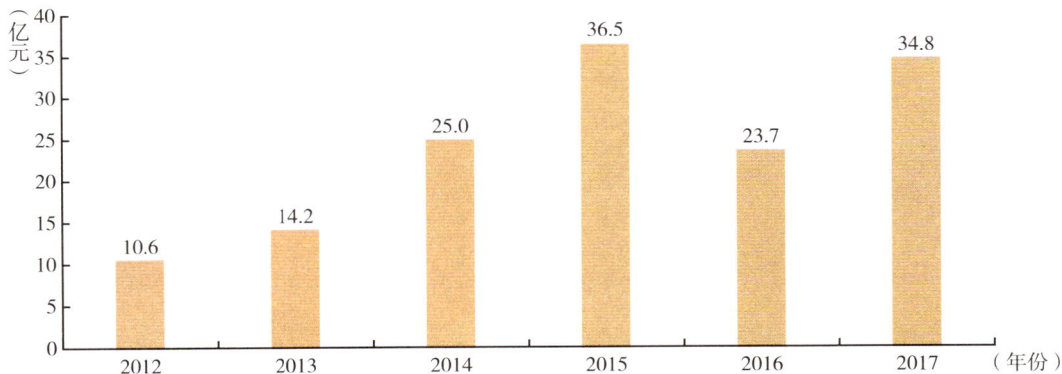

图 12 中国 CAM 市场规模

资料来源：根据公开资料整理。

图13　2015~2020年我国机床数控化率

资料来源：国家统计局。

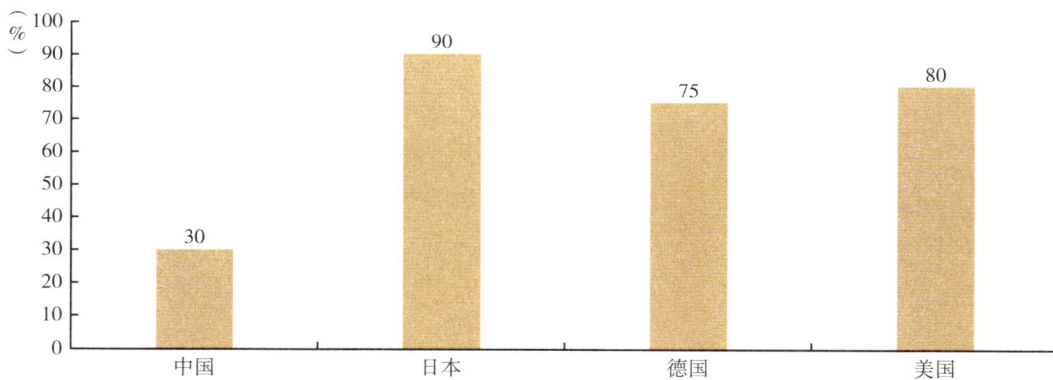

图14　2018年主要国家机床数控化率

资料来源：国家统计局。

　　CAM、CAPP与制造环节、工艺环节紧密关联，起到打通研发设计软件与制造装备之间壁垒的重要作用，开发有一定难度。同时，不同企业对工艺要求可能存在差异，定制化程度更高，市场较为分散。我们不建议投资单点的CAM、CAPP软件。如果CAD、CAE软件企业同时开发有CAM、CAPP软件将构成很大的优势，会极大降低客户CAD、CAE软件使用成本、增强客户黏性。因此，具备 CAM、CAPP 产品的 CAD、CAE 软件企业值得优先投资。

（二）生产制造类工业软件

生产制造类工业软件主要包括制造执行类软件 (Manufacturing Excecution System，MES) 与供应链管理类软件（Supply Chain Management，SCM）。

MES 是面向制造企业车间执行层的生产信息化管理系统，位于上层的计划管理层与底层的工业控制层之间，面向车间层，跟踪生产资源（人、设备、物料、客户需求等）的实时状态，通过生产信息的互联互通实现生产过程的可视化、可控化，提高生产效率和产品合格率。在产品从工单发出到加工制造完成的过程中，传统制造业工厂主要靠人工录入数据，无法保证数据的精确性与及时性，而 MES 系统可以做到收集、分析实时数据，调整制造执行过程。MES 软件是工业智能化中不可或缺的。

国内 MES 厂商呈现定制化程度高、高度分散的特征。为实现自动化的数据采集与解析，MES 厂商需要对各行业工业设备及其通信协议进行深入研究，且熟知各类硬件设备所支持的通信协议（数据采集）、设备输出数据的含义（数据解析），这使得 MES 厂商跨行业发展的难度大大提升。很多 MES 厂商都专注于某个细分行业，或者力量集中于某个地区。我国 MES 厂商基本分布在先进制造业发达的环渤海、长三角和珠三角等地区，受制造业地域影响较大。国内 MES 厂商总数可能有上千家，但绝大多数为定制型的厂商，收入规模较小。

近年来，中国 MES 软件市场规模不断扩大。2019 年，中国 MES 软件市场规模为 40 亿元，同比增长 17%。2020 年，中国 MES 软件市场规模为 43 亿元，受疫情影响，同比仅增长 8%（见图 15）。在国家政策支持和疫情影响逐步消除背景下，中国 MES 软件市场规模增速有望回升。目前，MES 软件的国产化率较低，只有 30% 左右，而国外厂商占比达到 70% 左右。国外的 MES 产业起步时间早，已经诞生了许多龙头公司，如西门子在电气化、机械、汽车等行业占据较大市场份额，霍尼韦尔在航空航天、石油化工领域具备优势。国内市场刚刚起步，主要覆盖中低端行业，行业正处于发展阶段，市场集中度低，未出现市场垄断者。由于 MES 与底层的自动化生产衔接能发挥更大的作用，传统的自动化企业具有天然的规模化和客户优势。国产 MES 软件在快速响应、成本和本地化适应等方面有更大优势。

图 15　中国 MES 软件市场规模及同比增速

资料来源：根据公开资料整理。

　　SCM 软件主要通过流程化控制来提升供应链与制造的精细管理。相较于 MES 软件主要针对自动化制造设备进行管理，SCM 软件更多是对人、对生产供应细节的管理，这导致不同行业间 SCM 软件存在巨大差异，因此 SCM 软件开发需要积累较深的行业知识，有较高的开发门槛。

　　随着智能制造的发展和 5G 的逐步推广，再加上企业自身降本增效等现实需求，预计未来会有一批 MES、SCM 厂家出现。但 MES、SCM 厂家均呈现出较高的地域、行业分散特征。通用的 MES 软件需要解决标准化连接设备的问题，这有赖于工业数字化平台的发展来实现工业设备的简易数字化。单纯的 MES 软件开发难度并不高，仅仅是简单的设备执行管理，价值有限。而 SCM 软件则更难通用化，因为各行业供应链与制造流程的天然差异化，仅适合在规模足够大的垂直行业进行投资。

生产制造类工业软件投资策略如下：(a)软件平台一体化，单纯的 MES 软件价值有限，仅投资能形成工业数字化平台的 MES 企业；(b)行业垂直且规模大，仅对规模大且分散的垂直行业 SCM 软件进行投资，在需求或供给至少一端分散的场景下 SCM 才有价值。

(三)工业数字化基础软件

数字化与低碳化是未来十年的两大确定性发展机遇。随着云计算、5G、人工智能的快速发展，数字化技术驱动的工业产业变革已经开始，在工业互联网网络 + 平台 + 工业 App 的新型架构体系下，工业产业将迎来新的发展变革。

传统的离散、割裂型工厂控制架构开始向工厂边缘统一控制的架构转变，割裂的工厂"数字烟囱"开始变为统一的"数字湖"，边缘数字升级为边缘智能，驱动工厂从单一装备自动化向全厂智能、多厂协同升级转变。在工业数字化浪潮下，大量工业软件转变为工业 App，形成边缘智能，此时需要一个崭新的边缘 OS 来作为数字化的核心，从而下接工厂设备、上连工业 App。形成标准化的工业数字化平台是工业数字化浪潮的关键。同时，数字孪生作为工厂制造和研发的数字化世界映像也成为新的关键应用，可通过数字模拟来降低现实世界中的研发与制造成本。

工业数字化带来全新的软件研发方式以及生态。工业软件和应用是工业互联网发挥效能的最为直接和重要的抓手，工业互联网也影响着工业软件的发展。在工业互联网的变革下，工业软件向着云化、轻量化、平台化转变，并孕育出新形态的工业软件。越来越多的软件厂商致力于打造平台级的 SaaS 产品和服务，而后将更多精力聚焦于平台与生态体系的搭建与培养，进行从工具型的云化软件厂商向工业互联网平台型企业的转型。

工业数字化平台、数字孪生等技术将会对工业软件的变革起到关键推动作用。工业物联网是工业数字化平台的基础之一，也是工业大数据的物质和技术基础。工业数字化平台一方面要通过工业物联网进行工业数据的采集，另一方面还要通过工业物联网进行数据和执行指令的下达。数字孪生的应用建立在虚拟仿真、物理实体和数据分析的基础之上，借助物联网和大数据技术，达到指标测量和精准预测的目的。数字孪生实现的关键在于软件，工业软件是智能制造的核心，而数字孪生也恰好在 5G、人工智能等技术的应用中得以发展。

工业数字化互联网发展的底层技术已经趋于成熟，中国对未来制造业产业制高点的布局有望不断在政策层面得以表现，而海外大国的"制造业回归"政策有望加快国内对制造业产业升级的步伐。因此，工业互联网有望成为中国制造业智能升级、模式创新的突破口。

综上，我们认为应该重视工业数字化基础软件的投资机会，把工业数字化平台、数字孪生等技术视为工业软件投资中的重点技术方向。

1. 工业数字化平台

在软件层面，工业数字化平台可分为 App 层、工业 OS 层、服务器硬件层、IoT 层、硬件设备层。工业数字化平台要实现大规模发展，需要形成行业标准，进行系统级的架构设计，通过标准化、架构化来实现 IT 重构，降低工业数字化成本。其中，物联网（Internet of Things，IoT）层与 OS 层（本质是工业大数据层）的标准化、架构化是关键。物联网是在互联网基础上延伸和扩展的网络，将各种信息传感设备与网络结合起来，实现在任何时间、地点人、机、物的互联互通。物联网的关键是将物理实体连接到互联网，从而允许通过网络进行远程监控。

全球物联网连接数持续大幅增长，物联网产业进入新一轮发展加速期。据统计，2018 年，全球工业物联网连接数为 37 亿个，预测 2025 年有望达到 137 亿个，年均复合增长率达 20.6%。据测算，全球工业物联网的市场规模将在 2023 年达到 3100 亿美元（见图 16）。

图 16　全球工业物联网市场规模及同比增速

资料来源：根据公开资料整理。

5G 与 AI 技术的快速发展助推物联网时代的来临。5G 技术的高速率、大带宽、低延时、高可靠特性，正好能满足物联网连接多样性、性能差异性、通信多样化的需求。AI 技术能够有效地增强和扩大物联网的优势和影响，一方面物联网产生的大数据需要人工智能来分析和处理；另一方面，人工智能需要大量数据来成长，并能够向无需任何人工干预而采取行动的系统发展。5G 能够达到千兆以上的带宽性能，从而为 AI 提供支持，这意味着物联网 +5G+AI 能够构建完整的智能互联世界。随着我国 5G 网络的不断普及、AI 技术的不断提高、智能互联的物联网生态不断完善，相关的工业软件也将迎来更多发展机遇。

工业大数据指在工业领域中，围绕智能制造模式，在数据采集集成、分析处理、服务应用等各类工业制造环节所产生的数据。工业大数据可以对海量数据进行高质量存储与管理，进而支撑应用层各种分析应用的实现。工业软件企业将软件能力转化为平台 PaaS 及 SaaS 服务，借助 PaaS、SaaS 核心技术提升数据采集及分析能力，以此来挖掘工业数据价值。

工业大数据的一个投资重点是时序数据库。时序数据库能够处理工业传感器收集的海量且带有时间戳的时序数据，大规模并行时序数据的处理能力尤为重要。在现今的工业 4.0 时代，传统的工业实时数据库可能会存在成本高、可拓展性差等缺点，需要新一代功能更为强大的数据库，投资重点是具有超融合、云原生、智能运维特点的新一代时序数据库。

数据是工业互联网的核心资产，对数据分析和挖掘的深度在很大程度上决定了工业互联网实际应用价值的高低。我国工业大数据发展仍处于起步阶段，在国家政策的推动下，借助云计算、5G、AI 等技术的发展，工业大数据市场将迎来更多的增量需求（见图 17）。

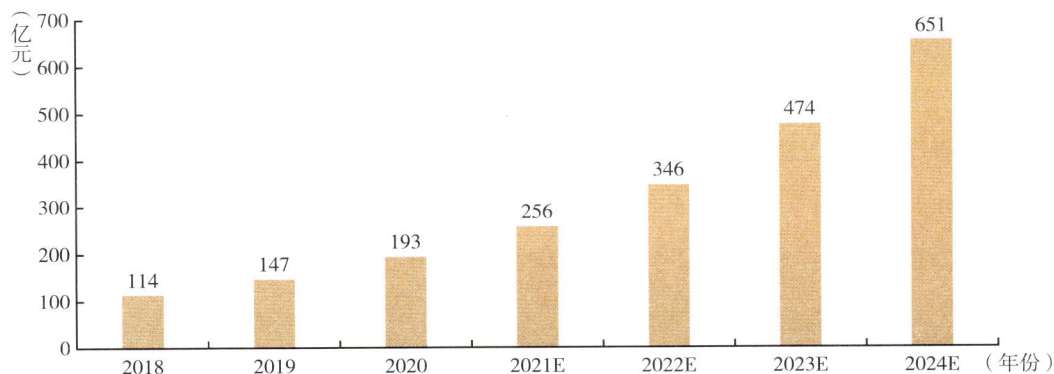

图 17　2018~2024 年中国工业大数据市场规模

资料来源：根据公开资料整理。

工业软件的应用本质上是实现数字化和自动化，强调机器设备的自动化功能，工业数字化平台的应用则是强调企业内外部的打通与协同，是工业角度的"互联网 +"模式。工业大数据的汇聚、处理和分析是工业企业实现降本增效、升级优化的必经之路。

2. 数字孪生 /MBSE

数字孪生（Digital Twin）是针对现实世界中的实体对象，在数字化世界中构建完全一致的对应模型,通过数字化的手段对实体对象进行动态仿真、监测、分析和控制的技术手段。

对于工业软件厂商,数字孪生是未来的必然趋势。软件作用于数据层、模型层和功能层,通过采集处理数据将模型代码化、标准化,便于物理模型在虚拟世界中的精确映射,并进行辅助决策。据预测,2022 年,40% 的物联网平台供应商将集成仿真平台、系统和功能来创建数字孪生体,70% 的制造商将使用该技术进行流程仿真和场景评估。2020 年,全球数字孪生市场规模为 52.2 亿美元;预计 2025 年整体市场规模将达到 264.6 亿美元(见图 18),2021~2025 年的年均复合增长率为 37.19%,行业有望持续良好发展。

图 18　全球数字孪生市场规模及同比增速

资料来源:根据公开资料整理。

数字孪生有望让中国在工业软件领域实现"弯道超车"。数字孪生是工业互联网重要的支撑。我国在 5G、大数据、AI 和云计算上的优势为工业领域虚拟仿真和监测分析提供了技术基础,尽管在设计环节仍与海外龙头厂商有着较大差距,但生产流程监控与处理亦是工业互联网中重要环节,我国有望在这一环节取得领先。

　　制造业按工艺特点可以分为流程行业和离散行业，其中离散行业"两化"水平较低，数字孪生应用场景广阔。流程行业包括药品、食品饮料、石油石化、钢铁等，在生产过程中需要对原材料进行混合、粉碎、加热等物理和化学方法处理，体现为连续大批量的生产；离散行业如汽车、航空、船舶和电子等，在生产过程中主要是针对零件的物理性状进行加工和装配，各环节相对独立，定制化生产和批量生产并行。离散制造业现有生产过程存在设计周期长、出错率高、设计与使用脱节等问题，而数字孪生可以通过模组设计和 3D 操作，用更少的规划时间达到更优化的设计决策，提高灵活性和精确度。因此，我们认为应该投资能够适用于离散型制造业的仿真产线数字孪生技术。

　　基于模型的系统工程技术和数字孪生关系密切。基于模型的系统工程（Model-Based Systems Engineering，MBSE）是实现数字孪生的关键技术之一，重点是做到系统级物理仿真。MBSE 是指支持以概念设计阶段开始并持续贯穿于开发和后期等生命周期阶段的系统需求、设计、分析、验证和确认活动的正规化建模应用。MBSE 规范化的应用建模技术改变了以文本为基础的系统描述，使用标准化格式，能够提升效率且不易出错。MBSE 是创建数字孪生体的框架，可以作为数字线程的起点，数字孪生体可以通过数字线程集成到 MBSE 工具套件中。

　　国际上，西门子工业软件的 Simcenter 系统仿真解决方案能够让用户创建系统模型架构，创建系统仿真模型，定义和执行仿真研究。国内北京世冠金洋 GCAir 系统仿真测试验证一体化平台可应用于产品从设计研发到运行维护的全生命周期，能够在同一平台上完成架构设计、功能设计、性能设计、虚拟试验、虚拟运行，支持通过体系任务仿真论证装备设计需求，实现了产品设计到产品运维的全过程数字化；同元软控的产品 MWORKS 围绕信息物理融合系统设计、建模与仿真提供通用的科学计算与系统建模。《"十四五"软件和信息技术服务业发展规划》明确提到要突破 MBSE 产品研发，MBSE 软件开发符合国家政策方向，是实现数字孪生的关键技术，需重点关注能够实现系统级物理仿真的厂商。

3.　工业数字化基础软件投资策略

工业数字化基础软件是有想象空间的投资赛道，但从目前来看国内大部分工业数字化基础软件企业是靠大项目驱动生存的。表 5 汇总了目前主要工业数字化平台企业运行模式，我们认为处在腰部位置且形成规模化、标准化复制的工业数字化基础软件企业才具备较好发展机会。对于数字孪生领域，我们重点跟踪以 MBSE 为代表的工业软件，通过系统化、标准化设计来应对多样化复杂工业场景。

表 5　主要工业数字化平台企业运行模式

工业数字化基础软件客户规模	大	中	小
年产值规模	>10 亿元	1 亿~10 亿元	<1 亿元
代表性企业	树根、玄羽等	非常少	黑湖、钉钉等
客户场景	设备复杂、多样	设备复杂、多样	人工为主
产品模式	机房、私有云	机房、私有云	公有云
技术能力	强，有专业 IT 部门	弱	弱
客户需求	非标定制	相对标准化	标准化
付费能力	强	中	弱
客户生存周期	较长期	较长期	平均 18 个月
付费模式	项目制	SaaS	SaaS
毛利水平	低	中	低
工业互联网渗透率	高	低	中

资料来源：根据公开资料整理。

工业数字化基础软件投资策略如下：（a）强大的 IT 架构是关键，工业数字化平台软件需具有低成本打通 IoT 层、数据层的能力；（b）可由硬件切入，工业数字化平台软件具备的较强硬件能力可作为相关软件的切入点；（c）基础中间件为主，关注数字孪生类企业，尤其是对其基础中间件（如图形图像引擎、MBSE 软件等）的投资，这些软件能够实现标准化，但相对来说门槛高。

（建信北京通信组　陈文成、彭鹏）

生物基材料

科技引领创造广阔市场空间的
下一代应用材料

碳中和背景下，传统生产方式亟须转型升级。现代工业体系以化石能源为基础，面临着"高能耗、高污染、高排放"等严峻挑战。作为绿色科技组成部分的生物基材料是对传统生产方式的补充或颠覆，已经被我国列为战略性新兴产业，也是"十四五"规划中明确提出要重点开发的材料之一。

一、生物基材料：建物致用，浪潮已至

（一）生物制造，低碳新星

根据《生物基材料定义、术语和标识》（GB/T 39514—2020）的定义，生物基材料是指利用生物质为原料或（和）经由生物制造得到的材料，包括以生物质为原料或（和）经由生物合成、生物加工、生物炼制过程制备得到的生物醇、有机酸、烷烃、烯烃等基础生物基化学品和糖工程产品，也包括生物基聚合物、生物基塑料、生物基化学纤维、生物基橡胶、生物基涂料、生物基材料助剂、生物基复合材料和由各类生物基材料制得的制品。

合成生物学已获得长足发展，现代合成生物学技术可大量产出特定性质的生物基材料，广泛应用于消费品、医疗健康、工业化品、食品和饮料、农业等领域。近些年热门的聚乳酸

（PLA）、聚羟基脂肪酸酯（PHA）、生物基聚酯（PEF）、聚酰胺等都属于生物基材料。生物基材料是我国战略性新兴产业，2021 年 12 月国家发改委印发的《"十四五"生物经济发展规划》也多次提到大力支持与发展生物基材料相关产业。近年来，生物基材料发展迅猛，关键技术不断突破，产品种类快速增加，产品经济性增强，正在成为产业投资的热点，显示出强劲的发展势头。

　　生物基材料作为新兴材料，市场规模巨大，未来发展前景可观。近年来，随着科学界对生物和高分子合成技术探索的逐渐深入、市场终端客户需求的提升，人们逐渐开始关注有机物及有机物合成的高分子材料。其中，生物基材料属于生物制造和合成技术跨学科材料，在生物基替代石油基的大趋势下备受国内外厂商和投资人关注，是公认的具有增长潜力及爆发性的赛道。根据 Reportlinker 的报告[1]，2021 年合成生物学全球市场规模已达 100.7 亿美元，预计 2022 年将以 30.2% 的增速增至 131.1 亿美元，预计到 2026 年市场规模可达到 363.3 亿美元，年均复合增长率达到 27.27%。根据麦肯锡预测，在未来 10~20 年内，合成生物学每年将在全球产生 2 万亿 ~4 万亿美元的直接经济效应，其中生物基材料相关的下游产品市场在最近五年将从 196 亿美元增长至 584 亿美元，年均复合增长率 24.3%[2]。

　　生物基材料的优势众多，其环境友好的特点最为亮眼。生物基材料原材料为可再生的生物质或生物制造的材料，因此全生产流程碳排放相较于传统石化产品至少减少 30%，碳足迹大幅降低。以 PLA 为例，每千克的碳排放可以比相同重量传统的聚乙烯塑料少 3.14 千克，因此如果可以将每年 30% 的聚乙烯塑料替换为生物降解塑料，可减少 1260 万吨碳排放，大约相当于 300 万次航班所产生的碳排放。相对于传统化工原料，生物基材料的碳足迹大幅降低，成为全球碳中和大环境下材料领域的新宠儿。

（1）　Synthetic Biology Global Market Report 2022.

（2）　The Bio Revolution, Innovations Transforming Economies, Societies and Our Lives.

（二）多轮发展，再迎机遇

回顾全球生物合成历史，可以发现这并不算一个特别新的赛道，欧美经济体在这个赛道已经经历了好几个周期。早在 20 世纪 90 年代，合成生物技术就已经在欧美兴起，21 世纪初美国政府通过国家科学基金会（NSF）、农业部（USDA）、国防部（DOD）等机构大力支持合成生物学基础研究和技术开发，2008~2014 年共计投入 8.2 亿美元，在此带动下出现了一批生物技术产品，比如生物柴油、化工产品的基础原料（如琥珀酸）、一系列醇类产品等，但这些公司甚至赛道都基本不存在了。

近年来，全球气候危机加剧，加之日益紧张的国际局势对脆弱的化石能源、化工原料运输线的不断冲击，各国尤其是传统的制造业大国降低化石能源依赖度的意愿不断加强，提高化工原料自给率的步伐不断加快。生物基材料的大规模应用可同时实现降低碳排放和降低化工原料依赖度的目标，欧美经济体开启了生物基材料第二周期，又有一批企业兴起并发展至今。

反观国内，生物基材料无论在技术端还是在投资端都处于早期发展阶段，仍处于第一个投资周期内，尚未经历周期波谷。在实现"双碳"目标的背景下，行业迎来新一轮的发展机遇，热度正高，企业普遍估值过高。从生产工艺、下游需求量和全球产能三个维度可大致将值得投资的生物基材料领域分为大规模生产材料、小规模生产材料和工程化放大材料。众多生物基材料中只有一小部分属于大规模生产材料，这些材料的生产工艺趋于成熟，国内下游需求规模达到 100 亿元，国内已实现年产超 10 万吨级别的规模化生产，如聚乳酸、生物基微生物 B5 产品等。另一小部分材料仍然为小规模量产线，市场规模为 10 亿 ~30 亿元，全球市场可见的产能不足 1 万吨，在各种因素利好下扩产计划明确，如 2，5- 呋喃二甲酸（FDCA）。绝大多数的生物基材料仍处于实验室生产阶段，生产上正在进行工程化放大，下游市场规模在 10 亿元以下，如聚羟基脂肪酸酯（PHA）。

由于发展相对滞后，我国生物基材料无论是技术还是投资都尚处于第一个周期的上行阶段，尚未经历欧美经济体前一个十年周期的挫败。2019 年之前，国内合成生物赛道不是很火，关注点主要在医药应用上，化工、消费领域应用不是焦点，主要是因为产业化较慢，经济上不具备优势，难以渗透对毛利比较敏感的终端应用领域。随着产业化的推进和政策鼓励、成本降低，化工和消费领域逐渐接受生物基材料。受终端市场的扩大、产业和资本市场的乐观态度、VC 机构从旧赛道转移到合成生物等多方面因素影响，价值上业内企业估值普遍过高。

现有投资时点属于中间偏右侧，因此需要对企业估值和发展做理性判断。行业预计中短期 2~4 年内到达波峰，随后大量企业会"见光死"，只有终端市场较大、替代经济性较好、产业放大顺利的企业才会存活。对于该行业，我们作为投资人应该秉持乐观谨慎的态度，行业进入快速发展阶段，政策支持、人才积累、行业平均薪资都发生了比较大的变化，整体是向好的，同时不要盲目追热点，应寻找脚踏实地做工程化大品类产品的公司。

（三）政策助力，市场指引

从市场到技术端，生物基材料行业发展关键要素包括明确且规模较大的终端市场、强势的政策驱动、较好的替代经济性、石油价格大幅波动、能提供行业关键解决方案。

第一，生物基材料需要有一个明确的终端市场，且市场足够广阔，只有在这样的市场环境下，生物基材料才拥有对传统材料的替代机遇，未来发展天花板较高。相反，小品类材料[1]在各方面对终端产品影响较小，因此下游客户对未规模化的新兴生物合成材料替换动力明显不足。FDCA 的衍生物 PEF 可取代目前广泛应用的传统 PET 塑料，大幅减少碳排放，终端市场涉及消费、工业、医疗等，潜在规模超过万亿元，下游具备较大的开发空间，可推动 FDCA 和 PEF 材料厂商攻克材料痛点，促进行业整体发展。

第二，强势的政策驱动也是合成生物行业发展的重要推力，尤其是在市场替换动力不足

（1） 指终端市场较小的材料。

时。其中全球范围内对生物合成的一个政策驱动是联合国发起的禁塑政策，2022 年召开的联合国环境大会就制订了具有国际法律约束力的协议用于推动终结塑料污染。我国也经历了从 2008 年"限塑"到 2021 年"禁塑"的政策力度加大，阶段性禁止生产销售和提供一次性不可降解的塑料购物袋、塑料餐具，极大地推动了可降解塑料产业发展，以聚乳酸（PLA）和聚羟基脂肪酸酯（PHA）为例，PLA 全球产能较 2018 年翻了一番以上，从 2018 年的 21 万吨发展到 2021 年的将近 50 万吨；PHA 头部企业蓝晶微生物在 B 轮中试阶段就获得了超过 6 亿元融资[1]。此外，2022 年 8 月，科技部、国家发改委、工信部等九部委制订了《科技支撑碳达峰碳中和实施方案（2022~2030 年）》，方案提出引领实现产业和经济发展方式的迭代升级，其中包括研究基于合成生物学的技术。

第三，较好的替代经济性是生物基材料发展的原生动力。除外部驱动因素外，下游客户实实在在需求低成本原材料，消费市场对成本更敏感。因此具有可观成本下降空间的材料可快速导入客户并得到推广，同时推动材料迭代。实际中，大部分生物基材料仍处于试验阶段，未经历大规模生产，无法准确核算出生产成本，因此较明确的降本路线和理论成本预计成为生物基材料发展的重要衡量标准。FDCA 衍生物呋喃基聚芳酰胺浆料在锂电隔膜涂覆材料上未对石油基芳纶材料实现大规模替代，经过产业方计算成本，可低于石油基芳纶材料至少 32%，未来有可预见的降本途径，因此判断其具有较大发展潜力。此外，不同于从石油中淬炼传统材料，生物基材料原料是生物质，取自玉米、薯类、棕榈油等，因此原材料价格不受全球原油价格波动影响。当下原油价格持续上涨、石油制品价格水涨船高，更有利于生物基材料渗透下游市场。2020 年初，以石油为原料的 PBAT 价格低于以玉米为原料的 PLA 3000~5000 元 / 吨不等，但 2021 年底受国际地缘政治影响，原油价格上升，PBAT 价格随之升高，最高点时价格超过

（1）　http://www.capwhale.com/newsfile/details/20210809/c2611f7fa37248d8916443889c831cd1.shtml.

了 PLA。在原油价格处于高位时，下游生物基材料替换动力明显变大。

第四，对于材料痛点问题能提供清晰解决方案也是生物基材料发展的强力驱动要素，任何发展阶段的生物基材料都面临不同程度和不同数量的难题，例如，早期材料 PHA 需攻克工程化放大工艺、PLA 面临的成本过高和原材料供给不稳定问题、FDCA 需解决的溶剂回收等，而明确、可行的解决方案就成为不同生物基材料突破性进步的驱动力。成本上，各个厂商尝试替换低品位原料，提升回收率、缩短生产环节、改进生产步骤、增加回收工艺，从而降低整体生产成本。原料供应上，行业正尝试使用生物废品（如秸秆），拓宽原料适应性，减少单品类原料依赖。工程化上，欣欣向荣的行业正积极吸引生物、化学、化工等方面人才共同破解产业化难题。

综上，在终端应用、政策、经济性、石油价格、行业关键解决方案的驱动下，生物基材料在短期内将迎来快速发展，逐渐替代石油产品、撼动石油经济。

二、行业现状：研究引领，加速发展

近年来，生命科学、化学、数学、计算机和工程学等多基础学科均取得发展迅速，这些基础学科的交叉学科领域包括基因测序、基因编辑、DNA 合成、代谢路径研究、生物信息学以及大数据学科等与合成生物学技术相关的领域也得到迅猛发展。生物基材料源自合成生物学技术，是多学科交叉背景的产物，技术壁垒高，近期进入加速发展的阶段。相关企业需深刻理解多门交叉学科相关技术、增加研究投入、构建自身技术壁垒。

（一）美国主导，争相布局

从上游基因工程技术到下游的应用场景，全球主要经济体均高度关注生物制造，也在加大生物基材料的相关研究投入。以微细胞工厂为载体，以可再生的生物质资源为原材料，合成生物学制备生物基材料为制造业转型发展提供了新的解决方案。各国政府力图通过加强战略谋划和采取各种措施，促进合成生物学的研究、应用与产业转化，占领合成生物学高地。

目前美国生物基材料市场规模居全球第一位，这与美国政府在合成生物学上长期战略布局和投入有着密切关系。美国目前拥有全球范围内最多的合成生物学公司。Golden 数据库显示，全球 600 余家合成生物学公司中有 415 家来自美国。2022 年 9 月，美国总统签署《国家生物技术和生物制造计划》，意图在于继续重振合成生物学制造业，引导制造业回流美国以保持创新活力，维持其在生物基材料相关领域的领先优势。

除美国外，各主要经济体针对生物基材料均做出重点部署。现代基因技术起源地之一英国在 2016 年更新了英国的合成生物学战略，发布了《英国合成生物学战略计划 2016》，旨在到 2030 年实现英国形成合成生物学 100 亿欧元的市场。欧盟在 2019 年制订了《面向生物经济的欧洲化学工业路线图》，提出到 2030 年将生物基产品或可再生原料替代份额增加到 25% 的发展目标。日本同年发布《生物战略 2019》，提出到 2030 年建成"世界最先进的生物经济社会"。

我国正处于合成生物学蓬勃发展的早期，虽发展较晚，但国家支持力度很大，陆续出台支持合成生物学产业发展的政策。我国在"十三五"期间就出台了《"十三五"生物技术创新专项规划》和《"十三五"生物产业发展规划》等文件，全方位、多层级、多角度地对合成生物学领域做出了相应的规划和布局。在 2020 年的碳中和、碳达峰相关政策中，《"十四五"生物经济发展规划》和《"十四五"工业绿色发展规划》明确提出发展绿色低碳的生物质替代应用，围绕生物基材料、新型发酵产品、生物质能等方向，构建生物质循环利用技术体系，其中重点提出发展聚乳酸、聚丁二酸丁二醇酯、聚羟基烷酸等低碳生物基材料。

（二）认知有限，突破可期

目前生物基材料的基础——合成生物学技术仍处于初级阶段。生命体的复杂程度远超人们的想象，仅发生在一个细菌细胞中的代谢反应种类就超过 2000 种。受限于当前生命科学整体发展水平，人类对微生物的代谢通路和调控机制等一系列基础研究仍处于初级阶段。

目前人们对生物系统的预测能力极其有限，设计的基因线路需通过"设计－构建－测试－学习"（DBTL）的不断循环来实现理想目标。如何快速完成 DBTL 循环带来的海量数据处理并及时反馈指导下游，给生物基材料相关企业的创新研发带来新的挑战。目前对于菌种的修正和优化仍需通过 DBTL 循环来逐步实现，即通过适当的试错机制和一定量的实验数据进行筛选修正，距离按照理论设计的理想阶段还有较大距离。

人类对微生物的生物化学、代谢体系的模型构建研究正从简单体系到复杂体系前进。伴随着研究的不断深入，人类对微生物生命过程的认知不断加深，人类对微生物生命过程的设计、调控能力将会得到长足的进步，生物质材料行业的发展动能将愈发强劲。

（三）研究驱动，推陈出新

生物质材料行业的发展实际上受合成生物学研究的不断推动。近年合成生物学研究的蓬勃发展驱动着生物基材料浪潮对传统制造业的补充、赋能与颠覆。

合成生物学技术赋予细胞微工厂生产药用天然产物及其原料的能力。部分天然产物在医药领域极具价值，如抗肿瘤药物紫杉醇、心脑血管疾病药物丹参酮、抗疟疾药物青蒿素以及镇痛药吗啡等。这些药用天然化合物在植物中含量很低，提取分离困难，结构复杂，有机化学合成步骤长，难以工业化生产。通过细胞微工厂来生产药用天然产物及其原料的生产方式，具有环境友好且不受外界环境影响、生产速度快、易于大规模工业化等多种优势，是未来医疗健康领域的合成生物制造产业重要方向之一。

生物基材料是对传统化工材料的补充和颠覆，可赋能化工和材料行业。以可再生的生物基材料为原料，对石油、煤炭、天然气等不可再生资源进行替代，生物基材料行业为人类提供更为清洁且可持续发展的化工原料制备路径，将颠覆以化石能源为核心的传统化工制造体系。

例如，用生物合成小分子前体、用酶催化代替化工催化过程等，在 PLA、PHA、FDCA 以及 1,4- 丁二酸和 1,4- 丁二醇（BDO）等生产中已取得重要成果，甚至生产成本相较于化工合成方法已初显优势。

三、产业进展：产品初现，价值可期

在生物基材料百亿级的赛道中，聚乳酸（PLA）、聚羟基脂肪酸酯（PHA）、2, 5- 呋喃二甲酸（FDCA）应用范围广、终端市场较大、部分产品附加值较高、产业化进程靠前，具备投资条件。

（一）聚乳酸（PLA）：对人体高度安全

聚乳酸从分子结构上看，属于有机高分子材料，最上游原材料为从玉米或薯类中得到的淀粉。制备时先通过菌株发酵淀粉，深加工获得乳酸，再经过脱水环化、纯化、聚合等工艺获得聚乳酸。因此聚乳酸是典型的前段以生物工程技术、后段以高分子合成技术制造的材料。

生物医药行业是聚乳酸最早得到应用的领域。聚乳酸对人体有高度安全性并可被组织吸收，加之其优良的物理机械性能，还可应用在生物医药领域，如一次性输液工具、免拆型手术缝合线、药物缓解包装剂、骨折内固定人造材料、组织修复材料、人造皮肤等。高分子量的聚乳酸有非常高的力学性能，在欧美各国已被用来替代不锈钢，作为新型的骨科内固定材料在骨钉、骨板中大量使用，其可被人体吸收代谢的特性使病人免受了二次开刀之苦，技术附加值高，是医疗行业发展前景好的高分子材料。

聚乳酸的人体安全特性使其在一次性餐具、食品包装材料等一次性用品领域具备独特的优势。聚乳酸能够完全生物降解的特性也符合世界各经济体特别是美国、欧盟及日本对环保的高标准要求。但目前以聚乳酸为原料加工的一次性餐具有不耐温、不耐油等缺陷，这就造成聚乳酸的作用大打折扣。以聚乳酸制备的餐具会在运输途中变形、材质变脆，造成大量次品，经济价值受影响。但经过技术发展，近期市场上已有经过改性后的聚乳酸材料，可以有效克服原有缺点，有的改性材料的耐受温度甚至高达 120℃，可以用作微波炉用具材料。

根据 GRAND VIEW RESEARCH 统计，[1] 2021 年全球聚乳酸市场规模为 56 亿美元，预计 2022~2030 年年均复合增长率至少为 26.6%，2025 年市场规模将达到 184 亿美元。国内市场上，预计"十四五"末期（2025 年）聚乳酸市场用量为 112.7 万吨，按照平均 2.4 万元 / 吨的单价，市场规模将达到约 270 亿元。[2] 聚乳酸下游应用中，吸管、餐具、膜袋、食品用挤片吸塑制品占比分别为 22.17%、21.96%、17.67%、16.23%，其中吸管占比提升极为显著，增长 14.68 个百分点。国内海正生材、金丹科技、金发科技三家为聚乳酸龙头企业。以海正生材近两年产品销售额为例，2021 年吸管的销售额较 2020 年提升 559.22%。消费市场上，国内头部饮品店相继推出聚乳酸吸管，星巴克推出的聚乳酸咖啡渣可降解吸管充分贯彻了品牌环保理念。

（二）聚羟基脂肪酸酯（PHA）：多应用领域可降解材料

聚羟基脂肪酸酯（PHA）是由 100~3000 个相同或者不同羟基脂肪酸单体缩聚而成的高分子聚合物，属于天然的高分子生物材料。PHA 不仅具有常见的高分子材料特征、热加工性能、气体阻隔性，还具有重要的完全生物可降解性（全域可降解）和优异的生物相容性。因此 PHA 具备可自发的生物可降解性，降解产物主要是小分子低聚物或单体成分，且对人体无毒、无害、无强烈排异反应。

作为市场上多种可降解塑料中的一颗"新星"，PHA 因其优良的材料性能，可广泛应用于包装、医疗、化工、农业、功能材料等多个领域。但 PHA 生产成本过高制约了其商业化发展，目前 PHA 价格是普通聚乙烯和聚丙烯的 3~10 倍。合成生物学成为生产成本的关键解决方案，

（1） Polylactic Acid Market Size, Share and Trends Analysis Report by End Use.
（2） 海正生材（688203.SH）招股说明书。

让 PHA 产业化成为可能，有望扩展更多应用。通过片段拼接技术、大片段基因组 DNA 克隆技术、代谢网络构件、系统优化等生物合成新技术，细菌的基因组、生长模式、分裂方式、生长条件等得到可控改变，可降低其生产成本、拓展材料性能。市场主要厂商已经采取不同的技术路线降低成本，其中蓝晶微生物采用耐油细菌，通过生物工程化改造后，可稳定产出高性能低成本 PHA 材料；北京微构工场则使用嗜盐菌作为低成本混合基质，配合合成生物学和代谢工程完成工业化生产。根据欧洲生物塑料协会统计，2020 年 PHA 产能发展较缓，在全球生物塑料产能中占比不超过 2%，预计 2025 年占比将上升到 11.5%，接近 PBAT 和 PLA 使用量。国内蓝晶微生物深耕 PHA 行业多年，通过合成生物学技术对细菌进行工程化改造，可利用废弃淀粉和油脂实现 PHA 的量产。据公司公告，现有 5000 吨 / 年产能即将建成，预计 2022 年底投产。

（三）2, 5- 呋喃二甲酸（FDCA）：石油化工原料的替代品

呋喃衍生物是基于 2, 5- 呋喃二甲酸（FDCA）生产的高分子材料，是目前市场上比较热门的生物基材料之一。FDCA 以生物质果糖、糠醛或葡萄糖为原料，是通过生物工程、微生物发酵等生物工艺制成的生物基材料，根据不同的终端需求，通过掺杂、共聚、聚合等高分子化学组合工艺，可制成最终的衍生物。FDCA 对标石油基精对苯二甲酸（PTA），在性能和分子结构上较为相像。20 世纪，FDCA 被美国能源部从 300 多种生物质化合物中筛选出来，因其具备的共轭芳香环结构具有高耐热和高力学、光学、电气等性能，可以制得性质优异的多种衍生品和聚合物，其中呋喃聚酯（PEF）可替代传统石油基聚酯（PET）应用于塑料制品中，呋喃基聚芳酰胺可以替代石油基间位芳纶应用于锂电隔膜上，呋喃增塑剂是传统的邻苯二甲酸酯类增塑剂的替代物，用于生产发泡材料。

四、投资思路：需求导向，量体裁衣

我们根据处于不同发展阶段的各种生物基材料制定了不同的投资策略，其中我们

长期关注的是聚乳酸、聚羟基脂肪酸酯、2，5- 呋喃二甲酸及其衍生物，它们分别处于不同的发展阶段，面临各种难点，因此我们对这几个细分市场的投资策略也有所不同。

（一）聚乳酸（PLA）：重点关注改性降本

聚乳酸（PLA）的材料改性和降本是我们关注的重点投资方向，目前该行业已经进入了大规模生产阶段，全球产能已经接近 50 万吨，国内产能达到 20 万吨，但聚乳酸在材料性能上与石油基 PBAT 有些许差异，价格也高于 PBAT，致使终端大规模使用受限。

目前挤出、注塑和淋膜应用对于材料硬度要求较高，可降解材料中只有 PLA 可满足要求，在配方中作为主料添加。相较之下，快递包装袋、一次性塑料袋、农用地膜等领域对材料硬度要求较低，PLA 只作为辅料添加。现阶段实现大规模量产的可降解材料只有 PLA 和 PBAT，2021 年初 PLA 价格比 PBAT 高出 3000~5000 元 / 吨，虽然全球原油价格上涨，但目前 PLA 价格仍然高出 1000~2000 元 / 吨，较高的价格削弱了 PLA 的竞争力。

因此我们着重关注 PLA 的改性和降本两个方面。PLA 材料可塑性很强，通过改性可改变材料特性，从而克服材料缺陷、拓宽材料应用范围。我们认为 PLA 材料共聚改性将推动导入农用地膜场景，多元醇开发可侵占 PU 市场，耐热性提升可以解决 PLA 面临的主要难点。同时，我们仍然关注降本技术路线，如采用低成本生物废品原料（如玉米秸秆）的生产；工艺上跟踪"一步法"工程化放大进度。我们将秉持这个投资策略，持续在市场上寻找有价值 PLA 厂商。

（二）聚羟基脂肪酸酯（PHA）：持续等待市场提升

我们着重关注 PHA 的产业化和工程化进程以及明确的大的应用场景或大额订单落地。生产端，相较于 FDCA 衍生物和 PLA，PHA 产业化进度较慢，国内行业全部年产能不足百吨，目前行业内靠前的玩家也只完成了中试线。从中试线到规模化产线仍然需要突破很多生产和工艺的难点，且量产和实验室生产成本也存在差异。

此外，下游客户为保证批量出货和连续化生产，必须确保上游原料的稳定供给，因此在同类竞品已经完成规模化生产而且批量供货下游客户的情况下，PHA 的市场受到挤压。因此，PHA 的工程化规模量产成为我们投资的一个重要衡量标准，量产后生产成本也可得到较为精确的核算，有利于我们预估下游渗透率和材料发展潜力。市场上，我们关注 PHA 与其他可降解材料的差异化竞争，值得投资的标的公司应该能够确定多个规模较大的应用场景或获取稳定的大客户订单。PHA 赛道目前玩家较少，经走访，我们认为暂时不具备投资价值，我们将持续跟踪已经拜访过的头部企业，同时关注行业黑马。

（三）2,5- 呋喃二甲酸（FDCA）：优先考量盈利能力

FDCA 现阶段制备成本高，国内全市场产能不足千吨，下游应用市场渗透率低，产能利用率低，因此我们关注可实现突破的相关厂商或解决方案。目前，中科国生、合肥利夫、浙江糖能等行业龙头都公布了千吨级扩产计划，预计 2023 年行业整体产能可超过 3000 吨，大规模生产后，制备成本可降低 50%。同时，行业内也出现了不同的技术路线，例如，江苏赛瑞克以葡萄糖为原料，提升了生产效率，实现了成本降低。"十四五"期间国家也提出了 FDCA 降本要求。

虽然我们可以看到 FDCA 明确的降本趋势，但在下游应用中，FDCA 与传统石油基化工原料竞争仍不具备优势。绝大部分 FDCA 衍生物仍然仅瞄准消费和工业添加剂市场，在市场规模大的某些重要领域，如 PEF 替代 PET 成为新一代聚酯材料方面进展较缓慢。我们一直长期关注 FDCA 衍生物的高价值应用，按照这个理念，我们投资了合肥利夫，合肥利夫生产

的呋喃基聚芳酰胺对标间位芳纶，可应用于锂电隔膜涂覆材料，材料定位高端，下游客户对价格相对宽容，属于十分理想的 FDCA 衍生物应用方向。我们将持续寻找行业内类似的高附加值应用方向，关注全新降本技术路线发展。

（建信北京新材料组　许世言、王湘远、马克

建信信托研究部　林龙）

随着传统互联网红利的消退，元宇宙成了撩动各方心弦的难得机遇。元宇宙打破经典互联网技术瓶颈，延伸应用场景，实现"空间升维、时间延展、社会重构"，打造"可以生活在其中的全真可视环境"，其发展核心是人与人交互理念的改变。元宇宙实现了产业与资本市场的共振，创造了新的产业想象空间，元宇宙概念公司受到广泛关注，成为资本市场的宠儿。

一、什么是元宇宙

20 世纪末以来，互联网的崛起为科幻作家提供了充分的想象空间，科幻小说也对网络发展和进步起到了推波助澜的作用。尼尔·斯蒂芬森的"虚拟实境"深刻地影响了技术领域，尤其是游戏领域。现今，无数的专业信息技术人员正在致力于打造新型的数字平行世界。

元宇宙这一概念最早出现在科幻作家尼尔·斯蒂芬森 1992 年出版的小说《雪崩》（*Snow Crash*）中，这也是第一本以网络人格和虚拟现实题材为特色的赛博朋克小说。《雪崩》的故事发生在 21 世纪的洛杉矶，作者创造了一个与以往传统互联网形态完全不同的虚拟空间——元宇宙，它与现实世界平行，人们可以通过各自的"化身"在虚拟世界工作、生活和娱乐，但同时也受现实的限制和约束，这让元宇宙的运行逻辑更符合现实世界。

近年来陆续上映的《黑客帝国》《盗梦空间》《头号玩家》等电影被认为是对元宇宙直观的影视呈现。《黑客帝国》中基努·里维斯饰演的主人公在虚拟世界"矩阵"里斗争；导演克里斯托弗·诺兰在《盗梦空间》里构建了走入层层梦境直至神秘意识深处的超现实感；而《头号玩家》的导演斯皮尔伯格用"绿洲"再现了游戏玩家的强烈代入感体验。

元宇宙目前没有一个公认的权威定义。一部分人认为，元宇宙基于扩展现实技术提供的沉浸式体验、数字孪生技术生成的现实世界的镜像、区块链等技术搭建的经济体系，将虚拟世界与现实世界密切融合。从游戏和娱乐的视角来看，元宇宙意味着沉浸式的、可交互的、自由拟真的终极游戏体验，以 Roblox 为代表的元宇宙概念股的崛起也体现了这类思潮。从整个互联网发展的角度来看，元宇宙意味着人与人之间的全新互联模式，是现有移动互联网的下一发展阶段，是"全真互联网"。

我们探讨的元宇宙是以混合现实等新型硬件和图形建模等软件技术为基础，在新一代通信、算力资源等基础设施的加持下，打破空间限制的一种新型沟通交互方式，通过这种方式，人类将拥有具备崭新的经济身份制度体系的数字世界。

二、如何解读元宇宙的产业生态

从技术层级看，元宇宙产业体系主要包括感知及显示层、网络层、平台层、应用层（见图 1）。感知及显示层是硬件基础，其中 VR/AR 有望成为新一代的硬件终端，是连接现实世界和虚拟世界的入口。网络层是信息传输的重要途径，需关注 AI/ 云计算 /5G 通信等技术的更新迭代。平台层重点关注图形技术，游戏引擎、开发平台为包罗万象的内容生态提供了可能，带来更深层次的沉浸式体验。应用层是元宇宙真正的实现方式，目前应用场景尚未迎来真正爆发。

感知及显示层	PC/智能机	VR/AR头显	体感设备/新型传感器	脑机接口
网络层	通信网络/宽带服务	云计算	人工智能	区块链	边缘计算
平台层	操作系统	图形引擎/工具软件	开发及设计平台	内容分发平台
应用层	游戏	社交	教育	销售	生产制造	建筑	医疗

图 1　元宇宙的产业体系

资料来源：根据公开资料整理。

（一）感知及显示层

　　感知及显示层包括各种输入、输出设备，包括 AR/VR 头显、智能手机、个人电脑、脑机接口、摄像头、体感设备、物联网传感器、语言识别系统设备等。感知及显示层的核心零部件芯片主要被国外企业垄断，国内企业正在取得一定突破。终端的 AR/VR 设备目前由索尼、Meta、HTC 占据主要市场份额。

　　感知和显示技术在元宇宙中将改变人类的信息输入与输出的方法，产生"身临其境"的实时感，摆脱空间的束缚。其中 VR/AR 设备是公认的人类对接元宇宙的入口级终端，而 VR/AR 设备的沉浸感来自更高的分辨率与刷新率，Micro LED 与 Micro OLED 等新型显示技术近年来不断获得突破。显示技术将升级为交互技术，未来有可能通过脑机交互、新型传感技术实现虚拟与现实的实时转换，为元宇宙用户提供更加拟真和沉浸式的体验。

（二）网络层

　　网络层作为底层通信基础设施，其上层包括互联网服务、云计算及云储存、人工智能、区块链技术等，另外还叠加了边缘计算等技术节点。例如，5G/6G 技术为元宇宙提供高速、低延时、规模化接入传输通道，为元宇宙用户提供更实时、流畅的体验；云计算以其快速创新、弹性硬件和规模经济等特点，可以支撑功能更强大、更轻量化的终端设备。

（三）平台层

平台层包括在元宇宙虚拟世界内搭建各种内容和基础设施的平台、构建元宇宙所需的各种开发工具的平台、内容分发的平台以及底层操作系统的平台等。

以图形引擎为例，其在汽车、机器制造、电影动画、建筑和工程、航空航天等领域应用广泛。图形引擎的关键作用在于实现画面和交互的真实性，而这些能力的基础则是细分组件：渲染引擎和物理引擎。渲染引擎的强大与否直接决定着画面的输出质量。将制作好的模型内容要素导入后，渲染引擎可以把模型、动画、光照、阴影等所有效果实时计算出来并展示在屏幕上，从而实现较高的拟真性。物理引擎可以定义虚拟世界的运行规律，并使模型按照规律进行运动。在物理引擎中设置具体参数就可以模拟出复杂的物体碰撞、滚动、滑动或者弹跳等交互。

（四）应用层

应用层主要是元宇宙虚拟世界内的各种应用及内容。元宇宙一方面体现在消费互联网领域的社交、娱乐、教育培训等功能上，即"消费元宇宙"，另一方面体现了产业和工业的数字化转型需求，也就是"工业元宇宙"。应用层是远期前景最广阔的产业链环节。

1. 消费元宇宙

消费元宇宙在内容生产方面实现了用户创造、用户所有、去中心化，这是其与当前消费互联网的本质差异。在消费者感知端，沉浸式交互、增强显示等技术满足了消费者更多的体验需求，进而创造了更多价值。

消费端场景丰富，涉及生活各方面，可帮助延伸拓展现实场景实现虚实共生，场景主要包括消费、娱乐、办公、旅游、教育、健身、医疗、居住等。元宇宙有望结合线上线下，实现虚实共生消费，推动新消费时代变革；在娱乐领域，元宇宙可推进娱乐商业模式创新，当前游戏已具备元宇宙雏形；在办公领域，元宇宙可实现沉浸式远程办公，促进灵活办公；在旅游领域，元宇宙可帮助打破时空限制，丰富旅游体验；在教育领域，元宇宙可拓展教育边界，丰富教学场景；在健身领域，元宇宙可帮助突破运动健身场地限制，带来全场景运动体验；在医疗领域，元宇宙可辅助加强健康诊疗，实现全方位医疗防治；在居住领域，元宇宙可带来全面沉浸式购房体验，并且帮助住户实现数字化居家环境管理监测。

目前广义的消费品牌、文化传媒产业都在积极拥抱元宇宙，近年来涌现的数字人、虚实结合等创新式体验大大促进了消费。元宇宙中，众多全新 C 端模式也将涌现，将打破目前固有模式，结合元宇宙技术如区块链、NFT、web3.0 等带来新的场景模式，颠覆传统模型。例如，目前 P2E 游戏如"STEPN"火爆，参与者通过运动来获得相应奖励，用户以运动鞋的形式拥有 NFT，通过运动获得游戏货币，这些货币可在游戏中使用，也可兑换现实货币。

总的来说，腾讯、Meta 这类有丰富游戏及娱乐内容经验的平台型互联网公司可能会占据消费元宇宙先机。爆款内容带动硬件普及，硬件普及提升内容盈利能力，内容是贯穿整个消费元宇宙发展过程的关键。

2. 工业元宇宙

互联网已经从上半场的消费互联网进入下半场的工业互联网，越来越多的传统企业也尝到了新技术带来的甜头，不断拥抱工业元宇宙，为元宇宙的发展从早期消费应用场景快速延伸至工业、产业场景打下良好基础。

通过仿真、物联网、VR 等技术，可以将物理材料和设备的各种属性映射到虚拟空间之中，形成一个数字化的设计和制造环境。在这套系统的协调下，工业品的设计、制造乃至安装环节的很大一部分都被搬到了虚拟空间，在虚拟环境中完成仿真测试后，再转移到现实中执行。从业人员依赖 VR/AR 等设备工作，远程操作和生产不受人所处位置的限制，从而实现彻底的"智能制造"。这种系统正逐渐推广到医疗、能源、运输、航天等领域，这就是工业元宇宙的一类应用。

B 端工业元宇宙可以赋能生产，激发实体经济活力和创造力。现实企业开拓业务参与元宇宙建设，不断延展泛人工智能技术产业落地的深度和广度，加速技术与产业的深度融合，激发实体经济的活力和创造力。现实企业对元宇宙的参与，让现实世界中的物体更容易在元宇宙中得到生动展现，一方面帮助企业拓展业务，主动参与元宇宙世界建设交易；另一方面为元宇宙带来更真实的虚实相融体验，丰富了元宇宙世界。

"元宇宙 + 医疗保健""元宇宙 + 工厂""元宇宙 + 城市"等应用场景蓄势待发。以"元宇宙 + 城市"为例，目前已有部分城市开始大力推进元宇宙基础设施建设、扩展搭建各类元宇宙落地场景。例如，韩国首尔市政府 2021 年率先发布《元宇宙首尔五年计划》，计划从 2022 年起分三个阶段在经济、文化、旅游、教育、信访等市政府所有行政领域打造元宇宙行政服务生态。

三、元宇宙如何成为关注的焦点

复盘全球互联网行业过去十年的发展脉络，可以认为当前互联网生态已经高度繁荣。从内容载体来看，互联网从静态的文字信息走向动态的视频，从长视频走向时效性与交互感更强的短视频与直播；从应用场景来看，互联网从以社交、电商、游戏等娱乐为主的场景向办公、打车、知识社区等功能型应用延伸；从服务群体来看，互联网从以服务 C 端客户为主向 B 端客户拓展。

现有的互联网在商业模式、交互手段与用户体验等维度创新趋缓。2016 年开始，全球互联网行业增速不断下行，市场已经对互联网行业所面临的流量红利见顶以及增速放缓等问题形成共识，经典互联网内容载体、应用场景的创新步伐放缓，商业模式趋于同质化，新的现象级产品数量锐减，考虑到交互、沉浸、连接等维度的限制，经典互联网已在技术范围内实现了产品体验最优化，短期难以打破瓶颈，不会有里程碑式创新。

元宇宙是移动互联网的未来。元宇宙将互联网的视觉、听觉层面的感官体验延展到触觉维度，将现实物理世界全面仿真，互联网的平面内容以三维立体化的形式在元宇宙中得到呈现，沉浸感与交互感有了质的提升。同时，在互联网世界中，大部分用户为信息的接受者，而元宇宙底层基础设施赋予用户参与构建世界的能力，用户从信息接受者转变为生态建设者与内容创作者。我们认为元宇宙的底层创新有望打破经典互联网在内容载体、传播场景、交互等方面的瓶颈，将互联网的应用场景延伸到医疗、教育、工业生产等维度，可以更好地提升用户的体验，其数字化手段可以更好地赋能实体经济发展。

2021 年 VR 头戴式显示器出货量突破 1000 万台大关，终端设备行业正在迎来拐点。我们正处于互联网时代的下一站的起点，技术使得人们能够更自然地联系和表达。正如十年前我们离不开电脑一样，现在我们离不开手机，未来让我们无法离开的很可能会是全息影像和虚拟世界。元宇宙代表了互联网技术进步的方向，它将由许许多多的创造者和开发者共同构建，创造可互动操作的新体验和数字项目，最终组成我们生活的一部分。

（一）Roblox 估值突然暴涨，元宇宙引发关注

2020 年初至 2021 年初，Roblox 上市后的市值从 40 亿美元上涨至 382 亿美元，1 年左右涨了近 9 倍，2021 年 11 月，Roblox 的市值逼近 800 亿美元。一个亏损的游戏公司市值竟然超过了一众大型的知名互联网企业，这引起了国内投资机构的好奇，大家开始分析其商业逻辑，试图在国内找到"下一个 Roblox"。

Roblox 是一家非常特殊的 UGC 游戏制作平台，它允许用户自由编写游戏和参加其他玩家创建的游戏，平台仅提供引擎、云技术等基础设施，另外用户可通过出售游戏货币 Robux 盈利（用以购买皮肤等道具）。截至 2021 年第三季度，Roblox 拥有 4730 万日活用户，日活用户平均每天在线时长 2.5 小时。

Roblox 主动将自己的模式向元宇宙靠拢。公司 CEO Baszucki 认为 Roblox 将最有可能率先打造出《雪崩》里描绘的虚拟世界，这个虚拟世界代表了社会变化和技术发展的方向。Roblox 现阶段作为游戏公司，讲述了一个资本市场更喜欢的故事，投资人认可这个宏大愿景，其股票市场的表现因而水涨船高。Roblox 抓住契机，从"做年轻人喜爱的游戏"变成"打造元宇宙"，探索出适合自身发展的道路。市场认为 Roblox 极有可能成为未来元宇宙的主要载体，人们的工作、生活和娱乐都将落在 Roblox 搭建的世界上，Roblox 也将成为元宇宙时代中类似 Meta 和腾讯的巨头。

（二）NFT 概念被引入国内，元宇宙逐渐火爆

2021 年是元宇宙元年，同样也是 NFT 元年，二者相辅相成，引爆投资热点，尤其是对于缺乏新故事的 A 股传媒企业，元宇宙成为难得的好题材。NFT 的中文全称为"非同质化代币"，具有唯一性、不可分割性和不可复制性。在 NFT 的定义中，与其对应的是"同质化代币"，典型的就是人民币、美元、比特币等。NFT 的独特信息会被存储在智能合约中，并记录在代币的区块链上。而区块链有着公开、可信、去中心化的特征，NFT 用在数字艺术品及类似商品中。降低数字艺术品的交易成本，极大地提高流动性。

2021 年 8 月 27 日，A 股上市公司视觉中国首次在公告中披露"NFT 升级计划"，根据视觉数字艺术资产属性与特点，利用 NFT 技术对社区进行升级，打造全球领先的基于区块链的视觉数字艺术创意社区。视觉中国的 NFT 主题也迅速被资本市场认可。2021 年 8 月 25 日至 9 月 8 日，视觉中国股价上涨 61.2% 至 17.34 元的短期高点。

NFT 与元宇宙的主要结合点在于可以让用户来搭建整个虚拟世界的经济体系。NFT 的特征在于赋予虚拟世界的无形资产以价值，以及产权和归属。这与现实世界一样，买到的虚拟物品是属于用户的，而不是属于某个科技公司的，他们可以自主地对这些虚拟物品进行处置，这种"去中心化"的属性，赋予了元宇宙贴近现实的真实感。

（三）科技巨头全力跟进，元宇宙成为焦点

当前全球科技巨头陆续布局元宇宙相关产业。2021 年 10 月底，Facebook 更名为 "Meta"，Meta 一词就来自元宇宙（Metaverse），标志着公司开始全面聚焦元宇宙，并计划用 5 年左右的时间打造一家真正的元宇宙公司。Facebook 是互联网巨头中最早布局且向元宇宙转型最彻底的一家，它致力于硬件、系统、软件一体化解决方案。Facebook 旗下的 Oculus 是最畅销的 VR 硬件，而 VR/AR 是下一代通用技术设备的入口。软件层面，其以 Horizon 社交平台为代表的新型虚拟生态也广受好评。

微软发布了具有虚拟形象功能的元宇宙产品——Microsoft Teams；英伟达也带来了旗下元宇宙平台 Omniverse；字节跳动收购了一系列元宇宙相关的软硬件公司。A 股市场的中青宝、汤姆猫、天下秀、芒果超媒等企业也纷纷推出或宣称发展自己的元宇宙业务。元宇宙成为资本市场的宠儿，通信公司、教育公司、文旅公司、泛游戏娱乐公司纷纷进军该领域。此时元宇宙实现了产业与资本市场的共振，创造了新的产业想象空间，俨然成为互联网行业的未来。

四、投资策略选择跟风还是另辟蹊径

元宇宙将呈现渐进式发展，单点技术创新不断出现和融合，"连点成线"，从产业各方面向元宇宙靠近。如同 20 年前难以精准预测互联网发展，我们也无法准确判断未来元宇宙的形态。但可以肯定的是，元宇宙的终极形态将指向人类的数字化生存，会对社会产生深远的影响，或将带来持续产业调整，孕育极大的投资机遇。

（一）行业巨头的投资方向

Meta：主要是自己发展下一代元宇宙平台公司。Meta 在规划中只将社交网络业务作为业务的一半，而致力于元宇宙的部门 RealityLabs（原 AR/VR 部分）将成为另外半壁江山。

微软：从硬件到软件再到场景，基于云计算能力，HoloLens、Teams、Mesh 平台等产品百花齐放，以"全栈式"的战略模式进军元宇宙。

苹果：筹备 AR 头戴式显示器已超十年，已申请超 2000 项 AR/VR 的相关专利，已投资或收购超 20 家 AR/VR 业务公司，预计将于 2023 年推出头戴式显示器产品。

腾讯：游戏和社交成为元宇宙的重要突破口，云技术和金融科技也作为底层技术推动元宇宙发展。腾讯不仅在 2020 年参与了 Roblox 融资，还重仓持有另一个明星公司 Epic。腾讯旗下"社交元宇宙"Soul 曾在港交所递交 IPO 申请。此外，腾讯在国内已投企业还涉及 AR/VR、虚拟视频直播、3D 表情动画等领域。

阿里巴巴：从硬件维度切入元宇宙，投资 AR 硬件商 magic leap、Nreal。另外阿里云游戏发布了全新品牌"元境"，提供云游戏 PaaS 能力和开发者平台，并设立子公司"元境先生"。

字节跳动：已打通设备 – 内容 – 平台的生态闭环；以 50 亿元人民币收购了 Pico，正式入局 VR；投资代码乾坤，旗下有青少年创造和社交 UGC 平台"重启世界"；凭借自身的社交、内容、全球化优势，将 TikTok、飞书应用到下一代智能终端中，构建属于自己的元宇宙。

（二）投资机构的观点与策略

高瓴创投：元宇宙赛道发展处于早期，现在做投资还是以技术驱动为前提，后面随着基础设施的逐渐完善，整个生态会有更多机会，所以这是一个先技术后商业的赛道。除了看重创业企业的技术理解，还有产品经营和落地能力。

红杉中国：技术基础是首要的，其次是要找好模式和角度，在浪潮到来之前先把路修好，静候机会。在行业兴起过程中，一定有中小型的模式创新机会，投资相关的创业企业，也是基于软件、硬件、基础科学等多方面的考虑。

光源资本：秉持"以终为始，产消结合"，即看到行业发展的远景，而不是被近处的概念迷惑；在关注元宇宙消费属性的同时，更注重其生产属性。关注这些赛道需要的关键成功要素与创业团队核心能力的匹配度。

致顺投资：元宇宙的内涵当前仍在不断的演变发展中，核心是虚拟世界和现实世界的隔离和连接。元宇宙初期相关的基础设施的搭建是最早出现投资机会的领域，比如支撑虚拟世界的芯片、软件、VR、AR 等方向。

建泓时代：新的终端硬件发布涉及一些技术创新如 pancake 光路、眼球追踪、双向 see-through 等，可能带来局部短期机会。不过由于很多科技大厂在削减开支，加上消费电子等可选消费品的全球需求减弱，元宇宙对相关标的公司的业绩贡献在短期内难以明显体现，该主题的持续时间可能会比较短。

深圳巨泽：元宇宙长期来看甚至可以整合利用社会资源、实现资源最优解，将给众多行业带来快速发展的机会。同时，元宇宙必将带来对智能穿戴设备需求的全面爆发，作为投资者必须要意识到这是个成长空间巨大的赛道。

（三）我们的投资逻辑

国内加速出台元宇宙产业化扶持政策。"十三五"时期之前，我国主要以发展元宇宙相关技术为主，推进搜索引擎、虚拟现实、云计算平台、数字版权等系统研发。"十三五"时期，政策上加快支持元宇宙相关关键技术的研究与突破，同时加快经济社会数字化转型发展，为元宇宙技术及产业化发展奠定基础。"十四五"规划首次提及元宇宙，提出要进一步加强元宇宙底层核心技术基础能力的前瞻研发等。

推进新基建、大力发展数字经济为我国"十四五"时期的重要任务，我国元宇宙产业化政策持续发力。2021 年 12 月，中央纪委国家监委首次发文《元宇宙如何改写人类社会生活》，明确元宇宙定义、诞生背景、主要特征等，明确了元宇宙的三大核心技术分别为扩展现实技术、数字孪生技术及区块链技术，主要应用方向包括元宇宙社交和游戏、元宇宙零售和电商以及元宇宙基建和工业方向。2022 年 1 月，工信部召开中小企业发展情况发布会，特意提出要注重培育一批深耕专业领域工业互联网、工业软件、网络与数据安全、智能传感器等方面的"小巨人"企业，培育一批进军元宇宙、区块链、人工智能等新兴领域的创新型中小企业。

除了国家层面对元宇宙产业化发展的指导和支持外，各地方政府纷纷加快出台元宇宙产业相关政策，抢占元宇宙产业布局先机。北京、武汉、海口等地提出了元宇宙产业园建设规划；上海提出在 2022 年发起设立百亿级元宇宙新赛道产业基金，打造 10 家具有国际竞争力的头部企业、100 家掌握核心技术的专精特新企业，并计划到 2025 年产业规模突破 3500 亿元。综合来看，各地政策的主要关注点为"高清显示""感知交互""虚拟现实""数字新基建"等技术节点，布局基础设施，为潜在的文化、商旅和新业态的繁荣发展做好铺垫。从短、中、长期看，我国元宇宙产业有以下投资机遇。

短期（2022~2026 年）布局硬件和基础架构产业。中国制造业具备成熟的产业链基础，为元宇宙相关硬件的设计、生产、制造以及品牌的打造都提供了巨大的机遇。在移动互联网时代，中国诞生了全球一流的手机品牌，如小米、OPPO、vivo、华为等。中国具备稳定且全面的生产制造能力，足以产生 XR 眼镜或头戴式显示设备等元宇宙重要赛道的未来头部企业。在标的筛选方面，元宇宙设备整机公司在开拓市场及品牌培养的早期阶段，需要快速占领市场份额，这必将带来较大挑战。因此，将目光转向整机公司的上游（如光学模组和显示技术等方面的核心元器件和模组厂商）更为稳妥。对于具体投资标的，应选择偏硬科技、偏基础、偏工具型的企业，并对其底层技术、平台入口、交互硬件、赋能工具和行业应用领域进行考量，判断是否具有行业领导性的独特能力和布局。只有底层硬件技术工具等成熟齐备，才会迎来应用层面的大爆发。另外，未来接入元宇宙的硬件设备可能具有多样性，包括可穿戴设备、耳机以及各类 AIoT 产品，投资眼光不能仅受限于目前 XR 头戴式显示设备和眼镜的终端形态，还需打开思路。

基础架构方面，元宇宙实现的过程中需要底层算力、渲染技术、整个底层引擎以及在此基础上开发的一些软件，架构上需要很大的变化，对算力、渲染、交付都会提出非常高的要求，具备符合元宇宙产业发展基础层面能力的公司值得关注。

中期（2027~2033 年）布局内容平台。内容平台投资需衡量投资标的本身的盈利属性，思考相关企业如何能够融入元宇宙生态、实现业务增值。例如，中国电商、直播产业发展领先全球，早期引入元宇宙应用的平台可以迅速创新业务模型、开拓新的收入路径，产生巨大效益。其他可能较快应用元宇宙技术的行业包括零售与消费品、先进制造与汽车、生命科学与健康、教育培训等，在这些领域可以再造一批新时代龙头企业。

长期（2033 年以后）看商业模式的创新。类比于中国移动互联网创业公司，在软硬件和生态都具备的基础上，创新出如共享单车、扫码支付等后端收费的内容和多类型商业模式。长期看，元宇宙企业应当拥有商业模式创新和普及的足够能力。展望中的新商业模式包括但不限于元宇宙建造与设计服务、元宇宙地产租借、元宇宙贸易销售、元宇宙数据服务、元宇宙教育等。

（四）元宇宙投资风险

技术发展风险：元宇宙看重真实感、交互性、流畅性等，因此元宇宙的良好实现对于基础设施、交互设备、云计算、5G 等技术发展和商业化程度要求较高，若核心技术未能突破，则元宇宙的搭建进度将落后于预期。

商业化不及预期风险：用户对元宇宙未产生足够的使用和消费欲望，开发者难以搭建良好内容生态，从而影响下游需求端的进一步落地，拖慢元宇宙发展速度。

监管制度与行业规范风险：元宇宙尚处于发展初期，目前针对元宇宙的行业规范、法律制度仍不完善，责任主体也不清晰；同时，元宇宙的去中心化体系可能对于现有的法律制度和规范体系产生冲击，元宇宙相关的法律法规、监管文件和行业规范亟待完善。

伦理道德风险：元宇宙世界具有显著的虚拟性，身处其中的虚拟人物做出的伦理选择可能不符合现实中的伦理规范，从而对于现实世界中的道德准则产生冲击，甚至在元宇宙中诱发诸多违背公序良俗的恶性事件，从而制约元宇宙的进一步发展。

资产权属与隐私数据风险：元宇宙中资产以虚拟形式存储，在权属界定时仍然具有技术实现的困难；元宇宙的去中心化体系使数据难以被监管，从而无法阻绝不良数据的传播，危害公共安全。

五、元宇宙未来去向何方

元宇宙不是被某个公司、某个组织特地开发出来的，而是由大量参与者在贡献了自己的数据、算力、算法、协议、观点、共识、异议的基础上，互联互通、共同协作一起构建出来的。所有个体和组织都只是参与者而不是控制者，不能凌驾于元宇宙之上。从某种意义上来说，现有的互联网就是元宇宙的组织雏形，在互联网的底层基础上，元宇宙更加全面地超越了现实和虚拟的边界。人类世界所有的物质、能量、信息、个体，都将被全面地卷入这个系统、参与这个系统、建设这个系统，直到现实与虚拟完全合一，届时元宇宙这个概念将不再存在，因为元宇宙就是未来人类世界。

结合现有的技术能力与设想中元宇宙的构建方式，我们将元宇宙未来发展划分为导入期、成长期和实现期三个阶段。

（一）导入期：元宇宙完善基建

目前元宇宙尚处于导入期。元宇宙的地基——各项基础设施正在进一步完善，应用场景也逐渐从游戏、社交向办公、教学、运动、文旅等多场景延伸，产业数字化应用、城市场景仿真逐渐出现。

　　技术层面，基础设施进一步升级。包括建模渲染、3D 交互、高速通信、人工智能等在内的多项技术仍处于起步阶段，而元宇宙对这些技术提出了更高的要求。网络技术方面，元宇宙需要更加互通、开放的网络协议；建模渲染、交互技术方面，若要满足元宇宙数字建设、提供沉浸式虚拟现实体验，技术仍需持续升级；算力方面，实现元宇宙众功能均需要强大的芯片，另外海量元宇宙数据需要云计算、边缘计算等技术，以解放本地算力、降低用户参与难度、缩短通信链路，为数据产生侧提供更快捷高效的需求响应；区块链技术方面，该类技术天然适配元宇宙的经济体系；数据传输方面，通信网络需要保证超高的带宽、超低的延时和超高的可靠性，以支撑各类元宇宙场景的实现。

　　应用层面，由点到面不断延伸。从最容易落地的游戏场景开始拓展，促进各行业数字化。消费元宇宙领域，多种线下场景实现线上化，如办公、教学、运动等，人们更多的工作和生活时间开始与元宇宙产生关联。工业元宇宙领域，行业的数字化、虚拟化升级受到元宇宙概念及相关技术升级的催化，产业、城市应用场景最初以场景仿真为主，如仿真流水线、基础设施三维数字化、物理拟真测试等。

（二）成长期：元宇宙雏形显现

　　元宇宙技术持续升级、应用场景范围扩大、基本制度建立，数字世界开始影响实体空间。

　　元宇宙的去中心化思想重构的虚拟社会形态初步显现。主要涉及身份系统和价值系统的搭建，身份系统赋予元宇宙参与者虚拟世界身份，价值系统维持元宇宙正常交易和运行。以区块链为代表的技术保证了元宇宙数据的可追溯、不可篡改，以去中心化的方式解决信任构建难题，在虚拟世界的治理中重构社会形态，这也是元宇宙与目前的互联网最大的不同。

　　数字身份超越物理身份、影响物理身份。元宇宙中的数字身份受到的规则束缚很少，拥有丰富而自由的构建选择。数字身份进化为虚拟人格，彼此之间在精神维度进行数字社会的交互和建设。元宇宙内部逐渐形成生产－交换的经济循环，拥有较为独立的商品和生产要素流动，出现企业、个人、监管者等不同角色。另一方面，实体世界与数字世界的交互增强、数字世界进行的模拟推演会在一定程度上影响实体世界实际决策，典型场景如工业智控、全息医疗等，此时元宇宙雏形在局部显现。

（三）实现期：元宇宙应用爆发

在元宇宙雏形形成之后，基本技术节点打通，虚拟生态体系繁荣，元宇宙迎来应用场景大爆发，万物互联融入数字世界，元宇宙进入真正实现阶段。

此时元宇宙用户参与度极大提高，预计接入元宇宙的人口将逐渐达到一半以上，且企业也将是元宇宙的重要组成部分，所有参与方都共同构建元宇宙，大部分经济行为和社交、娱乐等活动都将转移至元宇宙进行，企业生产效率也随着接入元宇宙而大幅提升。届时有可能会出现多个平行的元宇宙体系，但会有一个占主导地位，且彼此之间能够形成生态互通。元宇宙将从数字孪生走向数字原生，借助人机交互、物联网等技术，实现与现实的联动、融合。

（建信北京通信组　陈文成、邓锋、张天羽）

3D 打印

3D 打印

3D 打印又称增材制造，是制造工艺由减材制造（机加工，如本报告前述的数控机床应用）到等材制造（锻铸焊）再向更高层级发展的加工制造技术，是引领产业变革的颠覆性技术之一。与传统的减材制造和等材制造相比，3D 打印在中小批量产品生产成本控制、个性化定制化生产、生产可预测性和材料利用率等方面具有明显优势，将对制造工艺及流程、工厂生产加工模式及整个制造业产业链产生重要影响。发达工业国家已将增材制造作为新的增长点，大力推动增材制造技术创新和产业化应用。我国增材制造发展迅猛，大型金属承力结构件等方面的增材制造重大技术创新不断取得突破，增材制造在航空航天、军工、汽车工业和生物医药等领域的应用取得实质性进展，涌现出一批高水平的企业和多个发展势头较好的产业聚集区。

目前，3D 打印行业正快速由制造流转变为数字流。在数字经济赋能产业升级的浪潮之下，3D 打印行业即将成为我国经济发展新的增长点。党的二十大报告中强调建立现代化产业体系，推进新型工业化，加快建设制造强国、质量强国、航天强国、交通强国、网络强国、数字中国，推动制造业高端化、智能化、绿色化发展。"十四五"期间，在加快产业转型、推动构建现代化产业体系的目标要求下，3D 打印技术作为以产业数字化为代表的数字技术与制造业深度融合的典型案例，是推进产业结构高级化和产业链现代化、构建新发展格局的关键技术。随着下游主要应用行业发展需求不断增多及关键核心技术的突破和成熟，3D 打印设备、材料、软件等领域蕴含巨大的投资机会。为此，本投资团队结合项目经验，从投资逻辑、布局时机、下游应用情况、技术路线选择、金属 3D 打印关键领域变化、本土企业看点等角度梳理 3D 打印行业的发展情况，并给出 3D 打印行业的投资策略。

一、为何要投资 3D 打印行业

（一）产业规模持续扩大，3D 打印强势增长

全球 3D 打印市场进入快速发展期。经过 30 多年发展，增材制造行业正从起步期迈入成长期，呈现加速发展的态势。根据从事增材制造行业研究的美国咨询机构 Wohlers Associates,Inc. 统计，全球增材制造行业产值（包括产品和服务）从 2012 年的 22.8 亿美元增长到 2017 年的 73.36 亿美元，增长超过 200%，年均增长率高达 26.33%。预计未来十年，全球增材制造行业仍将处于高速增长期，发展潜力巨大。据麦肯锡预测，到 2025 年全球增材制造产业可能产生高达 2000 亿 ~5000 亿美元经济效益。

中国是全球最具潜力的 3D 打印市场。中国增材制造行业相对欧美发达经济体起步较晚，在经历了初期产业链分离、原材料产业发展不成熟、技术标准不统一与不完善及成本高等问题后，当前中国增材制造行业已日趋成熟。据中国增材制造产业联盟统计，2015~2017 年我国增材制造行业规模年均增长超过 30%。2017 年，我国增材制造行业规模已超过 100 亿元。预计 2022 年我国增材制造行业市场规模将达到 80 亿美元。

金属工业级 3D 打印产业是未来 3D 打印产业的龙头。工业级增材制造可广泛运用于传统产业转型升级和战略性新兴产业发展。随着增材制造技术的逐渐成熟和成本的不断降低，工业级增材制造的市场需求和发展潜力较大。根据 Wohlers Associates,Inc. 统计，全球

工业级增材制造设备（面向工业且售价在 5000 美元及以上的机器）销售量达到 14736 台，较 2016 年增长 12.6%。[1] 尤其是金属增材制造领域，已经展现强势增长势头。Wohlers Associates,Inc. 报告显示，航空航天、汽车、航海、核工业以及医疗器械等领域对金属增材制造的需求持续保持旺盛增长趋势，应用端需求呈现快速扩张态势。根据德勤发布的《2019 科技、传媒和电信行业预测》，全球 3D 打印市场正从塑料打印转向金属打印。塑料适合用于制作原型和某些最终零件，但 3D 打印应以价值万亿美元的金属零件制造市场为目标。

（二）新型材料不断突破，工艺技术快速发展

　　增材制造专用材料的品类和品质决定增材制造产品及服务的质量。现有增材制造专用材料包括金属材料、无机非金属材料、有机高分子材料和生物材料四大类。与此同时，镍基合金、铜基合金、镁铝合金等金属材料，压电陶瓷、硅酸盐等无机非金属材料，热塑性工程塑料、碳纳米管树脂等有机高分子材料的研究均取得突破，水凝胶、可降解聚乳酸等生物材料领域的创新成果不断涌现。目前，全球增材制造专用材料已达几百种，Stratasys、3D Systems、EOS、惠普等行业领军企业以及巴斯夫、杜邦等材料企业纷纷在专用材料领域布局，研发生产新型高分子复合材料、高性能合金材料、生物活性材料、陶瓷材料等专用材料。相关企业将纳米材料、碳纤维材料等与现有材料复合，开发多功能纳米复合材料、纤维增强复合材料、无机填料复合材料、金属填料复合材料和高分子合金等复合材料，不仅赋予材料多功能性的特点，而且拓宽了增材制造技术的应用领域，使复合材料成为专用材料的发展趋势之一。此外，在成形工艺创新领域，多射流熔融制造技术、复合增材制造技术等低成本、高效率的新型增材制造技术不断出现。

　　随着金属 3D 打印零件生产量的增加，我国市场上金属粉末材料种类偏少、专用化程度不

_____
[1]《全球 3D 打印市场分析：工业级金属增材制造设备是未来》，搜狐网，https://www.sohu.com/a/331872742_473133，2019 年 8 月 6 日。

高、供给不足的短板也日益显现。2017 年，金属增材制造原材料销售金额达到 1.83 亿美元，较 2016 年增长 44.6%，金属增材制造专用材料的研发日趋活跃。

我国已经开发出钛合金、高强钢、尼龙粉末、碳纤维复合材料、玻璃微珠复合材料等近百种牌号专用材料，材料品质和性能逐步提升，种类逐步增多，基本满足增材制造产业需要；钛合金等专用材料打破国外垄断，实现在增材制造领域的突破性应用。

（三）装备销量稳步增长，3D 打印需求激增

全球工业级增材制造装备销量稳步增长，近五年年均复合增长率达到 13.60%，尤其是得益于金属增材制造技术的成熟和低价金属增材制造装备的普及，金属增材制造装备销量大幅提升。根据 Wohlers Associates,Inc. 统计，2017 年全球金属增材制造装备的销售量为 1768 台，比 2016 年增长了近 80%，增速较 2016 年提高了 57.9 个百分点；销售额达 7.21 亿美元，均价为 40.79 万美元，同比下降 25.8%，均价降低主要是因为低成本金属 3D 打印机的普及。此外，全球有 135 家公司在 2017 年生产和销售工业增材制造装备，多于 2016 年的 97 家公司。新的增材制造装备制造商正不断进入增材制造市场，并带来如开放材料系统等先进的技术设备，并且更快的打印速度和更低的价格使金属增材制造越来越易于被市场接受。

近年来，市场在不断探索更大成形尺寸的金属零件增材制造方案，几乎所有的金属 3D 打印设备厂商都推出了更大成形尺寸的 3D 打印机。同时，较小成形尺寸的 3D 打印设备也逐渐成为人们关注的焦点，这些成形尺寸较小的设备不只是被用于研究，也在小规模的定制化生产中扮演重要的角色。因此，未来的金属增材制造设备必将更加专业化。

随着增材制造创新体系的逐步完善和自主研发能力的提升，我国增材制造创新成果不断涌现，一批专用材料、工艺装备、关键零部件、软件系统等实现量产，供给能力不断增强，带动产业竞争能力提升。目前，我国的熔融沉积成形、光固化成形、激光选区烧结 / 熔化等一大批工艺装备实现产业化，部分增材制造工艺装备已经达到国际先进水平。

（四）下游应用深度持续拓展，直接制造规模不断扩大

近年来，增材制造技术的应用领域逐步拓宽，越来越多的企业将其作为技术转型方向，用于突破研发瓶颈或解决设计难题，助力智能制造、绿色制造等新型制造模式。增材制造目前已被广泛应用于医疗、航空航天、消费电子产品、教育等领域，并被尝试应用于更多的领域。与此同时，增材制造在各领域中应用的深度不断被拓展。尤其是航空航天、汽车、航海、核工业以及医疗器械等领域对金属增材制造的需求持续保持旺盛增长趋势，应用端需求呈现快速扩张态势。

增材制造应用方式正逐步从原型设计走向直接制造。据 Wohlers Associates,Inc. 对全球 82 家服务提供商和 28 家系统制造商的统计数据，零部件直接制造占营业收入的比重逐年提升，近五年复合增长率为 23.5%。2017 年，零部件直接制造的产值为 9.18 亿美元，同比增长 32.4%。

我国增材制造应用的深度和广度持续拓展。增材制造在航空航天等重点制造业持续发力，已经成为航空航天等高端设备直接制造及修复再制造的重要技术手段。同时，增材制造逐步成为汽车、船舶、核工业、模具等领域产品研发设计、快速原型制造的重要实现方式。在重点制造领域，增材制造技术的应用已从简单的概念模型、功能型原型制作向功能部件直接制造方向发展。同时，增材制造在造型评审、设计验证、复杂结构零件、多材料复合零件、轻量化结构零件、专用工装夹具、表面修复、个性换装件等方面的应用越来越多。在生物医疗领域，依据患者医学影像数据，增材制造的生物模型已成为辅助治疗的手段，增材制造未来或将从"非活体"打印逐步进阶到"活体"打印。同时，在文化创意、创新教育等领域，增材制造正成为个性化消费品定制、创新思维开发等的重要手段。

二、为何选此时入局 3D 打印产业

（一）3D 打印发展迎来第三次浪潮

第一次浪潮是国外巨头的崛起。第一次浪潮出现在 1993 年之前，虽然 3D 打印技术最早

可以追溯到 1859 年，但直到 1993 年，FDM/SLA/3DP/SLS 等技术才开始真正商用化。这一次浪潮出现在国外，伴随着 3D Systems、Stratasys、EOS 等国外巨头的创立，各大主流 3D 打印技术专利被不同的巨头所持有。

第二次浪潮是工业领域巨头开启并购潮，桌面级 3D 打印同步兴起。第二次浪潮出现在 2015 年前，由两类标志性事件引发。首先是行业巨头开始并购，例如，3D Systems 围绕整个 3D 打印产业链相继并购了数十家企业。2011 年，该公司相继收购定制化零部件制造商 Quickparts 和多色喷墨 3D 打印领域领导者 Z Corporation。2013 年 8 月，公司宣布收购英国的 CRDM，后者专门从事航空航天、赛车运动、医疗设备领域的快速原型和快速模具服务，这一收购活动帮助公司站稳了英国市场。同年，公司又相继收购了专门利用 3D 打印技术制作甜品的 The Sugar Lab，3D 打印陶瓷技术的领先供应商 Figulo 以及施乐公司旗下位于美国俄勒冈州威尔逊维尔的产品设计、工程、化学组。2014 年，公司并购活动达到顶峰，相继收购了其位于美国俄克拉荷马州的姊妹公司 American Precision Prototyping 和 American Precision Machining、Medical Modeling、美国先进制造产品开发和工程服务商 Laser Reproductions、南美最大的 3D 打印服务商 Robtec、仿真手术设备巨头 Simbionix、比利时的直接金属 3D 打印和制造服务供应商 Layer Wise 以及 CAD/CAM 软件厂商 Cimatron。为加强在中国的业务，2015 年 3D Systems 收购中国无锡易维及其全资子公司，并创建 3D Systems（中国）。其次是桌面级 3D 打印的兴起。桌面级 3D 打印设备一般指的是打印面积在 200mm×200mm 以下的 SLS/SLA/SLM 设备或小型的 FDM 设备，此类设备技术门槛相对较低，容易量产化，但由于打印效率较低及成形精度较差，其应用仅限于消费市场，并不适合工业生产。

第三次浪潮以国内为主，标志是产业规模快速扩大，3D 打印向工业领域快速扩展。第三次浪潮出现在 2019 年后的中国，铂力特的上市标志着国内 3D 打印的工业化发展势头初显，国内如雨后春笋般出现了几十家营业收入破亿元的优质企业，它们遍布材料端、设备端和服务端，截至 2022 年，国内 3D 打印市场规模已经占据了全球市场的 20% 左右。2020 年国内 3D 打印市场规模为 207 亿元，其中 3D 打印设备市场规模为 92 亿元，3D 打印服务市场规模为 65 亿元，3D 打印材料市场规模为 50 亿元。2021 年我国 3D 打印市场规模为 265 亿元，较 2020 年增长了 28%。其中，3D 打印设备市场规模 145.75 亿元，占比达到 55%；3D 打印服务市场规模 55.65 亿元，占比 21%；3D 打印材料市场规模 42.4 亿元，占比 16%；零部件市场规模 18.55 亿元，占比 7%；相关软件、培训、产业孵化合计占比 1%。3D 打印设备中，非金属设备市场规模约 102 亿元，占比约 70%；金属设备市场规模约 43 亿元，占比约 30%。

按照上述的三次发展浪潮，我们关注 3D 打印领域的时点正好是第三次浪潮的起点，这使我们避免了在第二次浪潮中"踩雷"桌面级 3D 打印。桌面级设备相对而言门槛低，一度出现了大量中小企业涌入该领域的盛况，但由于下游应用受限和技术成熟度不足，部分企业倒闭或者发展缓慢。当然，在第二次浪潮中也不乏一些优质企业，它们现在的估值与早期相比至少翻了 3 倍。因为我们进入行业较晚，错过了一些优质标的的价值发现阶段。

（二）国内 3D 打印行业环境形成

国内对于增材制造的研究起步于 20 世纪 90 年代，相对欧美发达经济体起步较晚，但后发优势明显。从国内相关专利数量来看，2013 年以后，增材制造专利数量快速增长。经过 30 多年发展，我国增材制造行业已从起步期迈入成长期，已初步形成了以环渤海地区、长三角地区、珠三角地区为核心，以中西部地区为纽带的产业发展空间格局。中西部地区的陕西、湖北、湖南等省份是我国增材制造技术中心和产业化发展的重要区域，聚集了一批龙头企业；环渤海地区增材制造行业以北京为核心，多地协同发展，各具特色；长三角地区具备良好的经济发展条件、区位条件和较强的工业基础，已初步形成了包括增材制造设备开发、生产、应用服务及相关配套设备的增材制造产业链；珠三角地区增材制造行业侧重于发展应用服务，主要分布在广州、深圳、珠海和东莞等地。

（三）金属 3D 打印恰逢其时

从长期来看，3D 打印在小批量与定制化生产、重量、内部复杂结构等方面具备天然优势，一定会作为传统等材制造、减材制造的补充而存在。在医疗、航空航天、军工领域，3D 打印具备传统材料不可替代的性能优势而非简单的成本和速度优势，因此在这三个领域中，3D 打印会高速发展；在消费领域，3D 打印市场占有率将因人们个性化需求的增加而稳步提升；在工业领域，3D 打印未来将替代一小部分传统铸造业务，不过主力市场仍然在手办市场。

从中短期来看，3D 打印的主力市场在非金属领域，其中消费市场和工业手办市场因验证周期短、导入速度快和产品迭代速度快，将成为 3D 打印率先起量的市场。另外，齿科市场也有很大潜力，种植、修复和正畸均大量采用 3D 打印技术，包括 3D 口扫建模、牙模打印、义齿打印等，相比于传统方法，3D 打印技术可实现隔天取货甚至当天取货，缩短了 1~2 周的等待时间。医疗领域（植入物）因涉及三类医疗器械认证，中短期来看 3D 打印的导入速度较慢。3D 打印在航天航空及军工领域大部分仍处于研发和试制阶段，大批量生产的产品较少。

当下是投资金属 3D 打印的比较合适的时点，该领域目前市场空间较小，但未来可期，且行业内已有一家上市企业，市场给予了近 200 倍的 PE，表明金属 3D 打印受市场认可。作为投资机构，2022 年可以说是金属 3D 打印量产前的最后阶段，2024 年之后，行业内格局会初步定型，后进入的企业想弯道超车比较困难。因此在 2024 年前布局金属 3D 打印比较合理。而在非金属 3D 打印领域，消费级 3D 打印领域已出现营收破 10 亿元的龙头企业，工业级 3D 打印领域也出现了几家营收在 5 亿元左右的企业，非金属 3D 打印领域马太效应相比金属领域会提前发生。因此，如果在 2022 年进行布局，则可选择布局细分行业龙头或价值洼地。

2019 年以来，经过持续跟踪和调研，我们最终与国内西北地区一家优秀的电子束 3D 打印龙头企业达成投资协议。该公司是国内仅有的两家可生产基于电子束选区熔化（EBSM）技术的金属 3D 打印设备的企业之一，其等离子旋转电极制粉设备工艺国内领先，可为 3D 打印和粉末冶金服务企业提供优质金属粉末。

三、3D 打印下游应用情况

谈到 3D 打印，很多人都会想到手办、模型，认为 3D 打印更多应用于消费市场，这种想法证实了两个事情：一是消费市场确实是 3D 打印的主力市场，消费市场的出货量远高于工业、军工、航空航天和医疗等领域；二是消费品人们日常接触最多，而其他领域的应用场景普通消费者较难注意到。

根据 *Wohlers Report 2021* 中的问卷调查，2020 年 3D 打印下游应用占比最高的是汽车工业领域（16.0%），随后依次是航空航天（15.9%）、学术研究（14.4%）、医疗牙科（13.9%）、消费品（12.7%）、能源电力（10.9%）、军工（6.8%）、建筑（6.0%）（见图 1）。以下简单介绍汽车、航空航天和医疗领域的应用案例。

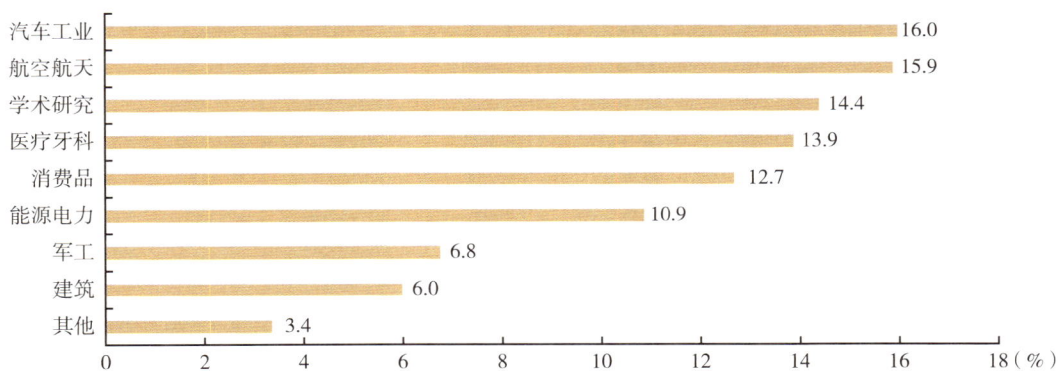

图 1　2020 年 3D 打印下游应用占比

资料来源：*Wohlers Report 2021*。

（一）汽车：3D 打印最早应用的领域

1. 复杂结构零件制造

3D 打印可以实现很多传统工艺无法实现的复杂结构零件的制造，如点阵结构、一体化结构、异形拓扑优化结构等，这些复杂结构不仅降低零件的质量，还能发挥其他功能性的作用。美国加利福尼亚州的 FIT 公司通过选择性激光熔化 3D 打印技术制造充满点阵结构的仿生发动机气缸盖，使气缸盖质量减少了 66%，表面面积从 823 平方厘米增加到 6052 平方厘米，显著提高了气缸盖的冷却性能，从而改善了赛车的发动机性能。法拉利 668 赛车应用了 3D 打印的钢合金活塞，该零件内部添加了复杂的点阵结构，不仅可以减少材料的使用、减轻零件质量，还可以保证高冲击区域的强度，使燃料更充分燃烧。

2. 内外饰应用

消费者的购买决策与汽车外形和内饰风格密切相关，而 3D 打印技术的应用，可以为汽车提供更舒适的环境或更个性的造型。法国标致曾有一款 Fractal 纯电动概念车，该车的内饰件表面具有凹凸不平的结构，这些结构是将白色尼龙粉末通过选择性激光烧结 3D 打印方式制成，这种内饰不仅可以减弱噪音，而且会使声波从一个表面反射到另一个表面，从而实现对声音环境的调整。宝马 Mini 已经开始将 3D 打印运用到了汽车内饰的定制上，客户可以在侧舷窗以及内饰板两个零件上充分发挥自己的创造性，将彰显个性的签名、图案、颜色整合到零件的设计中。

3. 整车制造

3D 打印不仅可以直接用于制造汽车零部件，还颠覆了传统的整车设计理念和制造方式，可用于整车制造。Blade 跑车是一款颠覆传统设计的全新跑车，它的底盘和支撑结构由 3D 打印的铝合金节点与现成的碳纤维管材连接而成，整个装配过程像搭积木一样，汽车底盘大约由 70 个 3D 打印的铝合金节点组成，这种结构不仅使整车的质量轻 90%，并且可以经受住五星级碰撞。2020 年之前，宝马已经累计生产了 30 万件 3D 打印零部件，现在可以以每年不低于 5 万件的速度生产。

（二）航空航天：3D 打印重要的应用领域

3D 打印技术已成为提高航天器设计和制造能力的一项关键技术，其主要用于设计模具铸造、功能性零部件制造、重要构件修复。近年来，由于航空航天构件对于材料性能（如硬度、熔点等）的要求越来越高，所以国内外 3D 打印技术的研究主要集中在形状复杂的功能性金属材料（包括金属、合金和金属基复合材料）方面。目前，航空发动机是 3D 打印重点应用领域，在一些技术较为成熟的国家，3D 打印也开始用于导弹、无人机以及卫星的零部件生产，具体应用包括无人飞行器的结构加工、特殊部件的加工及组装，涡轮叶片、挡风窗体框架、旋流器等零部件的加工等。

在零部件制造方面，采用 3D 打印技术能够减少大量零件的焊接组装工作，同时能实现更复杂的内部结构、提高零部件性能。GE 采用 3D 打印技术制作航空发动机的燃油喷射系统，其将传统上 20 片部件组装或焊接而成的结构制造为一个部件，这种方法得到的部件具有接近锻造的材料性能。3D 打印工艺还能够避免产生变形和微裂纹，使燃油喷射系统寿命延长将近 4 倍，重量减轻 25%，同时使研制成本进一步降低。预计 50~100 个 3D 打印设备可实现每年 40000 个喷嘴的产量，这一生产率能够确保每月 175 台的发动机交付量。

在构件修复方面，利用 3D 打印技术修复的航空发动机整体叶盘的高周疲劳性能优于原始材料。通过大量基础技术研究工作，国外已经初步建立起整体叶盘的激光修复装备体系、技术流程和相应数据库，推动了整体叶盘激光修复技术的工程化应用，我国的相关科研机构也积极布局 3D 打印激光修复技术。德国弗朗恩霍夫协会与 MTU 公司合作利用激光修复技术修复钛合金整体叶盘。北京航空制造工程研究所采用激光修复技术修复了某钛合金整体叶轮的加工超差，并成功通过了试车考核。

（三）医疗：3D 打印的长期增量市场

3D 打印在医疗行业主要用于生产医疗模型、手术导板、外科／口腔科植入物、康复器械等医疗器械，还包括生物 3D 打印。

其中，3D 打印在医疗器械制造和专业医疗辅助器械领域的应用目前已经进入小众阶段。在医疗器械制造领域，3D 打印有望在 10 年后成为主流的制造技术，其中 SmarTech 对专业医疗辅助器械应用前景的预估最为乐观，预计 10 年后 3D 打印将在该应用领域普及。

3D 打印骨科植入物在我国部分三甲医院临床治疗中的应用已处于国际先进水平，如上海交通大学附属第九人民医院在 2014 年就已将金属 3D 打印个性化假体用于骨盆肿瘤切除与重建手术，在该疾病临床治疗上实现了从"削足适履"到"量体裁衣"的突破，实现了个性化假体在形态学、力学、生物学三方面的适配。

在辅助治疗方面，中山大学通过计算机断层扫描患者骨盆三维模型，运用 3D 打印技术构建 3D 物理模型，为继发髋关节发育不良（DDH）患者实施全髋关节置换术（THA），模型的使用简化了外科手术流程，并且术前计划和手术中实际使用组件的大小之间的一致性较高。

在心脏支架与假体定制化方面，3D 打印永久性骨组织假体采用金属钛或其他材料，并在表面附加凝胶材质涂层，增强生物相容性，促进假体周围的细胞生长并降低钛或其他永久性材料可能造成的炎症和感染风险。Winder 公司将 3D CT 成像和 3D 打印技术相结合，通过制作患者头骨模型得到定制钛板，实现对患者颅骨缺损部分的修复。

四、3D 打印技术路线如何选

（一）多技术路线并存，共同演进

　　3D 打印从诞生至今已 30 余年，目前处于多技术路线共存的状态。根据国际标准化组织增材制造技术委员会（ISO/TC261）2015 年新发布的国际标准 ISO/ASTM 52900:2015，增材制造工艺分为黏结剂喷射（选择性喷射沉积液态黏结剂、黏结粉末等材料的增材制造工艺）、定向能量沉积（利用聚焦热能熔化材料即熔即沉积的增材制造工艺）、材料挤出（将材料熔化后通过喷嘴或孔口挤出的增材制造工艺）、材料喷射（将材料以微滴的形式选择性喷射沉积的增材制造工艺）、粉末床选区熔化（通过热能选择性地熔化/烧结粉末床区域的增材制造工艺）、薄材叠层（将薄层材料逐层黏结以形成实物的增材制造工艺）、立体光固化（通过光致聚合作用选择性地固化液态光敏聚合物的增材制造工艺）七类。为加快推进我国增材制造产业的发展，《国家增材制造产业发展推进计划（2015~2016 年）》明确了要加快提升的增材制造工艺，详见表 1。

（二）SLM：当前主流的粉末床选区熔化技术

　　粉末床选区熔化技术主要包括激光选区熔化（Selective Laser Melting, SLM）和电子束选区熔化（Electron Beam Selective Melting, EBSM）两类，其中激光选区熔化是主流，相关设备生产公司和打印服务公司占据了金属 3D 打印绝大部分市场份额，而且所占份额近期还在持续增加。

　　SLM 技术利用激光，有选择地分层熔化烧结固体金属粉末，其工作原理如下。先在工作平台上铺一层金属粉末材料，计算机将物体的三维数据转化为一层层截面的 2D 数据并传输给打印机，然后激光束在计算机控制下按照截面形状对实体部分所在的粉末进行照射，选区内的金属粉末加热到完全熔化后成形，继而形成一个固体零件截面层。当一层烧结完成后，工作台下降一层截面的高度，再铺上一层粉末，进行下一层烧结，此过程逐层进行直至整个物体成形。

表 1　增材制造工艺原理及应用领域

类别	工艺名称	工艺原理	应用领域
金属材料增材制造工艺	激光选区熔化（SLM）	粉末床选区熔化	航空航天等复杂金属精密零件、金属牙冠、医用植入物等，属于 SLS 的技术延伸
	激光近净成形（LENS）	定向能量沉积	飞机等大型复杂金属构件成形与修复等
	电子束选区熔化（EBSM）	粉末床选区熔化	航空航天复杂金属构件、医用植入物等
	电子束熔丝沉积（EBDM）	定向能量沉积	航空航天大型金属构件等
非金属材料增材制造工艺	光固化成形（SLA）	立体光固化	工业产品、创新创意产品、精密铸造用蜡模等
	熔融沉积成形（FDM）	材料挤出	工业产品、创新创意产品等
	激光选区烧结（SLS）	粉末床选区熔化	航空航天领域用工程塑料零部件、汽车家电等领域铸造用砂芯、医用手术导板与骨科植入物等，同时也可用于金属粉末打印
	三维立体打印（3DP）	黏结剂喷射	工业产品、铸造用砂芯、医疗植入物、医疗模型、创新创意产品、建筑等
	材料喷射成形（PJ）	材料喷射	工业产品、医疗植入物、创新创意产品、铸造用蜡模等

　　由于具备较高的打印精度、良好的机械性能并且能打印极端复杂结构，SLM 技术可广泛应用于复杂的金属零件的批量生产，在航空航天及医疗植入物等领域具有广阔的应用前景。

　　SLM 技术最令人瞩目的是在埃隆·马斯克（Elon Musk）的 SpaceX 公司开发的新一代 Dragon V2 载人飞船的 SuperDraco 引擎中的应用（采用德国 EOS 设备）。该引擎的冷却道、喷油嘴和节流阀等结构的复杂程度非常高，3D 打印技术很好地解决了复杂零件的制造问题；而且 SuperDraco 引擎需要在极端的高温高压环境下工作，而 SLM 技术制造出的零件的强度、韧性等性能完全可以满足各种严苛的要求。同时，与传统的发动机制造技术相比，3D 打印技术不仅能够显著缩短火箭发动机的交货期并降低制造成本，而且可以实现材料的高强度、延展性、抗断裂性和低可变性等优良属性，SpaceX 引爆了可重复利用、低成本的下一代火箭开发竞赛，这在一定程度上是 3D 打印技术大量运用的结果。

　　美国 GE 公司已经采用 SLM 技术打印了超过 3 万个航空发动机燃油喷嘴，并将燃油喷嘴应用于其最先进的 LEAP 发动机（我国 C919 飞机选用的发动机）。传统的燃油喷嘴由 20 个单独的部件焊接而成，而采用 SLM 技术整套喷嘴可以一次成形，无须焊接，零件数量降为 3 个。改进后的燃油喷嘴具有质量轻、强度大和耐腐蚀的特性，可在高达近千摄氏度的环境下正常工作，重量减少 25%，使用寿命是之前的 5 倍，燃油效率也得到极大的提升。

　　粉末床选区熔化技术的主要优点是可以打印出传统技术无法实现的具有极端复杂结构（特别是复杂内腔结构）的部件，且制件尺寸精度高、性能好。这些优点赋予了金属结构件创新设计的无限可能性，提供了显著减重、高效换热、精确密度和模量匹配等新技术途径，为航空航天复杂构件、医疗植入物和随形冷却模具等开启了革命性进步的新方向，粉末床选区熔化技术也成为当今最广泛应用的金属 3D 打印技术，是近些年金属 3D 打印产业超高速发展的主要支撑技术。其主要不足是打印效率稍低、难以打印大尺寸（米级）零件、需要超细球形金属粉从而成本相对较高等。粉末床选区熔化技术非常适合航空航天小批量、定制化生产，能够解决其轻量化设计制造、功能化设计要求，且随着技术发展与成本控制，该技术未来必将能够实现大规模工业化应用。

（三）LENS/LSF：大尺寸打印及高性能修复的主要技术

定向能量沉积技术是指利用聚焦热能熔化材料即熔即沉积的增材制造工艺，主要分为激光同步送粉技术和电子束熔丝沉积（Electron Beam Direct Manufacturing，EBDM）技术两大类。其中，对激光同步送粉技术的研究及应用较多。同时，由于激光同步送粉技术是由许多大学和机构分别独立进行研究的，因此这一技术的名称繁多，其中最广为人知的是激光近净成形（Laser Engineered Net Shaping，LENS）技术，其最早由美国桑迪亚国家实验室提出并进行研究，该技术也叫激光金属熔覆沉积技术（Laser Metal Deposition，LMD），西北工业大学教授黄卫东先生在早期进行该项技术研究时也将其命名为激光立体成形（Laser Solid Forming，LSF）技术，下文统一称其为 LSF 技术。

LSF 技术的成形原理是：聚焦激光束在控制下，按照预先设定的路径进行移动，移动的同时，粉末喷嘴将金属粉末直接输送到激光光斑在固态基板上形成的熔池，使之按由点到线、由线到面的顺序凝固，从而完成一个层截面的打印工作。这样层层叠加，就能制造出接近实体模型的零部件实体。

采用 LSF 技术不仅能直接打印出三维金属零件，还能在已有零件上进行打印，比如在磨损的零件上打印相应金属材料以修复磨损处，或与传统的机械加工设备集成起来进行增材 / 减材复合成形，因此 LSF 技术在制造或修复高附加值的产品（比如航空发动机或机床部件）方面得到广泛应用。

定向能量沉积技术的主要优点是打印尺度范围大、方便多材料打印、可以采用大功率激光器实现每小时公斤级的打印效率等，其主要不足是打印件的结构复杂性不够高、有较大的加工余量等。由于在同传统制造技术的竞争中还未形成像粉末床选区熔化技术那样显著的不可替代性，定向能量沉积技术的成熟度与设备自动化程度尚不如粉末床选区熔化技术高，因此该技术推广应用的速度尚不及粉末床选区熔化技术。但是该技术具有粉末床选区熔化技术难以实现的修复功能，能够修复航空发动机叶片等高附加值零部件，并且通过设备的集成能够适应大型零部件的原位修复，避免拆机、装机等停工损失。

五、金属 3D 打印发展面临哪些变化

金属增材制造技术的发展并不是孤立的，涉及制造工艺、设备、材料、设计等多个方面。总的来说，为实现更广泛的应用，金属增材制造技术在努力向高性能、高精度、高效率、低成本、更大的打印尺寸和更广泛的材料适用性方向发展。

（一）制造工艺：增减材融合 + 新工艺

当前，除了将现有较为成熟的粉末床选区熔化技术、定向能量沉积技术、电弧增材制造技术等结合实际工程化应用经验及材料、粉末、智能化控制软件等领域的技术发展克服缺陷提升优势外，金属增材制造工艺主要在以下两个方面进行拓展。

（1）增减材复合制造技术。增材制造与传统的减材制造相结合，增材制造技术与机器人、数控机床、铸锻焊等多种工艺相集成，从而提升增材制造技术的成形效率和精度，解决增材制造的复杂结构件难于进行后续机械加工的难题，特别是解决复杂内腔达不到非加工面要求的难题，助力企业实现柔性制造，赋予现有设备或生产线高柔性与高效率。

（2）发展基于新工艺理论的全新的金属增材制造技术。利用粉末床选区熔化技术、定向

能量沉积技术、电弧增材制造技术将金属材料直接烧结成形并将有机黏结剂等其他材料与金属粉末结合起来，再通过烧结等辅助工艺加工成形，这类金属增材制造技术被称为"间接金属3D打印技术"。2018年9月，惠普公司推出了HP Metal Jet（金属喷射）3D打印技术，用于大批量生产金属零件。HP metal Jet 3D打印的主要流程如下：使用喷嘴选择性地将黏结剂按照设定的图形喷射到打印层中，使金属粉末黏结在一起，下降指定层厚度后添加新的粉末层，并重复以上流程，直到创建完成整个零件；之后将零件放入烧结炉中进行高温烧结的致密化处理，使金属颗粒熔融在一起，同时去除喷洒的黏结剂。打印过程中没有金属粉末熔化、凝固的步骤，金属粉末材料的烧结是打印完成之后在烧结炉中完成。美国Desktop Metal公司推出的单程喷射金属3D打印技术的原理也基本类似。这种方法主要面向对成本较为敏感但对零件性能要求较低的领域，有望开辟大尺寸、高效率、低成本金属3D打印新方向。该技术需要解决的主要技术问题是烧结过程非均匀收缩导致的零件变形，同时由于成形零件致密度及纯净度不够高等问题，其尚无法实现航空航天等高性能零部件的打印。

（二）设备：大型化、专业化和智能化

金属增材制造设备是各种金属增材制造技术的重要载体，增材制造设备的发展在整个增材制造技术体系中占据非常重要的位置。总体来看，除了持续提升设备效率、打印精度和稳定性外，金属增材制造装备的主要发展方向如下。

（1）大型化。增材制造装备成形尺寸已经步入"米"级时代，增材制造装备大型化已成为重要发展趋势。

（2）专业化。与大尺寸设备相比，针对不同应用领域的不同需求偏好，增材制造设备向更加专业化和精细化方向发展。

（3）智能化。智能传感器、数字总线技术等智能部件融入增材制造装备，增材制造装备

将更加智能化。

（三）材料：专用金属材料和复合材料

随着金属 3D 打印产业化程度的提升，市场上金属粉末材料种类偏少、品质偏低、专用化程度不高、供给不足的短板也日益显现，因此金属 3D 打印专用材料的开发在未来的很长一段时间里将是重要的研究方向。另外，单一材料也在向复合材料发展，不仅赋予了材料多功能性特点，而且拓宽了增材制造技术的应用领域。

（四）设计：软件平台技术人员

增材制造技术正在加速发展成为一种强大的生产技术。但是在工业制造中应用该技术的主要障碍是目前绝大多数工业设计师对增材制造技术缺乏了解，产品设计思维被传统的等材或减材制造技术束缚。因此，增材制造与优化设计的互动研究将进一步加强，拓扑优化设计、点阵结构设计、一体化结构设计等轻量化设计将更多地用于金属增材制造设计领域，同时仿真技术的发展将推动设计的优化及实现打印前的质量控制。

六、国内外存在差距，本土企业看点在哪里

在广阔市场的支持下，经过 30 多年的发展，3D 打印技术逐渐走进了工业化时代，在汽车、航天航空、医疗、建筑等领域显示出了极强的价值。但是，工业级 3D 打印技术在我国的发展并不一帆风顺。

首先，目前我国工业级 3D 打印技术的发展与领先国家相比仍然存在较大的差距。我国在 3D 打印领域虽然也拥有较多专利，但是质量上与发达国家相比仍有较大差距，应用频率明显较低。这在一定程度上反映了我国工业级 3D 打印技术的先进性和复杂性还有待提升。其中，核心技术与人才都是制约我国 3D 打印发展的关键因素。

其次，受制于生产效率和材料质量、核心技术等问题，国内的工业级 3D 打印技术暂时无法实现批量化生产。究其原因，一方面，3D 打印所使用的材料非常有限，相关材料要么性质难以满足要求，要么价格过于昂贵；另一方面，3D 打印设备的价格十分高昂，部分便宜的设备质量难以保障。此外，工业级 3D 打印技术在产品精度方面的局限性也成为阻碍其量产的主要原因之一。

从技术层面来看，国内外差距最小的在于 FDM、SLA 市场，而在 DLP 和 SLM 市场，国内外差距确实较大。例如，国外的公司 SLM 设备最大尺寸可达 2 米，而国内龙头企业 1 米的设备还处于研发试制阶段，尚不稳定。

从原料供应的角度来看，我国的母合金质量与国外相比有一定差距，导致出粉的质量较差，最终影响打印件的性能与质量。另外，中高端 3D 打印设备中的激光器和振镜均被国外一两家公司垄断，国内激光器和振镜也在研发中，但是因稳定性的问题始终不能应用在中高端领域。

从行业成熟度来看，国外以 Stratasys、3D Systems、GE 为代表的行业巨头和用户企业通过自主研发、持续并购等方式，加速布局增材制造产业。行业巨头的布局方式主要有以下两种。

（1）单一设备制造商通过产业链整合，向系统解决方案提供商转变。Stratasys 和 3D Systems 通过全球并购，收购专用材料生产商、软件开发商、3D 扫描仪制造商、服务提供商等数十家企业，打造完整产业链。

（2）大型用户企业直接布局增材制造技术，从用户向装备制造商或服务提供商转变。GE 通过全球并购实现从增材制造应用向增材制造装备制造商及服务提供商转变。GE 2010 年开始布局增材制造技术，通过不断并购实现从增材制造用户到服务提供商的转变。2016 年，GE 成功收购瑞典 Arcam 和德国 Concept Laser，成为金属增材制造领域的佼佼者，并在航空发动机领域实现了增材制造零部件的规模化应用。宝马集团先后投资了 Carbon 和金属增材制造公司 Desktop Metal，并于 2018 年 5 月斥资 1000 万欧元打造增材制造工业园区。

　　国内目前尚未出现一家巨无霸企业可以打通全产业链，即使铂力特也主要在打印服务和设备领域发力，原材料业务只是刚刚起步，并且其在打印服务端并不是终端用户，不像 GE 一样可以自产自用。在金属领域，国内设备企业发展较好，其中在航空航天领域国产设备的替代性强，国内企业发展机会较好。铂力特、鑫精合、华曙高科、易加三维和铖联激光这五家公司专注金属 3D 打印，其中铖联激光专注于齿科领域，剩下四家均聚焦航空航天领域。这四家公司都具备 3D 打印设备的设计生产能力，其中铂力特为国内"3D 打印第一股"，市场给了 200 多倍的 PE，市值稳定在 100 亿元左右；鑫精合目前在一级市场估值 30 亿元，其 3D 打印业务在航空航天领域具有导入速度较快的优势；华曙高科是美籍华人创业项目，专注于 3D 打印设备（金属＋非金属），已经申报科创板，估值 66 亿元；易加三维同样专注于打印设备，以金属设备为主，目前 650 型号设备稳定出货。

七、如何投资 3D 打印产业

（一）面向工业级 3D 打印，优选技术路线

　　工业级 3D 打印市场目前仍是快速发展的竞争蓝海，可优先选择主营业务为工业级 3D 打印设备研发生产和商业服务的厂商。金属 3D 打印设备需求激增，销量稳步增长，故中短期优选主要产品为金属 3D 打印设备的标的；从工艺方面来看，可优选在粉末床选区熔化技术及定向能量沉积技术等方面实现突破且主要面向航空航天、国防军工和汽车工业领域的标的。

（二）突破核心技术，绑定重点下游

　　工业级 3D 打印设备核心器件严重依赖进口，如高光束质量激光器及光束整形系统、高品质电子枪及高速扫描系统、大功率激光扫描振镜、动态聚焦镜等精密光学器件，因此优先选择

上游已实现核心技术突破、具有较强国产替代优势的核心部件供应商；或者优先选择中游设备商中掌握核心技术、核心部件或 3D 打印专用材料自供率高、具备较强国产替代优势的标的。

绑定下游重点应用行业。优选主营业务面向航空航天、国防军工和汽车工业等领域并且市场占有率有优势的标的，产品面向多领域、多谱系的标的则更优。

（三）评判标准

（1）研发团队、技术优势、商业模式。核心研发团队应当具备稳定性和长期行业经验积累，拥有成功的量产产品和深厚的技术积累，具备明显研发优势和较强的定制开发能力，具备较强的国产替代优势。商业模式应得到验证，对于频繁跨领域大量收并购的标的要警惕。

（2）核心自控、产品销量、下游开拓。优质标的在设备、工艺、专用材料等核心领域应具备较强的自控能力，产品销量稳步提升，市场占有率逐渐提高，与下游主要客户深度绑定，服务能力和响应速度获得客户好评。

（3）股权结构、估值性、价比方面，优质标的应股权结构清晰、估值合理、性价比高。

（建信北京新材料组　马克、王湘远、许世言
建信信托研究部　时宗洋）

　　《突破瓶颈》一书，是建信（北京）投资基金管理有限责任公司（简称建信北京）对中国高科技行业深入研究分析的集成，也是各行业组数年 PE 投资经验的总结。本书结合当下中国发展现状和历史沿革，从宏观战略到高科技行业投资落地生根对公司未来几年的股权投资方向和整体逻辑进行了研判和谋划。

　　《突破瓶颈》全书跨越了多个学科和行业，许多事实和结论均需要站在多专业融合的视角上才能提出，因此，完成这部作品需要的智力支持极为庞杂，整合难度非比寻常。建信北京的行业组涉及通信、高端制造、新能源、电子／计算机、新材料、大消费、生物医药、军工等多个学科，在本书撰写过程中研究人员深入研究，小心求证，付出了大量的努力，为本书提供了大量的数据、案例和参考文献，他们的专业能力和精神令人赞叹。

　　本书成稿后，为了保证专业性和严谨性，我们特别邀请建信信托研究部的各位同事对本书的内容进行了多维度的审核，他们提出的宝贵、专业且中肯的意见对本书最终定稿起到了很大的作用。同时也要感谢建信信托其他相关部门在本书出版过程中给予的支持，再次对他们表示真挚的谢意。但我们也要再次强调，建信北京对此书所有报告内容负完全责任。

　　最后，谨借此机会对社会科学文献出版社致谢，特别感谢本书的编辑们。这是我们和社会科学文献出版社的第二次合作，感谢出版社各业务部门同仁在审校、排版、设计等方面付出的辛劳。书中的一些词语和表达都是经过反复协商和斟酌才定下来的，向他们精益求精的工作态度表示深深的敬意。

再次对所有参与过本书撰写和出版工作的同仁表示感谢。

图书在版编目(CIP)数据

突破瓶颈 / 建信北京著. -- 北京:社会科学文献
出版社, 2023.2
ISBN 978-7-5228-1395-0

Ⅰ.①突… Ⅱ.①建… Ⅲ.①信托投资-研究-中国
Ⅳ.①F832.48

中国国家版本馆CIP数据核字（2023）第001152号

突破瓶颈

著　　者 / 建信北京

出 版 人 / 王利民
责任编辑 / 陈凤玲　武广汉　田　康　宋淑洁　李真巧
责任印制 / 王京美

出　　版 / 社会科学文献出版社·经济与管理分社（010）59367226
　　　　　　地址：北京市北三环中路甲29号院华龙大厦　邮编：100029
　　　　　　网址：www.ssap.com.cn
发　　行 / 社会科学文献出版社（010）59367028
印　　装 / 北京盛通印刷股份有限公司

规　　格 / 开　本：889mm×1194mm　1/16
　　　　　　印　张：17.75　字　数：265千字
版　　次 / 2023年2月第1版　2023年2月第1次印刷
书　　号 / ISBN 978-7-5228-1395-0
定　　价 / 168.00元

读者服务电话：4008918866